清·华·大·学·港·澳·研·究·丛·书

粤港澳大湾区战略下的深港创新圈 2.0

打造世界级科技产业创新中心

Shenzhen-Hongkong Innovation Circle 2.0 under the Greater Bay Area Strategy

Creating a World-class Innovation Center for Sci-Tech and Industry

刘宇濠 —— 著

新 华 出 版 社

图书在版编目（CIP）数据

粤港澳大湾区战略下的深港创新圈2.0：打造世界级科技产业创新中心 / 刘宇濠著. —北京：新华出版社，2020.1

ISBN 978-7-5166-4877-3

Ⅰ. ①粤… Ⅱ. ①刘… Ⅲ. ①区域经济—技术革新—研究报告—广东、香港、澳门 Ⅳ. ①F127.65

中国版本图书馆CIP数据核字（2019）第216374号

粤港澳大湾区战略下的深港创新圈2.0：打造世界级科技产业创新中心

作　　者： 刘宇濠

责任编辑： 蒋小云　　**封面设计：** 中尚图

出版发行： 新华出版社
地　　址： 北京石景山区京原路8号　　**邮编：** 100040
网　　址： http://www.xinhuapub.com
经　　销： 新华书店
购书热线： 010-63077122　　**中国新闻书店购书热线：** 010-63072012

照　　排： 中尚图
印　　刷： 河北盛世彩捷印刷有限公司
成品尺寸： 240mm × 170mm
印　　张： 16.5　　**字　　数：** 227千字
版　　次： 2020年1月第一版　　**印　　次：** 2020年1月第一次印刷

书　　号： ISBN 978-7-5166-4877-3
定　　价： 69.00元

序一

二十世纪八十年代，邓小平同志提出改革开放的中国特色社会主义发展理论，伟大祖国进入高速发展的历史性新阶段。邓小平同志还提出“一国两制”伟大构想，勾画了香港、澳门回归后的制度安排，体现了海纳百川、有容乃大的中国智慧。经过二十余年的实践检验，“一国两制”展现了强大的生命力。新时期，粤港澳大湾区战略成为改革开放和“一国两制”的新实践。作为习近平总书记亲自谋划、亲自部署、亲自推动的国家战略，粤港澳大湾区的最大特征就是中国特色社会主义和“一国两制”，一个国家、两种制度、三种货币、三个独立关税区、三个平行的地方政府，政治法律环境十分特殊，社会文化制度千差万别，这既形成了粤港澳大湾区城市群的异彩纷呈，也为未来城市间的协同创新创造了无限想象空间和发展空间，展现出了美好的新愿景。

香港和深圳，一湾之隔，文化同源，亲缘相近，优势互补。一个是我国的特别行政区，实行高度自治的资本主义制度；一个是我国的经济特区，实行中国特色的社会主义制度。一个是国际金融中心，连续二十五年荣膺全球最自由经济体；一个是国际科技产业创新中心，具有全球最完备的硬件制造配套体系。一个是高度繁荣的国际大都会，吸引了全球大量的企业总部、国际组织和海外人才；一个是最年轻化的创新型城市，诞生了华为、腾讯、比亚迪、大疆等一批世界级民营科技企业。一个在一流大学、基础科研、专业服务等方面体现了国际水准和强大竞争力；一个在技术创新、成果转化、新兴产业等方面走在了全国前列并参与全球竞争。这样一个各具特色、高光闪耀又相距咫尺、相互倚重的双子城，在全球恐怕也是绝无仅有。

从历史来看，香港和深圳都是从“小渔村”起家的。香港在被英国占据之后，引入了一整套资本主义的社会制度、法律制度和管理制度，经过香港几代人民的努力建设，最终成为集国际金融中心、贸易中心和航运中心于一体的东方之珠。深圳是中国内地改革开放的前沿和面向世界的窗口，抓住了中国改革开放的时代机遇，充分利用毗邻香港的独特区位优势，通过自身短短四十年的不懈奋斗，成为一座现代化国际化创新型城市，创造了世界城市发展史上的奇迹。

深港合作由来已久，从最初的产业转移、“三来一补”“前店后厂”模式到后来CEPA基础上的“深港创新圈”、前海深港现代服务业合作区、深港科技创新合作区等，由最初的初级代工型产业合作向科技、教育、医疗、金融等全方位立体化合作转变，合作的高度、广度、深度、密度均达到了历史空前。然而，不能回避的是，香港当前面临困境，经济、社会、教育、民生等都存在一些深层次问题，为粤港澳大湾区规划的顺利推进带来了不确定因素。深圳也面临土地空间瓶颈制约，以及高房价带来的创新创业成本高企等不容忽视的问题。而粤港澳大湾区为解决深港各自现实问题提供了一个有效的出路，越是在特殊时期、困难时刻，越要坚定信心，实际上仍然充满希望，全方位推动深港两地在新时期的深度合作，惠泽两地人民。这也是这本书在当前的时代背景下探讨“深港创新圈2.0”的意义所在。清华大学港澳研究中心作为我国港澳研究重要智库，此时对深港合作的历程、经验进行系统总结，并对标国内外先进地区，谋划深港合作的更高阶段——“深港创新圈2.0”的战略构想和具体策略，具有前瞻的眼光和深远的考量。

潮平两岸阔，风正一帆悬。如果说过去的四十年，深圳由于邻居香港这个国际化的角色与窗口，依托香港获得自身高度发展，成为国际化最大的受益者，既坚持中国特色社会主义发展方向，又借鉴吸收香港和世界先进技术，创造了特区奇迹。未来的四十年，将是在新时代推进粤港澳大湾区建设的进程中，深圳与香港互动创新携手并进，既促进香港繁荣稳定，又使深圳实现新时代的新飞跃。愿深港合作行稳致远，砥砺前行，继续不断地创造一个又一个新的奇迹。

国际欧亚科学院院士，中国科技体制改革研究会理事长，

科技部原党组成员、秘书长，科技日报社原社长

2019年11月1日于北京

序二

深港合作是深圳、香港两地常讲常新的话题，两地四十年风雨同舟，一路走来可圈可点，不同时期有不同的合作方向和重点，但几乎都经过摸石过河、投石问路的历程，伴随着一系列的制度创新、模式创新、政策突破和规则变通，为推动香港融入国家发展大局、丰富“一国两制”新内涵发挥了先行探索作用。“十八大”以来，随着国家全面深化改革新布局和全面对外开放新格局的确立，深港合作不再是“一城一地”的局部考量，而是国家整体发展战略中的关键一环。2019年2月18日，《粤港澳大湾区发展规划纲要》的发布，标志着粤港澳大湾区正式上升为国家战略，深港作为粤港澳大湾区的核心引擎，两地合作必将迎来全新的发展机遇和更加广阔纵深的发展空间，开启“深港创新圈2.0”阶段的新征程。

本书以粤港澳大湾区战略的发布实施作为深港创新圈1.0和2.0阶段的分界线。在1.0阶段，深港合作在香港回归、CEPA签订及“自由行”开放、“深港创新圈”设立、前海与河套规划建设等一系列里程碑事件的推动下，得以不断深化拓展，由劳动密集型制造业“前店后厂”式分工合作升级为高新技术产业和现代服务业的合作；由市场单主体推动的合作转型为市场主导、政府推动、社会参与的多主体合作；由单纯经济领域的合作拓展到包括基建、文化、政治、生态、城市管理、公共服务等全方位的合作；由无规划无目标的松散式合作转变为具有长远目标和全局规划的战略性合作；由具体项目层面的合作进一步深化为组织层面和制度层面的衔接探索。深港创新圈1.0阶段，无疑在项目建设和合作模式上取得了显著的成效，为深港进一步深化合作打下了坚实基础，但同时也具有其时代局限，难以触及制度、法律、文化、观念等“一国两制”下两地之间存在的深层次差异问题，这些问题将从根本上制约深港两地科技和产业合作的深度、高度和广度。

粤港澳大湾区战略的出台具有划时代的意义，为“一国两制”下深港合作的制度破冰提供了前所未有的政策探索空间，标志着“深港创新圈2.0”阶段的开启。“深港创新圈2.0”在1.0版本的基础上，在全面性、系统性、深刻性、突破性等方面有着实质飞跃，它结合国内外最新形势的一整套目标、思路、路径和抓手，围绕科技创新要素和链环延伸而出的全方位合作领域，涉及核心和深层次问题的探究，承负着突破制度鸿沟及打通规则衔接的使命。其本质意义是将两种制度各自的优势充分释放和嫁接，变“两制之差”为“两制之和”。如果实践成功，“深港创新圈2.0”的意义将不仅限于推动深港两地共建世界级科技产业创新中心，继而推动粤港澳大湾区建成具有全球要素资源核心配置能力的世界级科技湾区，而更在于为新时期“一国两制”下维持香港长期繁荣稳定的创新实践，以及全面深化内地改革开放、实现高质量发展的国家战略进行攻坚探索和先行示范。

在本书主体部分成稿时，粤港澳大湾区战略已久经酝酿正式出台，其发展规划纲要也正式发布，广东省、深圳市乃至下辖各区、街道的相关政府部门都在加紧制定推动落实的具体措施，探讨深港两地规则制度衔接的突破口。深港两地政府和民间均表现出参与大湾区建设的高涨热情。但自6月份以来，香港起因为一个“反修例”的偶然事件引发了持续的社会风波，将香港经济和社会的深层次问题集中暴露出来，成为中国2019年最大的“黑天鹅”事件（有关这部分内容，有机会另做专题研究，本书将不做探讨）。多年来，香港高房价与居民收入低速增长之间的差距凸显，土地空间极度紧张与人口不断增长之间的矛盾加深，实体经济空心化与本土高校科技人才供给之间的结构失衡，老一代人与青年一代人思想、文化、价值观、家国情怀之间的冲突加剧等，在短期内对深港合作施加了诸多艰难险阻，但在中长期内却愈加坚定了双方合作的必要性。当前留给我们的一些重要思考是，深港两地之间如何通过要素资源的对接、文化情感的连接和规则制度的衔接，共同突破两地合作的深层次桎梏；深圳在与香港合作的过程中，如何发挥好国家赋予的中国特色社会主义先行示范区和粤港澳大湾区核心引擎的作用，加速制度改革创新；香港不可取代的核心优势究竟是什么，深港“一荣俱荣、一损俱损”的关系在新时期是否发生了根本转变，深港未来合作的方向和路径又在哪里。

本书以深港科技产业合作为切入点，通过对双方各自优势的分析找寻共同合作基础，通过双方资源合力与硅谷、中关村等全球科技创新标杆区域的对比，找寻深港合作的潜力方向，通过对双方合作障碍的层层梳理，找寻双方下阶段着力攻关的目标。由于本研究主题涉及面较广，部分资料掌握不全，部分内容所涉领域专业性较强（如知识产权、税收等），本研究还有很多方面不够系统和深入，希望能粗浅地回应以上的思考，也为该领域进一步的深入研究做些基础性工作，衷心希望有兴趣的读者能够提出宝贵意见，共同为未来的深港合作、大湾区建设提供更多有价值的参考借鉴。

本研究能够入选《清华大学港澳研究丛书》并得到出版资助，与清华大学港澳研究中心各位领导、老师的大力支持是分不开的。感谢清华大学港澳研究中心和清华大学深圳国际研究生院为本研究提供的各项软硬件支持，感谢杨君游老师在书稿撰写过程中给予的悉心指导和帮助，感谢郭惟地、郭亚楠在资料搜集和整理、数据查找和校对，以及行政性事务方面等做所的大量细致工作。还有一些领导、老师对本研究也提出了很好的意见和建议，在此一并致谢。

刘宇濠

2019年11月18日于深圳

目录

第一章

科技产业创新中心理论研究

随着全球化的不断深入和科技日新月异的发展，国内外一批权威机构、学者提出全球科技创新中心、产业创新中心等概念，分别从不同的要素构成、功能和特征总结其形成和演变规律，并用于预测未来全球创新中心的产生。本章对“科技产业创新中心”这一概念的国内外相关理论研究做一个梳理总结，给出本书的定义，为后面章节的研究明确主题。

第一节 源起、内涵、功能与特征

“科技产业创新中心”是国家赋予深圳的不同于北京、上海、香港等城市的特殊定位，是在科技创新中心、产业创新中心等相关概念基础上演化而来的新定位，最佳匹配了深圳的科技创新和高新技术产业资源。

一、源起及内涵

国际性的科技创新中心在早期主要分布于欧美发达国家，因此，相关概念源自这些地区，后国内学者在其基础上丰富和拓展了内涵。总体来讲，国内外对于国际科技创新中心及其衍生概念的内涵基本形成了一致的认知。

（一）“科技产业创新中心”相关概念的源起及演化

“科技、产业创新中心”这一提法是国家“十三五”规划纲要草案中明确提出的深圳定位，后来常在媒体上和深圳市领导讲话中被写成“科技产业创新中心”[①]，实际上，这两种表述的含义是相同的。将科技创新和产业创新并列而提，其背后的意义是，充分发挥深圳市场经济发达的优势，打造企业主导、面向市场的科技创新和产业链条，运用市场化机制将科技创新与产业应用紧密结合起来。这是为深圳指明了一条迥异于北京、上海和香港的创新思路（表1-1）。

北京的定位是“全国科技创新中心”，毫无疑问，北京是全国科技创新

① 深圳市委常委、常务副市长张虎在接受央视财经频道采访的讲话中提出深圳的定位是打造“科技产业创新中心”，http://www.sohu.com/a/153093573_114960.

资源最雄厚、科技综合实力最强的城市之一，聚集了全国最顶尖的高校、科研院所、科研人才和专业服务机构，形成了高校、大院大所带头的科技创新格局，代表了我国基础研究与源头创新领域的最高水平，因此，必须承担起颠覆性创新的重任。

上海在2014年习近平总书记视察时被赋予的定位是“具有全球影响力的科技创新中心”，这既符合上海国际化大都市的气质，也符合全球科技创新中心的特点。根据2015年国务院发展研究中心发布的《全球科技创新中心发展规律及启示》[①]，全球科技创新中心主要体现为具有全球影响力创新成果的产生能力、全球顶尖科学家人才的集聚能力、技术成果转化交易能力、对全球有重大影响力的企业孵育能力、具有全球吸引力的创新活力和氛围，在这些能力方面，上海是有一定条件和基础的，具备成为全球科技创新中心的潜力。

香港建设“国际创新科技中心”的出处是习近平总书记于2017年9月对24名在港两院院士做出的重要指示[②]。香港的国际化特征自不必多说，是中国对外开放水平最高的城市，其科技创新能力，尤其是大学基础科研实力与国际顶尖水平较为接近，在生命科学、生物医药、电子通信、人工智能、自动化等多领域科研实力跻身国际一流。但香港科技创新的主要问题是，具备一流的创新主体（大学）却缺乏相应的创新成果应用场景。由于高新技术产业的缺乏，导致成果转化链条缺失，无法回笼资金继续投入到前端研发，无法形成科技创新闭环，注定使香港的定位中缺乏产业要素。

深圳的目标是打造“科技、产业创新中心”，深圳高水平的大学和科研机构数量少，沿创新链自上而下的创新资源可谓先天不足，但胜在市场经济发达，创业基因优良。因此，这一定位非常符合深圳特色，其独特意义在于确立了科技与产业的双核地位，指引了以市场化手段推进的面向产业需求的

① 全球科技创新中心发展规律及启示［J］.中国产业经济动态，2015（22）：26-32.

② 人民网. http://theory.people.com.cn/n1/2018/0831/c40531-30262907.html.

科技创新道路，因此，这一定位要求深圳在打造“科技、产业创新中心”时必须要同步推进市场化深化改革，构建完善的要素市场化配置体制机制。

表1–1 北京、上海和深圳的定位及其总体实施方案比较[①]

	深圳	北京	上海
城市定位	国际科技产业创新中心	全国科技创新中心	具有全球影响力的科技创新中心
重点任务	建设国家高水平科技创新基地； 打造具有核心竞争力的新兴产业集聚区； 营造更具活力的综合创新生态； 建设全球创新网络枢纽城市。	1.强化原始创新，打造世界知名科学城； 2.实施技术创新跨越工程，加快构建“高精尖”经济结构； 3.推进京津冀协同创新，培育世界级创新型城市群； 4.加强全球合作，构筑开放创新高地； 5.通过全面改革，优化双创环境。	1.以市场为导向构建创新型体制机制； 2.建设创新创业人才高地； 3.营造良好创新创业环境； 4.优化重大科技布局。
发展目标	到2020年，形成国际科技产业创新中心基本框架体系，科技进步率达到63%，全社会研发投入占GDP比重达到4.25%。电子信息、生命健康、人工智能、新能源、新材料等领域产生一批重大科技成果，战略性新兴产业增加值占GDP比重超过42%，成长一批世界领先的龙头企业和隐形冠军； 到2025年，形成国际科技产业创新中心的核心功能； 到2030年，全面建成国际科技产业创新中心，创新能级跃居世界城市前列。	到2017年，科技创新动力、活力和能力明显增强，科技创新质量实现新跨越，开放创新、创新创业生态引领全国，北京全国科技创新中心建设初具规模； 到2020年，北京全国科技创新中心的核心功能进一步强化，科技创新体系更加完善，科技创新能力引领全国，形成全国高端引领型产业研发集聚区、创新驱动发展示范区和京津冀协同创新共同体的核心支撑区，成为具有全球影响力的科技创新中心，支撑我国进入创新型国家行列； 到2030年，北京全国科技创新中心的核心功能更加优化，成为全球创新网络的重要力量，成为引领世界创新的新引擎，为我国跻身创新型国家前列提供有力支撑。	2020年前，形成科技创新中心基本框架体系； 2030年，着力形成科技创新中心城市的核心功能，在服务国家参与全球经济科技合作与竞争中发挥枢纽作用，为我国经济发展提质增效升级作出更大的贡献。

① 注：目前香港尚无关于建设“国际创新科技中心”的明确规划或措施文件，因此这里不将香港纳入对比。

国内理论研究中，杜德斌（2005）的“国际产业研发中心（International manufacturing R&D hub）”是较早提出的与“国际科技、产业创新中心”较为接近的概念，“是指一个城市或地区集聚众多的跨国公司全球性和区域性的研发机构，因而成为世界新产品和新技术的创新源地”，从这段定义可以看出，跨国公司所代表的产业界是推动全球科技创新的重要力量，并且通过跨国企业的全球布局将国际科技创新活动组织联系起来，这是国际科技、产业创新活动得以开展的前提。接下来，有了足够的力量来驱动创新，有了全球创新合作通道之后，创新资源的聚集开始推动区域功能分化，在跨国公司研发机构集聚的地方，形成世界科技创新源地，这是国际科技、产业创新中心得以形成的原因。从这一概念分析中，本书认为，这一“中心”同时扮演着创新资源池和知识技术源的作用，主要表现在对全球创新资源的集聚和源头创新成果的发布，既收敛又发散。

国家正式提出“国际科技、产业创新中心”后，有不少学者对这一概念进行解读，如何国勇（2018）认为，国际科技、产业创新中心应该有两层含义[①]：一是能够充分利用全球的科技成果、人才、资本等要素推动本地的科技、产业创新；二是能够形成具有国际影响力的科技、产业创新成果。前者是必要条件，后者是本质规定，其他因素非构成要件。这一概念解读是目前比较主流的看法，与杜德斌的观点有本质上的相似之处，都强调“国际科技、产业创新中心”与全球要素的双向互动，既吸取全球科技要素，也对外输出创新成果，这其中“国际”应该至少包括两个层面的内涵，一是指要素的交换和辐射范围是全球，二是指“中心”的影响力达到世界级。在这一解读中，何国勇没有对科技和产业之间的关系做出明确的解释，但从其概念分析，科技与产业应当是并列的关系，由科技带动产业发展和由产业引导科技

① 何国勇. 深圳建设国际科技、产业创新中心研究——硅谷的经验与启示［J］.城市观察，2018（2）：106.

创新应当都是其实现的路径。

此外，国内亦有学者提出过相近概念，如肖林（2017）认为未来的“全球科技创新中心”是科技、经济、文化高度融合，创新、创意、创业相互交织的综合性创新中心[①]；彭华涛、林琳、全吉（2017）提出“产业创新中心”的概念，即“产业创新资源富集，产业创新活动密集，新兴产业孵化群集的具有区域创新极核功能的城市或区域”[②]。中国科技网在2017年浦江创新论坛的报道中，对“国际科技创新中心城市”的主要共性特征归纳为五点，一是具有全球化的创新资源集聚、配置和管理能力，二是具有重要影响力的创新机构、人物和高水平成果，三是有创新创业友好的环境，四是能促进新兴产业涌现和壮大，五是对周边区域起到重要的辐射带动作用，在全球创新网络中扮演关键节点和枢纽角色[③]。

有学者专门对“科技创新中心”与“科技产业创新中心”等相关概念做区分。刘毅（2017）认为，科技创新中心是知识和前沿技术的产生和外溢地，科技创新人才汇聚程度高，因此具备较强的活力、发展潜力和市场价值。而科技产业创新中心除了具备上述特征外，还要体现出科技成果转化功能、技术育成加速功能、城市发展优化功能，为知识创新的转化、落地、应用、变现提供沃土，在链条上应该比科技创新中心更完备[④]；天津高新区蒋丽丽等人（2018）认为，“科技创新中心”通常做的是前沿知识和科学理论的研究，往往在高校云集的知识创新中心基础上演变而来[⑤]。“产业创新中心”

---

① 肖林.未来30年上海全球科技创新中心与人才战略［J］.科学发展，2015（7）：14-19.

② 彭华涛、林琳、全吉.世界主要国家产业创新中心的经验与启示［J］.中国科技论坛.2017（11）：181.

③ 中国科技网. http://stdaily.com/zhuanti01/2017pucxlt/pjcxlt.shtml.

④ 刘毅.国内外科技创新中心发展经验与目标定位的比较分析——兼议广东加快建设科技产业创新中心的若干路径［J］.科技创新发展战略研究. 2017.10（1）：23-24.

⑤ 产业创新中心建设的路径分析——天津高新区建设产业创新中心的实践与思考.大风号.2018.01.05，https://feng.ifeng.com/listpage/404.shtml.

通常做的是结合行业应用倒推的技术、产品、管理、流程、市场等创新活动，通常依托于当地的产业基础形成。

总的来说，实践和理论上提出的各种相关概念，大致可以分为两类：一类落脚点在“科技”的，主要关注科学研究、技术创新，如技术成长中心、国际研发中心、世界科技中心等（目前国际上没有一个笼统的产业中心的概念，有的仅是某个制造业中心或某个细分行业中心的定位）；另一类落脚点在“科技+产业”上，更多关注科技与产业的融合发展、互相促进，如世界级（全球）产业创新中心、国际科技产业创新中心等。从学者阐述的概念对比来看，无论是前者还是后者，都具备国际资源的集聚和溢出特点，都具备由关键核心要素构成的完整系统，都肯定创新与经济、产业之间的相辅相成关系，区别主要在于其城市功能不同、集聚的全球资源不同、对外辐射的成果不同，以及背后所反映出的运行机制和活动链条的不同等。相应的，根据每个城市科技和产业资源的特点，其定位各有所侧重（图1-1）。

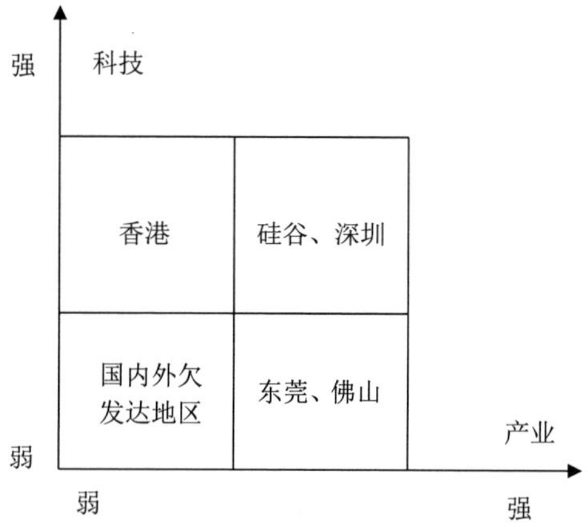

图1–1　科技和产业创新中心的典型城市举例

国外相关概念的研究比国内起步稍早，很多内涵被国内学者借鉴，因此国内外的概念方面相差不大。国外相关研究不仅给出概念界定，往往还有比较丰富齐全的评价指标体系，对全球有影响力的科技创新中心做出评选。

早在2000年7月美国《连线》杂志提出“全球技术创新中心（Global Hubs of Technological Innovation）”的概念，包括四个衡量指标，分别为：高校及研究机构对于科研人才的培养能力和科研攻关能力、作为科研和经济主要推动力的领军型企业的生存状况、市民创业的意愿和积极性、风险资本的可获得性；在此基础上联合国于2001年提出了“技术成长中心（Technology Growth Hubs）”的概念[①]，并在《全球人类发展报告（2001年）》中公布了美国硅谷、法国巴黎、英国伦敦、印度班加罗尔等46个“全球创新中心”；《麻省理工科技评论》（MIT Technology Review）将全球创新集群（World Innovation Clusters）定义为拥有一个连通高科技公司、客户、供应商的高密度网络[②]；澳大利亚著名智库2 Think Now的执行总裁认为，创新是基于城市发展而产生的现象，当前的创新最重要的表现是能推动价值创造和生产力经济，创新能力更强的城市将会实现更高的经济产出，其发布的《2014全球创新城市指数》对全球445个城市进行创新能力排名。以上这些观点均对我们后续的研究具有非常重要的参考价值。

（二）深圳建设“国际科技产业创新中心”概念的界定

在相关文献资料的研究基础上，结合深圳的发展实际，笔者认为深圳要建设的“国际科技产业创新中心”应有别于上海、北京的发展定位，概括地讲应以产业为导向、以科技为核心，实现二者的高度融合，即“国际科技产业创新中心”是指全球科技产业创新高端人才、高成长性企业和高附加值产业的重要聚合区，是全球重大原创性技术成果和战略性新兴产业的重要策源地和融合区，是对各类创新创业要素资源流动具有显著的引导、组织和控制能力，能引领全球其他国家和地区科技产业未来发展的方向和模式的区域。

---

① 杜德斌.上海建设全球科技创新中心的战略路径［J］.科学发展，2015（1）：93-97.

② MIT Technology Review, https://www.technologyreview.com/s/517626/infographic-the-worlds-technology-hubs/.

二、基本功能

城市（区域）功能，一般指的是该城市（区域）对所在的更广范围内的经济社会发展所发挥的作用和承担的分工。国际科技产业创新中心是科技产业创新作为城市核心功能在地域空间的集中体现。具体来说，结合上述学者的共同研究结论，本书认为，国际科技产业创新中心的基本功能应涵盖以下三个方面：

首先是国际创新资源和产业资源的集聚功能，包括高校院所、人才、高新技术企业、科技服务和转化机构、科技创投机构等。作为中心，应具有这些资源的承载汇聚功能和开放流通功能，以及宜居宜业的城市功能。

其次是科研成果和高新产业成果的原创功能，在聚集广泛的国际水准科研机构和企业的基础上，“中心”应具备不断产出新知识、新理论、新技术、新产品、新模式等源头创新的功能。

再次是原创成果向周边及全球溢出和辐射功能，通过源头创新成果的外溢，推动全球科技进步、产业升级、人民生活水准提高，成为全球科技产业标准的制定者，具有引领全球科技产业变革和组织分工变革的功能。

三、主要特征

国内学者一般从要素的维度来描述中心城市的特征。例如，肖林认为[①]，全球科技创新中心包含六大支撑要素，即一流大学和科研机构、国际化高端人才、众多双创企业、发达的科技金融服务、宽松的创新文化环境以及完备的制度政策体系；彭华涛、林琳、全吉（2017）认为，产业创新中心一般具

① 肖林. 未来30年上海全球科技创新中心与人才战略［J］.科学发展，2015（7）：14-19.

备四个条件[①]：区域创新水平全球领先且产业特色鲜明，有国际创新要素集聚和创新溢出扩散效应，是全球创新网络和技术转移的重要节点，拥有领跑全球的新兴产业群和新兴业态培育能力；何国勇（2018）[②]认为，国际科技、产业创新中心主要由九个要素构成，包括人才、大学、企业、政府、创新金融、创新基础设施、创新专业服务、创新产业基础和创新文化。

基于以上理论研究和实践经验，本书认为，全球科技产业创新中心应具备以下特征：一是广泛的引领、辐射示范性：即具有创新资源的集聚力、创新成果的影响力、新兴产业的引领力和区域创新的辐射力[③]。二是超强的空间共生性：受技术和知识溢出的地理临近性规律支配，围绕创新链和产业链的上下游企业、中介服务机构、高校科研机构、金融机构等集聚；不同规模、发展阶段不同的众多科技企业集聚；小微型的创新区域（城市）能够彼此共生。三是浓厚的文化包容性：创新是源于技术，成于资本，长于文化。因此国际性创新中心一般拥有包容失败、鼓励冒险的创新创业文化氛围。

第二节　科技产业创新中心演进规律与形成机制

在梳理创新中心的相关概念内涵后，本节进入到核心主题分析，即研究和揭示创新阶段演化的过程、创新资源集聚的规律、创新中心形成的机制，为探寻深港共建“世界级科技产业创新中心”的路径提供规律借鉴。

---

① 彭华涛、林琳、全吉.世界主要国家产业创新中心的经验与启示［J］.中国科技论坛.2017（11）：181-182.

② 何国勇. 深圳建设国际科技、产业创新中心研究——硅谷的经验与启示［J］.城市观察，2018（2）：106.

③ 国家开发银行研究院和中国金融信息中心联合课题组.全球科创中心对标分析［J］.开发性金融研究，2015（1）：119-128.

一、阶段演化规律——创新动能与多样性的变化形态

全球知名咨询公司麦肯锡（McKinsey & Company）[①]与世界经济论坛（the World Economic Forum）合作，自2006年开始发布全球创新集群热力图（the World's Innovation Clusters Heat Map）（图1-2），对全球科技创新中心的形态类型进行了研究，因为其研究创新中心的维度（创新动能和多样性）包含了大量企业的创新行为和结果，因此，我们可将其看成全球科技（产业）创新中心的一个理论。

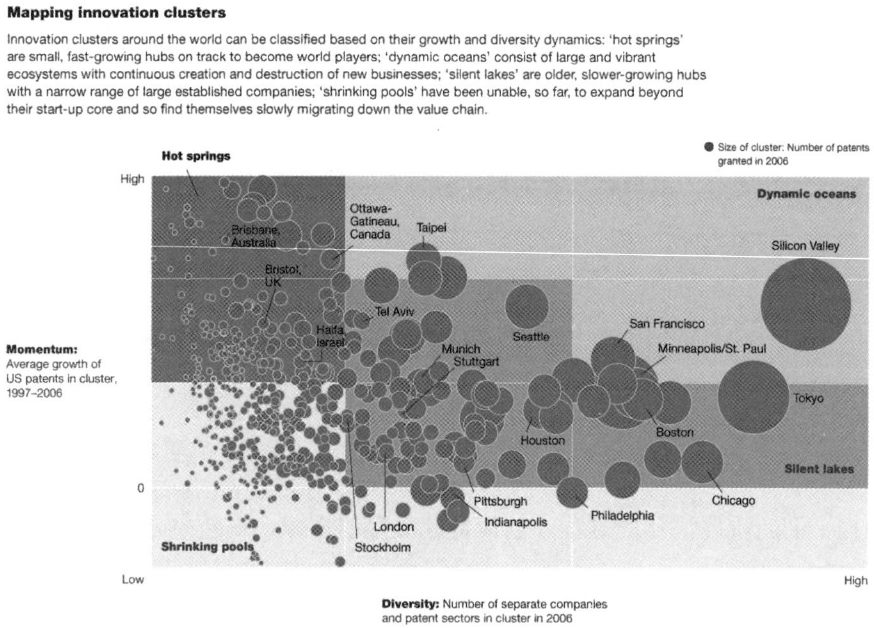

图1–2　麦肯锡全球创新集群热力图

图片来源：Juan Alcacer, Harvard Business School and New York University; McKinsey analysis

---

① 杜德斌，段德忠.全球科技创新中心的空间布局、发展类型及演化趋势［J］.城市研究，2015：76-81.

创新集群用图中圆圈表示，圆圈越大，集群规模越大。横坐标和纵坐标分别为创新多样性（Diversity）和创新动能（Momentum）。全球创新集群按照这两个指标高低程度的不同可划分出12个区间，这12个区间可总结归纳为4种发展形态（在图1-2中分别用不同灰度的矩形表示）：分别是“涌动的热泉”（Hot Springs）、“汹涌的海洋”（Dynamic Oceans）、“平静的湖泊”（Silent Lakes）、萎缩的池塘（Shrinking Pools），每种形态有其特定含义和阶段特征。

“涌动的热泉（Hot Springs）”类型：麦肯锡认为，这种类型的创新集群规模小、成长迅速，有成长为国际有影响力的创新中心的潜力。图中可见，处于该阶段的创新集群创新动能很高，但创新的多样性不够丰富，全球这种类型的创新集群数量非常多，典型的城市如英国的布里斯托（Bristol）和澳大利亚的布里斯班（Brisbane）（2006年情况，下同）。处于此阶段的城市科技要素已形成集聚，但创新资源仅集中在某几类产业，创新产出高度依靠少数几家大公司。

“汹涌的海洋（Dynamic Oceans）”类型：麦肯锡认为，这种类型的创新中心具有强大而富有生机的创新生态系统，新商业模式和创新成果在此不断诞生和消亡。图中可见，这种创新集群的创新动能很高，同时创新丰富多样，全球这种类型的创新集群规模大，但屈指可数，仅有硅谷（Silicon Valley）、旧金山（San Francisco）、台北等几个城市。这一类型的集群是由Hot Springs类型成长而来的，已拥有完备的设施、丰富的人才、众多领军企业，初创企业也得到较快成长，创新主体的丰富性和创新领域的丰富性大为增强，已形成程度较高的多样化创新生态系统。

“平静的湖泊（Silent Lakes）”类型：麦肯锡认为，这种类型的创新中心老态、成长缓慢，依靠少数几家大公司创新。图1-2中可见，该类型集群创新较为丰富多样，但创新动能不如Hot Springs和Dynamic Oceans类型活跃。全球分布在该阶段的创新集群数量较多，典型城市如休斯敦（Houston）、西雅图（Seattle）、伦敦（London）等。这一类型集群也是由Hot Springs类型成长而来的，此类集群长期依赖于初期建立起来的大型公司，不去拓宽其产业门类和投资渠道，城市的创新活力不足，缺乏初创公司生长“土壤”，在全球科技创新格局中地位逐渐下降。

“萎缩的池塘（Shrinking Pools）”类型：麦肯锡认为，这种类型的创新中心不能实现城市“核心（Core）”的扩张，在全球价值链中的地位逐渐下降。图1-2中可见，该类型集群创新动能不高、多样性也匮乏。全球分布在该阶段的创新集群数量不少，这类集群逐渐萎缩之后，规模都比较小，典型的城市如匹兹堡（Pittsburgh）等。这一类型集群是由Silent Lakes发展而来，结果是曾在全球科技创新格局中占领一席之地的城市，地位逐步下降，被后来者取代。

二、空间集聚规律——创新与经济活动的地理性集中

区域经济学认为创新活动的地域性集聚对科技成果产出形成了倍增效应[①]。此观点近年来得到协同创新理论的深化，即通过集聚和分配区域内外优质创新资源、营造良好的创新创业氛围，以强化科技创新对区域经济转型发展的推动作用[②]。同样，产业集聚有利于促进专业化分工和资源的有效配置，有利于推动生产效率的提高和生产成本的降低，并通过加强企业间交流竞争，有效提高区域竞争力和经济效益。

从更大的视角来审视科技产业创新中心的形成规律和特征，国际经验也给出了充分的实践支撑。耶鲁大学曾开展了一项世界各国经济在空间上的集

---

① 黄鲁成. 关于区域创新系统研究内容的探讨［J］.科研管理，2000，02：43-48.

② Connell J, Kriz A, Thorpe M. Industry Clusters: an Antidote for Knowledge Sharing and Collaborative Innovation［J］. Journal of Knowledge Management, 2014, 18（18）:137-151.

聚现象的研究[①]，本研究选取其中的美国、加拿大、日本、英国、芬兰、德国、新西兰、印度、越南、巴西等十个处于不同经济发展阶段的国家来分析，发现这些国家的经济和科技存在高度的地理集中。在下列世界各地科技与经济发展聚集图中（图1-3至图1-12），红色越深代表科技发展程度越高，黄色越深代表经济越发达。可以发现，经济中心一般也是科技中心，并且经济、科技活动高度集中于少数地区，无论是全球、国家还是区域、城市等各类空间单元，均呈现了“空间集聚”现象，这也证明全球科技产业创新中心的形成和发展在本质上有其特定规律。

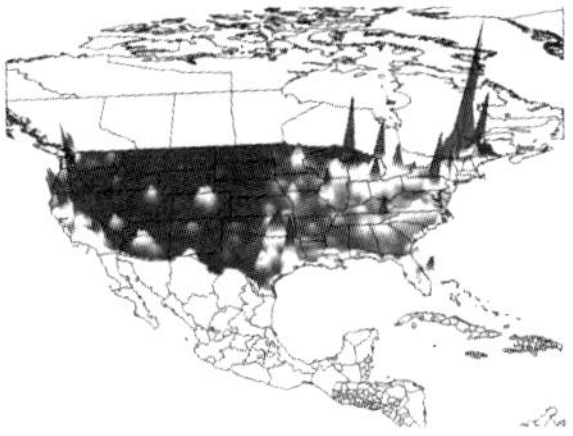

图1-3 美国经济地理地图

图1-4 加拿大经济地理地图

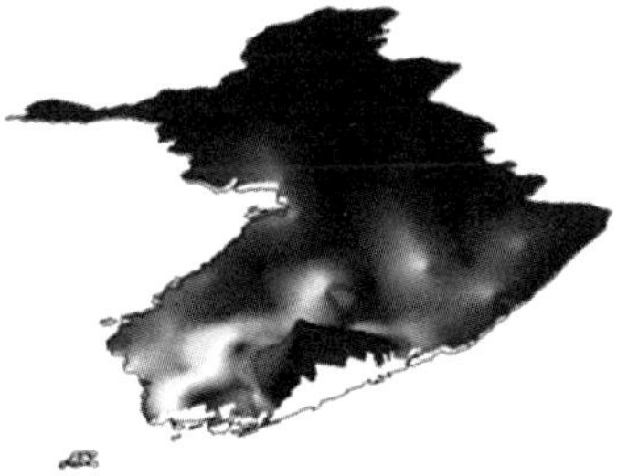

图1-5 芬兰经济地理地图

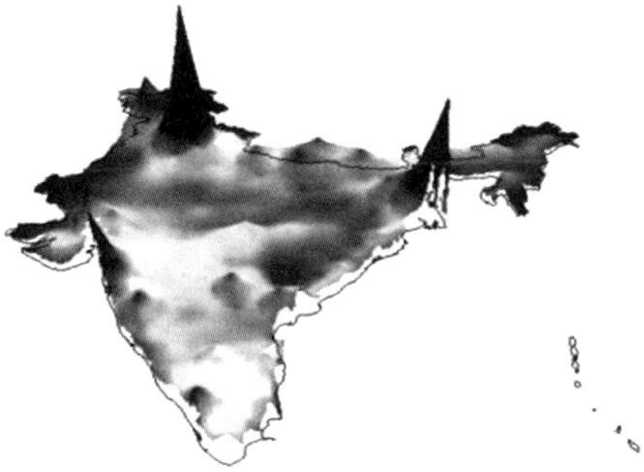

图1-6 印度经济地理地图

① Geographically based Economic data（G-Econ）.

图1-7　越南经济地理地图

图1-8　巴西经济地理地图

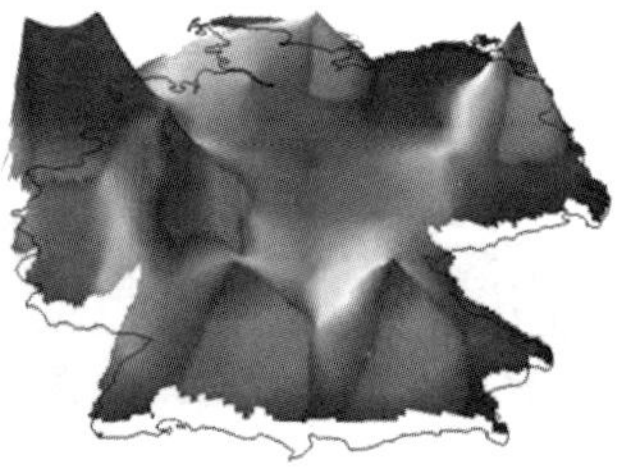

图1-9　德国经济地理地图

图1-10　英国经济地理地图

图1-11　日本经济地理地图

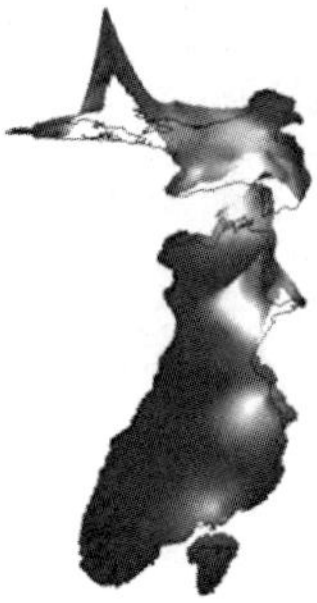

图1-12　新西兰经济地理地图

三、中心形成规律——基于区域优势的特色实现路径

不同的区域根据其区位优势，成长路径有别，按照优势形成的规律和区域成长的关键推动因素，麦肯锡认为，全球科技产业创新中心的形成大致可分为三种路径，分别是“英勇的赌注”（Heroic Bets）、“不可抗拒的交易”（Irresistible Deals）、“知识的绿洲”（Knowledge Oases）[①②]。

“英勇的赌注”（Heroic Bets）路径，是指由政府引领，在某些特定新兴领域提供大量科研投资和初始支持的路径，如通过补贴、免税、直接投资等手段扶持科技创新中心的建设。但这种路径的缺陷在于，政府往往不善于发现合适的支持领域，很容易造成激励机制的扭曲，并且初始投资阶段过去后很难找到一条维持创新活力的路径。

“不可抗拒的交易”（Irresistible Deals）路径，通常适用于拥有低成本劳动力、广阔市场等能够吸引国外公司的特质的地区，该路径也可称为以劳力和市场换技术，随着交换的不断深入，该地区可在此基础上实现价值链的不断攀升，从加工制造向基础工程、设计和创新转型。这一路径实现的关键要素在于，该地区必须创新出一套机制以确保国外公司的先进技术在本地实现转移，同时也要提升本地劳动力的技能水平。

“知识的绿洲”（Knowledge Oases）路径，通常适用于拥有大量高科技要素的地区，如拥有多所研究型大学、科研实验室和研究院所等，这些科技创新中心往往利用开创性的技术创新来实现商业成功。相比于上面两条路径，这条路径成功的概率更低，实现成功的关键要素在于当地要具备将知识创新转化为商业应用的能力和资本。

---

① André Andonian, Christoph Loos, and Luiz Pires.Where will the world’s primary centers of innovation be?. https://www.thersa.org/globalassets/pdfs/city-growth-commission/evidence/mckinsey-where-will-the-worlds-primary-drivers-of-innovation-be.pdf.

② 杜德斌等：全球科技创新中心的成长路径及类型综述.新民晚报.2015.06.01. http://greatchina.ecnu.edu.cn/ee/d5/c2302a61141/page.htm.

麦肯锡这个科技创新中心的成长路径理论用在我国国内也有一定合理性，但由于相比资本主义国家，我国政府对经济和社会的管理和参与程度高出许多，因此，国内可称为科技创新中心的城市，基本上走的都是“复合型”路径，如北京、上海大致属于第一种和第三种复合路径，深圳发展早期属于第一种和第二种复合路径。此外，这个理论应用动态发展的视角来看待，每个城市在成为科技创新中心的路径不是一成不变的，如深圳早期依靠“三来一补”低成本加工制造和内地广阔市场门户的优势吸收了大量国际先进技术，完成了资本和技术积累，而后政府将财政投入到高校院所建设，企业将利润投入到产品研发，产业向高新技术领域转型升级，城市路径由第二种向第三种转型。同样，目前东南亚的一些国家正在走第二种路径，未来也可能转换赛道，成为新兴的科技创新中心。

第二章

深港创新圈的回顾和展望

这里所指的“深港创新圈”是深港两地长期以来在各个领域开展合作的统称，是将深港两地视为更紧密的合作伙伴，共同参与粤港澳大湾区和世界级科技产业创新中心建设的主体力量。本章系统性地总结深港过往合作取得的成效和待解决的问题，为“深港创新圈2.0”阶段的战略重点明确方向。

第一节 十年磨一剑：深港创新圈的发展成效

深港两地民间自发的产业合作由来已久，直到1997年香港回归后，在国家“一国两制”重大战略和CEPA协议框架下，两地合作才上升到政府间协同推进的新高度，合作主体和项目领域更加丰富、合作深度不断拓展，在部分体制机制领域也进行了探索和突破，取得了一定的成效。

一、“深港创新圈”概念的提出及其时代背景

通过对深港两地合作里程碑事件的梳理，本书将深港合作划分为五个阶段，并对每个阶段的时代背景、合作内容及特点、双方实力等进行提炼和对比，以更清楚展现两地合作的推进和演变情况。

（一）深港创新圈的由来

深圳和香港在过去发展中遇到了一些问题。深圳方面：从改革开放至新世纪初，传统依靠要素驱动的发展模式面临着人口、土地、环境、能源等条件日益趋紧、四个“难以为继”制约不断加强等问题，资本、劳动力等生产要素对经济发展的驱动力和效益贡献在逐渐降低，经济增长方式由要素驱动向创新驱动的转变迫在眉睫。而与此同时，创新驱动的条件在深圳尚不成熟，深圳企业以跟踪模仿创新为主，缺乏高校、科研院所和高层次创新人才，源头创新能力不足，产业核心技术受制于人，无法很好支撑深圳创新驱动的转型。香港方面：在过去的二十多年中，经济结构发生巨大变化，制造业持续北迁，产业空心化严重，经济风险高涨，亚洲金融危机对香港金融、

保险、地产行业造成极大冲击。同时，内地全方位的开放格局对香港国际航运中心、国际贸易中心、国际金融中心的地位带来巨大挑战。此外，高新技术产业的缺乏，使得香港的基础研究成果和优势无法得到市场转化而产生经济效益，科技创新与产业化未能形成闭环，创新人才流失。因此，香港在进行产业转移与不断升级过程中也在思考战略纵深发展的问题。

与此同时，深圳和香港具有创新合作的需求和条件。首先，二者的优势和短板可以互为补充。香港具有一批国际一流的大学和科研机构，基础研究和源头创新优势明显，正好可以弥补深圳缺乏大学、大院、大所，缺乏基础研究积累，缺乏重大专项攻关能力的创新体系“短板”。其次，香港宽松自由的环境、健全的法律、完善的科学配套设施、一流的创新人才资源、国际化的网络能够为深圳高科技产业创新和产业升级提供有力支撑。此外，深圳在高新技术产业和创新型企业方面的优势，正好可以解决香港基础科研产业化渠道不畅、知识无法变现、创新链条无法实现闭环的困境。双方合作，从根本上整合两地分割的创新体系，极大地鼓励了两地产业研究机构自主创新，符合双方利益和长远发展需要。

在此背景下，深港两地政府和民间智库共同促成了“深港创新圈”的构想，即在深港两地政府和民间力量共同促成和支持下，以市场为主导，打造以科技创新为核心，共同吸引国内外创新要素，提升深港两地和粤港澳大湾区创新动能的区域创新体系。

（二）深港创新圈的酝酿

第一阶段：1997—2003年，“一国两制”下，两地合作纳入宏观战略轨道。

1997年以前，香港制造业向深圳转移，形成“前店后厂”的区域分工合作模式，该模式是两地自发性的经济合作的主要内容和方式，两地政府间缺乏密切互动。1997年至2003年，受香港回归和“一国两制”等国家战略的重大影响，深港合作意义由两个城市之间的合作上升到了内地与香港的合作高度；合作范围也由单纯的经济合作，逐渐向政治、社会等方面拓展；合作的推进主体由企业之间向政府之间逐步多元化；特别是随着深圳经济快速发展，深港合作中双方所处的地位和相应的合作战略也发生了很大变化。1997年金融危机对香港冲击很大，暴露出香港制造业空心化所带来的产业结构单一问题，同时，1997年回归后，香港在政治、经济、社会等方面面临着转型需求，对从政者、从商者及民众的心理调整带来一定程度的考验。而在同一阶段，中国加入WTO，深圳在面临特区优势弱化和经济发展减速的危机中开始进行产业转型升级，经历一段艰难调整期后，迎来了新一轮高速发展。至2003年，深圳与香港地区的GDP比值已由1980年的1∶540迅速升高至1∶4左右，伴随着这一实力差距变化的，是深港两地的合作由“前店后厂”模式逐渐转变，合作交流领域拓展到基建、环保、卫生、城市规划等领域，合作主体由单一的企业界拓展至政府之间。广东省与香港在1998年3月建立了粤港联席会议制度，将深港合作纳入政府宏观战略轨道，更具战略性、长远性、全局性的交流开始形成。

第二阶段：2003—2005年，CEPA签订及开放“自由行”等政策，启动两地全面合作。

前一阶段，双方在政府层面确立了战略合作的基础。本阶段，在政府大力推动下，两地陆续签订了一系列重大合作协议，促进了物流、商品、人才、交通等资源要素的便利流动。本阶段起点性标志事件是2003年6月，中央政府和香港特别行政区签署了《关于建立更紧密经贸关系的安排》（以下简称“CEPA”），并于2004年全面实施，该协议内容包括促进货物贸易和服务贸易自由化、贸易投资便利化、专业人才资格互认等。CEPA的实施，从体制上清理了一部分内地与香港经贸合作的障碍，有效地促进了两地经贸合作的进一步深化。深圳外向型经济得到了发展巩固，香港获得了庞大的市场和商机，制造业和服务业景气回升，随着CEPA领域逐步扩展，两地经济融合已不仅存在于服务、贸易、人才交流等领域，进一步扩展到金融、电影、文化、新兴产业等行业。本阶段的两地政府间关系，依然呈现出深弱港强的局面：一方面，深圳对于两地合作的意愿比香港强烈；另一方面，深圳在两地合作中的姿态放的更低，深圳2005年提出的合作口号是“向香港学习，为香港服务”，由此可见一斑。但与前一阶段相比，不论是主观意愿上还是被动要求下，香港合作态度变得积极主动，两地政府高层接触增多，政府合作领域也广泛拓展至基础设施、经贸、旅游、金融、生态环保、公共服务、社会合作等领域。

第三阶段：2005—2010年，深港正式签订“深港创新圈”合作协议，联合资助一批科研合作。

该阶段重要特征是深港间合作重心有了明显的变化，至少从双方政府层面来讲，该阶段双方合作从CEPA框架下的经贸合作为主，逐渐向科技创新和经贸双主题的方向转变。并且不同于前一阶段由中央政府牵头推动合作，该阶段深港两地根据优势需求互补原则自行协商合作并提请中央批准，合作选择的自主性更强，深圳作为高新原创技术的重要需求者，主动向科研资源丰富的香港抛出橄榄枝。

“深港创新圈”这一概念由深圳市政府于2005年6月首次提出，并被写入了市委、市政府2006年1号文件《关于实施自主创新战略建设国家创新型城市的决定》中。为取得香港方面的回应，深圳联合香港有关部门从2005年到2007年先后举行了三次“深港创新圈”高层论坛，邀请国家部委、广东省、香港特别行政区、著名研究机构的有关人士对“深港创新圈”概念进行全面的阐述与论证。

深圳“建设深港创新圈”的提议逐步得到香港热情回应，“深港创新圈”作为议题出现在了2006年9月的“‘十一五’与香港发展”经济高峰会的讨论文件中。2007年1月15日，在“‘十一五’与香港发展”经济高峰会报告及行动纲领公开发布会上，创新科技及信息服务小组提交的策略建议中明确提出“与深圳建设更紧密的合作，研究建立‘深港创新圈’的具体措施，加强人才信息资源交流，推动两地科研机构合作，成为区内创新科技及服务的一站式平台，与深圳致力于融合双方优势，大力向外推广，成为区内一个国际级的科技活动枢纽”。

深港双方在形成共识基础上，经过一年多协商，共同起草了《关于“深港创新圈”的合作协议》，报经国务院港澳办正式批准，并于2007年5月21日在香港正式签署，标志深港双方共建“深港创新圈”进入了实质性操作层面。

在此之后，双方联合开展了若干科技合作，联合发布了《深港创新圈三年行动计划（2009—2011）年》，双方各斥巨资共同打造包括8个创新基地、12个服务平台、4个重大专项在内的共计24个重大项目，上述项目基本都按原计划完成建设内容，个别项目在完成原计划基础上又有了新的合作进展。两地共同设立“深港创新圈”科技合作联合资助计划，至2017年上半年，已累计联合资助深港合作项目77个，双方共投入资金超过4亿元[①]。

随着一系列深港创新圈重大项目的实施推进，深港两地在科技研发领域的合作越来越密切，两地经济联系已由过去的劳动密集型低端产业升级到高新技术产业。

第四阶段：2010—2017年，前海与河套两大深港合作基地相继启动规划建设，深港合作加速制度创新。

这一阶段，深圳与香港两地的城市地位发生了巨大转变，深圳高新技术产业腾飞，成为科技新贵，在电子通信、互联网、生物医药等领域聚集了华为、腾讯、中兴、迈瑞、华大基因等一批国际知名的创新型企业，独角兽企

① 深港携手打造世界级创新引擎.人民网，2017.6.16 http://sz.people.com.cn/n2/2017/0616/c202846-30335907.html.

业增长迅猛，PCT国际专利申请量持续全国第一，在基础研究方面也大力引进高校联合办学，筹建重大科技基础设施，组建诺贝尔奖科学家实验室、海外创新中心、双创基地等，新型研发机构发展迅猛；而香港由于制造业不断外迁，产业空心化严重，主要依附于制造业的产业科技创新活动也乏善可陈，高校科研优势由于未能形成成果转化的创新闭环而未能充分发挥，创新创业活力不足，整体来看，香港在新兴技术不断涌现的今天，未能抓住机遇实现高速增长，GDP在过去20年间（1997—2016年）总量增幅1.8倍，而同期深圳GDP总量增长了18倍多。当然香港作为发达经济体，和深圳比较GDP增速并不公平，但香港在全球科技产业快速发展的坐标系中缺席，又在物流航运等传统优势领域逐渐失利，未来经济繁荣的支撑点尚不明朗，确实是香港面临的重要问题。

在此背景下，该阶段的深港合作更多建立在地位平等的基础上，双方各自发挥所长，追求优势互补，如利用香港现代服务业发达的优势，在深圳前海打造“前海深港现代服务业合作区”，利用双方科技资源优势，在河套地区共建“港深创新及科技园”，形成了东西两翼深港合作平台。

2010年8月26日，国务院正式批复了《前海深港现代服务业合作区总体发展规划》，并于次年将前海开发纳入国家“十二五”规划，升级为国家级战略平台，主要开展金融、现代物流、信息科技服务、文化创意等现代服务业合作。习近平总书记对前海寄予厚望，在2012年视察前海时提出：“前海要依托香港、服务内地、面向世界，充分发挥特区敢为天下先的精神，落实比特区还要特的先行先试政策[①]”，为深港合作提供了“特区中的特区”的独一无二创新环境。

2017年1月3日，深港共同签署《关于港深推进落马洲河套地区共同发展

① 大事记前海发展，凤凰资讯，2014.8.26，http://news.ifeng.com/a/20140826/41729654_0.shtml.

的合作备忘录》，将在落马洲河套地区[①]合作建设“港深创新及科技园”，同时香港支持深圳将深圳河北侧毗邻河套地区的约3平方公里区域打造为深方科创园区，共建深港科技创新合作区[②]，主要发展生物科技、大数据及人工智能、机器人、新材料、微电子和金融科技等产业，并合作建立科研基地、高等教育等设施。

两个战略合作平台的建设，为深港合作带来了很多制度层面的突破创新和经验借鉴，取得了显著成效，为下一阶段全面深化奠定了扎实的基础。

第五阶段：2017年至今，深港创新圈被嵌入“粤港澳大湾区”这一国家战略中，进入跨越发展期。

2017年7月1日，香港回归祖国20周年纪念日当天，在习近平总书记见证下，粤港澳及国家发改委主要负责人共同签署了《深化粤港澳合作 推进大湾区建设框架协议》，提出打造国际科技创新中心的任务。

2017年9月，广东省委省政府正式印发了《广深科技创新走廊规划》，提出打造广州、东莞、深圳三城市为主线的科技创新走廊，集中三地优势资源，将广深科技创新走廊打造为全球科技产业技术创新策源地、全国科技体制改革先行区、粤港澳大湾区国际科技创新中心主要承载区、珠三角国家自主创新示范区核心区，建设成为“中国硅谷”。

2018年8月15日，国务院副总理、粤港澳大湾区建设领导小组组长韩正在北京人民大会堂主持召开粤港澳大湾区建设领导小组全体会议上指出：要积极吸引和对接全球创新资源，建设“广州－深圳－香港－澳门”科技创新走廊，打造大湾区国际科技创新中心。至此，广深科技创新走廊的范围扩大

---

① 注：指深圳河治理一期工程完成后裁弯取直“造出”的一块面积近百公顷的区域，位于深圳河中游，北邻深圳皇岗口岸的货运停车场，南抵香港新界西北区的落马洲，东临上步码头，西至皇岗口岸大桥下。

② 两大支点撑起深港科创未来——东有河套，西有前海，双城合作迈向新阶段，南方日报，2019.4.10 http://qh.sz.gov.cn/sygnan/lssj/201904/t20190410_16759686.htm.

至香港和澳门，已被纳入粤港澳大湾区战略之中。

2019年2月18日《粤港澳大湾区发展规划纲要》正式印发。《粤港澳大湾区发展规划纲要》与2017年的框架协议一脉相承，其出台与保持香港优势与繁荣、平衡深港相对地位这一目标之间有很大关系，在前期大湾区建设的框架协议和广深港澳科技创新走廊的铺垫下，该规划纲要选取科技创新作为其中一个重要抓手，为新阶段深港合作确定了科技创新的主旋律。

《粤港澳大湾区发展规划纲要》中“战略定位”章节部分将科技创新排序第二，明确提出“具有全球影响力的国际科技创新中心”“全球科技创新高地和新兴产业重要策源地”等战略定位；2035年发展目标中，将“大湾区形成以创新为主要支撑的经济体系和发展模式，经济实力、科技实力大幅跃升”放在第一位；区内中心城市香港、深圳、广州均被赋予科技创新定位，香港是“大力发展创新及科技事业，培育新兴产业”，深圳是“国家创新型城市”及“具有世界影响力的创新创意之都”，广州是“培育提升科技教育文化中心功能”，并提出了“广州－深圳－香港－澳门”科技创新走廊以及“香港-深圳”联合作为湾区带动极点的创新合作布局。

由此可见，这一阶段中央肯定了科技创新作为粤港澳区域间合作的新重点，并将深圳与香港之间的合作纳入粤港澳大湾区和广深港澳科技创新走廊的框架之内，赋予了两地合作支撑“一带一路”“一国两制”等国家战略的新内涵。同时，中央高层领导成立“粤港澳大湾区建设领导小组”，从国家层面统筹决策部署和调度协调，为深港两地进一步突破区域局限，实现更深入合作提供了组织领导保障。深圳市组建了市委推进粤港澳大湾区建设领导小组办公室，提出举全市之力推进粤港澳大湾区建设，将深港合作提到了前所未有的高度。因此，有理由相信，深港合作在高层战略支持下和责任压力下，将开启新篇章。

二、“深港创新圈”推进深港合作的主要成效

在“深港创新圈1.0”阶段，深港两地在基础设施、高校、产业、产学研、教育、医疗、两地跨境生活等方面取得了一些实质性的成效。

（一）口岸与交通

深港两地加大跨境口岸和接驳交通建设，大大改善了通关环境，提高了整体通关能力，深港两地目前已基本形成“东进东出、西进西出、快进快出”的通关格局。

在口岸建设方面，截至2018年9月份，深圳拥有陆路口岸6个，分别是罗湖、文锦渡、皇岗、沙头角、深圳湾、福田口岸，根据规划，第7个陆路口岸——莲塘口岸也即将开通。目前建成的6个口岸各有特色，是我国内地与香港陆路连接的主要窗口：罗湖口岸是我国目前客流量最大的旅客入出境陆路口岸之一；皇岗口岸是我国目前货车入出境数量最多的客货综合性公路口岸，也是我国率先实行24小时通关的口岸；深圳湾口岸是我国第一个按照“一地两检”查验模式运作的客货综合性公路口岸；福田口岸是我国首个内地与香港无缝接驳的地铁口岸①。除此之外，深圳的蛇口口岸、福永口岸等海港口岸可方便连接香港国际机场，还可享受预办登机服务，直接在蛇口客运码头办理从香港国际机场起飞航班的登机牌及行李托运，将深圳与香港两大国际机场群便捷联系起来。

在交通设施方面，深圳湾、机场等口岸有跨境巴士服务，在深圳湾上车，无须交通转换，可直达香港市区。目前，深圳机场冠忠环岛跨境运输专线以15分钟/班的频率每天发85班大巴往返深圳机场与香港25个站点间，节假日期间增加到近百班；深圳地铁与香港地铁实现跨境接驳，在深圳地铁4

① 深圳口岸通关指南，深圳市人民政府口岸办公室，http://ka.sz.gov.cn/ztzl/tgzn/.

号线（龙华线）的福田口岸站，以及地铁1号线（罗宝线）的罗湖站，分别实现与香港地铁东铁线的落马洲站和罗湖站接驳；广深港高铁在开通初期，最高峰日计划每天安排开行动车组列车127对，将香港西九龙与深圳福田间的通车时间缩短至14分钟，大大方便了深圳与香港之间的人员出行。

在人员和货物通关方面，深港两地通过一系列制度的设计、流程的优化和技术的应用，大大提高了通关效率。首先在人员通关方面，深圳湾口岸和已于2018年9月开通的广深港高铁创新性地实行“一地两检”查验模式①，将原先在深圳和香港两地分别办理出入境手续合二为一，旅客只需上下车各一次，无须两次排队，在高峰期的通关时间可减少一小时左右，此外“一地两检”还有利于深港口岸查验部门协同办公，快速处理各种事项。其次，两地海关在货运通关方面不断开拓创新，显著提高了通关效率，在海关总署与香港海关签署的《两地海关合作互助安排》框架下，深港海关开展了清单统一、查验结果互认、“跨境一锁”合作、信誉良好企业互认通关等合作项目，实现两地海关查验信息和资源共享，节约企业通关成本。深圳海关运用电子关锁和GPS等智能化手段在工厂闸口和口岸海关实现了跨境运输车辆的电子通关。香港入境车辆办理通关手续的时间由半小时以上缩短到5分钟以内。此外，皇岗口岸分别于1994年和2003年实现货运和旅客的24小时通关，大大便利了两地的客流物流，更密切了深港两地的无缝联系。

（二）高校

2000年以后，香港与深圳加强了高校合作，主要体现为两个阶段，第一阶段是香港高校在深圳设立研究院，入驻深圳虚拟大学园，此类研究院主要开展教育培训、成果转化、科技研发等活动，并不是实质意义上的高校分校；第二阶段是双方按照中外合作办学条例设立的具有较为完整功能的大

① 注：香港制定的《广深港高铁（一地两检）条例》在2018年9月4日正式生效。

学，全面拓展了香港高校与深圳合作的广度和深度。

1999年深圳虚拟大学园成立，在运行机制、管理模式及组织架构方面在全国甚至全球都具有首创性。不同于传统意义上的异地办学和大学科技园的常规做法，深圳虚拟大学园建立在城市和学校各自需求的基础上，市校双方有效探索了“技术转移经纪人”与“合作契约制”等模式，并形成了集群式的技术转移态势，充分调动了市校双方的积极性，驻深院校的每一个首席代表都充当了技术转移“经纪人”的角色，通过自身成果转化获得了经济和社会价值。同时，各大学将自身各种资源与深圳灵活的市场机制相结合，更接近市场化的管理方式和复合型功能，使大部分香港院校可以参照学校本部运行机制，统筹安排项目和运营资金，较好地体现了学校意志，为各院校营造了宽松的发展环境，使院校在深能够大显身手，因此，深圳虚拟大学园对香港高校有非常强的吸引力。

深圳虚拟大学园陆续引进一批香港著名高校，并联合成立了香港科技大学深圳研究院、香港中文大学深圳研究院、香港城市大学深圳研究院、香港理工大学深圳研究院、香港大学深圳研究院、香港浸会大学深圳研究院，主要功能包括人才培养（包括企业订单式人才培养）、科技研发、创业孵化、科技成果转化等。截至2018年末，香港著名高校已在深圳设立创新载体44个、科研机构72家，累计承担国家和省、市科技项目1300多项①（表2-1）。深圳虚拟大学园近20年来整体累计培养各类人员32万余人，其中博士及博士后2000余人，硕士4万余人，本科6万余人，订单及其他培训20万余人②（图2-1）。

---

① 两大支点撑起深港科创未来——东有河套，西有前海，双城合作迈向新阶段，南方日报，2019.4.10 http://qh.sz.gov.cn/sygnan/lssj/201904/t20190410_16759686.htm.

② 《深圳虚拟大学园年度工作》2018年报告。

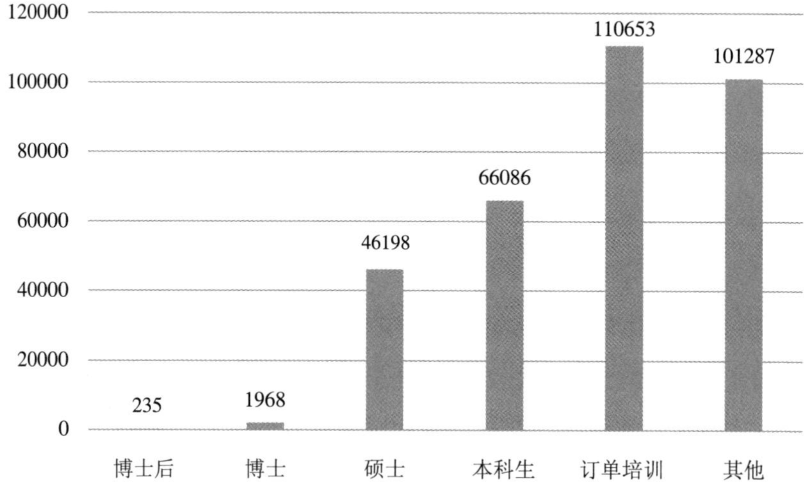

图2-1　深圳虚拟大学园累计培养人才数量

表2-1　2018年深圳虚拟大学园香港高校获深圳市科创委资助立项列表（含2019年第一批）

单位	项目数量（个）	资助金额（万元）
香港城市大学深圳研究院	44	4562
香港科技大学深圳研究院	34	3360
香港理工大学深圳研究院	25	2340
香港大学深圳研究院	13	1379
香港中文大学深圳研究院	7	1100
香港浸会大学深圳研究院	7	420

数据来源：《深圳虚拟大学园年度工作》2018年报告

深圳虚拟大学园的香港高校在科学研究方面也对深圳做出了重大贡献，香港科技大学深圳研究院"分子神经科学和药物创新研究"叶玉如院士团队在阿尔茨海默病研究领域取得突破性进展；香港城市大学深圳研究院院长吕坚教授团队新发明的全球4D打印陶瓷新技术，可让3D打印出来的陶瓷前驱体，在第四维度内，实现可编程控制的自主变形；香港浸会大学深圳研究院研究员马迪龙团队首创金属探针有望早期诊断多种癌症。

2014年，深港双方在前一阶段合作基础上，根据新形势需要，进一步深化合作，按照中外合作办学条例，共同设立了香港中文大学（深圳），选址位于深圳市龙岗区大运新城的国际大学园。香港中文大学（深圳）目前主要开设了理工科、经济管理类和人文社科类专业，长远办学规模为国内外学生11000人，其中本科7500人，硕士及博士研究生3500人，目前已有4500名学生就读，2018年首届毕业生已步入社会，55%学生选择留在深圳工作，为深圳输送了大量高层次人才。结合深圳产业特色，香港中文大学（深圳）打造了一系列国际化科技创新平台，截至2016年底，已组建完成机器人与智能制造国家与地方联合工程实验室、深圳市机器人与智能制造工程实验室、深圳市半导体激光器重点实验室、深圳市大数据研究院、深圳高等金融研究院、香港中文大学（深圳）机器人与智能制造研究院以及星河WORLD香港中文大学（深圳）创新创业基地等，依托这些平台，承担了多项深圳市科技计划以及横向科研项目，为深圳市科技创新做出了一定贡献。

（三）产业

早先阶段，深港两地的产业合作主要以企业间自发合作为主，按照当时两地的相对优势，多采用“前店后厂”模式。这种模式是中国大陆改革开放初期的现实条件所形成的一种经济模式。当时，香港发展主要存在地价高、劳动力不足等问题，而包括深圳在内的珠三角恰恰拥有廉价的土地、厂房和劳动力资源，再加上深圳作为经济特区率先试行改革开放，有鼓励港商直接投资的优惠政策，一些港商跨过深圳河，将制造工厂设在深圳，彼时的这种制造业合作层次较低，多是“两头在外”——即原材料和核心技术靠引进，并且产品以出口为主，深圳方仅能收取一些加工费、服务费、厂房租金。尝到经济利益的甜头后，不少港商将整个生产线、全部制造业环节、甚至整个工厂迁移至深圳，兴办独资、合资或合作企业[①]。20世纪80年代初到90年代

① 汤山文.深港经济合作的理论与实践［M］.人民出版社，2010.

初，香港90%的电子工业、80%的纺织成衣业、80%的钟表业、70%的鞋与玩具业将生产加工环节转移至深圳及珠三角周边。这种模式在深港两地持续了许多年，促进了香港产业的成功升级和竞争优势的进一步提高，亦曾在一定程度上促进了珠三角地区的产业协同分工，推动珠三角地区成为“世界工厂”。

随着全国改革开放的逐步展开，深圳先发优势逐渐减弱，香港制造业开始向东莞、中山甚至内地省份转移。同时，深圳在前一阶段完成资本初步积累后，调整了经济发展战略，积极鼓励发展资金密集型和技术密集型产业，并提出了以高新技术产业为先导的发展战略。经历劳动力密集型制造业转移和亚洲金融危机的香港也开始鼓励高新技术产业发展，成立了创新科技的专责部门，并于2000年建立香港科学园和数码港。该阶段，两地之间的合作由劳动力密集型制造业转向技术密集、资本密集的高新技术产业领域，深港产学研基地、多家香港院校驻深研究院等一系列合作载体相继建立。

当前阶段，双方合作被纳入“粤港澳大湾区”重大战略内容，是承担国家“建设具有全球影响力的国际科技创新中心”任务的主要执行者，合作目标应转入到全方位的科技创新与高新技术产业合作上来。由于深港两地政府有了明确的合作框架和机制，又有国家战略大力推动，两地产业合作由企业间的自发式、零散式合作转向了由政府统筹推动下的平台式、集聚式合作，产业合作在格局上、规模上、效果上更上一个新台阶，迎来了快速发展时代。据深圳市统计年鉴，过去20年间，深港外贸进出口增幅超过10倍。最有代表性的合作是前海深港现代服务业合作区和落马洲河套“港深创新及科技园”，分别从服务和科技这两个湾区发展的核心方向上成为深港合作东西两翼重要的支撑平台。

前海深港现代服务业合作区创设了与香港和国际接轨的税收制度和法制环境，主要发展金融业、现代物流、科技服务（包括法务、财务、互联网新业态、科技金融等）等现代服务业，在落实人民币国际化、中国资本市场对外开放、深港金融合作和金融创新、粤港青年创新创业等方面实现了一系列重大改革，截至2018年6月底，累计注册香港企业8938家，注册资本9129亿元，实际利用港资年均增长率达到206%[①]。

落马洲河套“港深创新及科技园”是深港两地在区域合作共建机制上的一次重大创新，该区域地理位置上紧邻深圳，业权属于深圳，但管辖权属于香港，适用于香港法律。在区域定位谋划上，该区域经历了工业区、贸易区、金融服务区等多轮调整，直到2017年，两地签署《关于港深推进落马洲河套地区共同发展的合作备忘录》，正式确定该片区定位为“港深创新及科技园”，主要集聚高科技企业、研发机构、高等院校等创新资源，发展科技研发、人才培育、新兴产业等。2017年8月，“南科大-港大联合实验室”和“香港生产力促进局深圳创新及技术中心”成立，标志着该地区已正式进入建设启动阶段。

在此阶段，两地高校、科研机构和企业间合作创新创业更具活力。中国科学院深圳先进技术研究院先后与香港中文大学、香港大学、香港科技大学、香港应用科技研究院等香港高校及科研机构开展科研教育和产业化合作，孵化700余家企业，牵头成立机器人、低成本健康、北斗等多个行业协会和创新联盟，还将在深港科技创新合作区布局建设深港生物医药创新研究院、深港高端医疗设备创新中心及前瞻性国际化综合性研发平台等创新平台。深港企业之间的合作更多，很多企业将深圳与香港合成一体统筹布局，如大疆科技将总部放在深圳，但将法律和营销部门放在香港；华大基因总部在深圳，但在香港科技园也有公司和实验室；华为把研发总部放在深圳，但同时在香港与当地高校联合设立实验室，如“诺亚方舟实验室”；跨国公司杜邦集团将工厂放在深圳，将研发中心放在香港，等等。两地联合创新创业

① 港资港企加速前海新城建设，新华社，2018.9.10，https://baijiahao.baidu.com/s?id=1611114564726776404&wfr=spider&for=pc.

活动较为丰富，深港产学研基地连续举办6届深港创业青年大赛，香港科技大学深圳研究院与佳兆业联合举办百万奖金国际创业大赛和“无人机与智能机器人创新创业大赛”，前海深港青年梦工场累计孵化创业团队304个，其中港澳团队158个，超半数项目拿到了融资。

（四）产学研

基于香港在基础研究领域的优势，以及深圳在创新型产业方面的优势，深圳与香港之间的产学研合作主要是由香港高校与深圳企业共同开展，合作模式由初期的项目开发转向面向市场的产品研发及高端人才培育的全链条合作模式。

提到深港产学研合作，自然离不开深圳虚拟大学园，它是我国第一个创新型产学研结合示范基地，已成为香港高校与深圳企业开展产学研协同创新的重要载体。深圳虚拟大学园主要通过搭建平台方式，让企业发布技术需求，专家发布技术成果，提供产业与院校之间的对接。香港城市大学、香港理工大学、香港科技大学、香港中文大学4所院校已在深圳虚拟大学园内兴建了产学研基地，占地面积2.6万平方米，建筑面积6.5万平方米①。截至2018年2月底，香港高校在深研究院转化成果及技术服务269项，获得专利111项。

发展至今，深港产学研基地已成为虚拟大学园在推动产学研合作方面的一张名片，这所由深圳市政府、北京大学、香港科技大学共同设立的基地，通过官、产、学、研、资全方位资源整合，建立了包含人才引进、项目推广、政策指导、投融资服务、咨询管理服务等较为健全完备的创新服务体系，引进北大和港科大资源搭建了十余个开放的公共技术平台，推出了若干教育、培训、研修项目和讲座活动，逐步发展成为科技成果孵化与产业化基地、风险基金聚散基地和高新技术人才培养引进基地。

---

① 深圳虚拟大学园管理服务中心的工作报告《深圳虚拟大学园与香港高校的合作》。

除以上提到的深圳虚拟大学园和深港产学研基地等由官方/半官方组织推动的合作之外，深港两地民间自发形成的产学研合作也不少。如香港科技大学与大疆创新共同设立的“香港科技大学—大疆创新科技联合实验室”、香港科技大学与华为共同设立的“华为—香港科大联合实验室”等，针对企业实际技术需求提供有针对性的联合攻关，取得了良好的成效。

为进一步鼓励两地民间机构开展应用研发合作，两地政府共同斥巨资制定了“深港创新圈专项资助计划”（表2-2），支持联合技术研发、核心技术支援平台、一站式服务平台的建设与合作，至2017年上半年，已累计联合资助深港合作项目77个，双方共投入资金超过4亿元，其中大部分是香港高校及科研机构与深圳企业之间的产学研联合技术攻关项目，有力地推动了两地产学研合作。从深港创新圈历年资助项目数量和金额来看，基本呈现上升的趋势，项目分布的领域更加丰富，基本符合深圳战略性新兴产业和未来产业的政策导向。

表2-2 深港创新圈历年资助部分项目一览表①

年份	序号	项目名称	承担单位	合作单位	资助额度（万元）
2010年	1	头发取样的重要性：头发验毒及服务平台的伸延	深圳市药品检验所	香港科技大学	160
	2	癌胚抗体(CEA)、糖类抗原CA19-9、糖类抗原CA72-4、糖类抗原CA50四种胃癌肿瘤标志物的化学发光免疫定量分析试剂的研制	深圳市新产业生物医学工程有限公司	香港中文大学	160
	3	光学超精密轧制制造装备及工艺技术研究与开发	深圳大学	香港理工大学	100

① 注：表格所列“深港创新圈”项目是指深港两地开展的“深港创新圈科技合作联合资助计划”所资助的项目，本书提出的“深港创新圈2.0”是指深港两地间围绕科技创新主题开展的更加全面、系统、深入的合作，两者概念有很大区别。2014年项目空缺，因当年12月份才受理，实际拨款在2015年；2016年项目空缺，没有通过一项联合资助项目。

续表

年份	序号	项目名称	承担单位	合作单位	资助额度（万元）
2011年	4	新型HIV-1表型耐药检测的研发与应用实践研究	深圳市易瑞生物技术有限公司	香港大学艾滋病研究所 深圳市疾病预防控制中心	200
	5	龙网:中低速轨道列车宽带移动互联网关键技术研发	中兴通讯股份有限公司	香港城市大学 北京大学深圳研究生院	200
	6	基于US-MRI融合的前列腺靶向穿刺活检系统研制:计划、训练及术中智能引导	深圳大学	香港中文大学 深圳市蓝韵实业有限公司 深圳市海博科技有限公司	190
	7	纤维素类生物质厌氧生物制氢的关键技术及应用研究	北京大学深圳研究生院	香港大学	100
	8	陶瓷基印制电路板开发及产业化	深圳市五株电路板有限公司	香港理工大学	150
	9	高效表达分泌型TRAIL的UMSCs用于神经胶质瘤治疗的应用开发	深圳市北科生物科技有限公司	香港中文大学	150
	10	用于智能无线传感网络的核心传感芯片的研发及产业化	天利半导体（深圳）有限公司	香港科技大学 深港产学研基地 深圳华越天芯电子有限公司	150
	11	新一代脑血管疾病生命信息监护系统关键技术的研究	中国科学院深圳先进技术研究院	香港中文大学 深圳市德力凯电子有限公司 百毅医疗科技有限公司	150
2012年	12	抗菌肽的稳定多肽研究	北京大学深圳研究生院	香港中文大学	100
	13	抗骨质疏松症一类新药珍珠母蛋白N16的临床前评价和作用机制研究	中山大学深圳研究院	香港中文大学	100
	14	用于4G无线TD-LTE的超高速模拟前端芯片关键技术研发和产业化	研祥智能科技股份有限公司	香港中文大学	100
	15	建筑废弃物资源化利用关键技术及其产业化研究	深圳大学	香港理工大学	150
	16	新型复合结构的多晶薄膜太阳能电池及综合制备平台	北京大学深圳研究生院	香港城市大学	100
	17	储能系统关键技术—基于储能逆变器的微网调控关键技术研究及其实现	哈尔滨工业大学深圳研究生院	香港城市大学	100

续表

年份	序号	项目名称	承担单位	合作单位	资助额度（万元）
2012年	18	安全持久抗菌整理剂的设计合成及其在纺织品上的应用研究	深圳大学	香港理工大学	150
	19	高性能钛合金高效超精密加工装备及工艺的研发	清华大学深圳研究生院	香港理工大学	100
	20	可调增益的高性能低功耗硅基MEMS麦克风研发及产业化	瑞声声学科技(深圳)有限公司	香港科技大学	100
	21	硫磺熏制中药质量控制研究	深圳大学	香港科技大学	150
	22	基于非标记非PCR的传染性疾病快速筛查诊断技术开发及其应用研究	清华大学深圳研究生院	香港中文大学	150
	23	金黄色葡萄球菌亚单位疫苗的开发	深圳华大基因研究院	香港大学	100
2013年	24	基于FPGA的肌体形变医学信息快速实现平台及其在超声诊断设备上的应用	浙江大学深圳研究院	香港科技大学	100
	25	应用于先进平板显示的薄膜晶体管（TFT）关键技术研究和产业化开发	天马微电子股份有限公司	香港科技大学	100
	26	用于血管动态诊断的超快超声成像设备研究：无创颈动脉斑块筛查的新模式	深圳大学	香港大学	150
	27	新型超低阻大容量超级电容及分布式发电功率平衡系统的研发	深圳清华大学研究院	香港理工大学	100
	28	DNA条形码系统支撑的深港水产食品安全体系建设	深圳华大基因研究院	香港大学	100
	29	基于纳米光学原理的先进显示与成像器件关键技术研发	深圳超多维光电子有限公司	香港中文大学	100
	30	高效节能纳米分子筛分离膜的研制	北京大学深圳研究生院	香港科技大学	100
	31	新能源汽车混合储能系统	安科智慧城市技术（中国）有限公司	汽车零部件研究及发展中心	150
	32	治疗长者脑退化症的智能机器人技术	深圳先进技术研究院	香港中文大学	100
	33	用于加工超硬材料的超精密机械及等离子体混合抛光技术与装备	哈尔滨工业大学深圳研究生院	香港理工大学	150
	34	智能医学超声测量、诊断和术中引导系统开发平台	深圳先进技术研究院	香港中文大学	150
	35	面向下一代移动通信网络的大规模天线系统设计	深圳无线电检测技术研究院	香港科技大学	100
2015年	36	高可靠CMOS集成电路的制程工艺及高速设计验证平台	深圳方正微电子有限公司	香港科技大学	250

续表

年份	序号	项目名称	承担单位	合作单位	资助额度（万元）
2015年	37	硅纳米线作为锂离子电池负极材料的应用研究	深圳市贝特瑞新能源材料股份有限公司	香港城市大学	200
	38	用于miRNA分析的先进便携式SPR检测平台关键技术研发	深圳市恩普电子技术有限公司	香港理工大学	100
	39	无创式血管异常结构诊断平台及大规模临床验证研究	深圳先进技术研究院	香港中文大学	200
	40	抗菌不锈钢外科手术器械及相关器具的开发与应用	深圳先进技术研究院	香港大学	200
	41	应用在眼镜制造行业的智能打磨抛光机器人系统的关键技术研究	深圳先进技术研究院	香港生产力促进局	200
	42	偏瘫患者下肢康复智能机器人的开发及其应用研究	深圳市老年医学研究所	香港城市大学	120
	43	海藻快速分类检测	清华大学深圳研究生院	香港城市大学	40
	44	精密玻璃光学显微结构的微纳印压装置及加工技术之研发	深圳大学	香港理工大学	300
	45	基于MT-InSAR的多态城市地质灾害监测研究	深圳大学	香港理工大学	100
	46	基于新型高功率超短脉冲激光器的精密加工系统的研制	深圳大学	香港理工大学	150
	47	多模态成像超声平台研发及其在甲状腺上的应用	深圳市第二人民医院	香港理工大学	200
2017年	48	基于深度逆向强化学习的智能助残轮椅半自动控制关键问题研究及原型系统	深圳先进技术研究院	香港科技大学	200
	49	基于智慧云的智能互动儿童教育机器人系统的研制	深圳先进技术研究院	香港生产力促进局	200
	50	异常交易触发的基于事件检测和舆情分析之股票近期走势预测	深圳大学	香港城市大学	150
	51	hSF-MSCs 复合超分子明胶水凝胶及新型药物治疗关节软骨缺损的关键技术研发	深圳市第二人民医院	香港中文大学	200
	52	无氮无镍不锈钢的粉末注射成形及其在可穿戴设备产品中的应用	南方科技大学	香港大学	150
	53	基于深度学习方法的快速无创冠状动脉血流储备分数诊断技术研究：工程实现及临床验证	深圳市孙逸仙心血管医院	香港中文大学	100
	54	从材料创新出发构筑高效稳定的钙钛矿太阳能电池	北京大学深圳研究生院	香港科技大学	200

续表

年份	序号	项目名称	承担单位	合作单位	资助额度（万元）
2017年	55	室内装修机器人关键技术研究	哈尔滨工业大学深圳研究生院	香港中文大学	200
2018年	56	钙钛矿太阳能电池中高效稳定传输材料的理性设计和大规模制备	北京大学深圳研究生院	香港城市大学	200
	57	裂殖壶藻SW7-7对鱼类生殖发育影响及产业化应用的研究	深圳大学	香港中文大学	100
	58	自修复高弹性导电纤维的研究	深圳大学	香港理工大学	140
	59	面向脑卒中患者日常出行的人机融合外骨骼系统	南方科技大学	香港科技大学	200
	60	外周血循环微RNA标记物在短暂性脑缺血发作后的卒中风险预测研究	深圳市第二人民医院	香港中文大学	200
	61	含新型Smurf1抑制剂的海藻酸水凝胶对特定老年骨质疏松脊柱融合术中局部骨形成的影响研究	深圳市人民医院	香港浸会大学	200
	62	深圳市协同创新计划 深港创新圈联合研发项目	深圳市孙逸仙心血管医院	香港大学	100
	63	基于A-FABP中和单克隆抗体的缺血性脑卒中治疗药物的研制和临床前评估	深圳先进技术研究院	香港大学	200
	64	新型人工髋臼的关键技术研发	深圳先进技术研究院	香港城市大学	200
	65	用于跨境传染病现场快速检测的高通量碟片式数字PCR系统研发	深圳市检验检疫科学研究院	香港中文大学	200
	66	可穿戴智慧控制多功能机器手及临床应用	深圳先进技术研究院	香港大学	200
	67	面向室内高速通信的光纤-毫米波网络芯片研究	深圳清华大学研究院	香港科技大学	100
	68	利用病人特异的诱导多能干细胞生产肝脏细胞	深圳市三启生物技术有限公司	香港大学	200

（五）医疗

香港作为国际金融中心，其对外交流的开放程度和深度是深圳所不能比拟的。尤其在医疗卫生领域，香港与域外国家合作广泛，最新的技术、设备和制剂等都能很快采购到。港人陈冯富珍代表中国当选世界卫生组织总干事，对于香港的医疗、卫生等方面给予极大的支持。深港两地比邻而居，开展医疗合作成为两方迫切的需求。香港有优质的医疗条件，在医疗教育培训、全科医生培养、家庭医生普及等方面有值得深圳借鉴的经验，同时，深圳及广东拥有庞大的病患人口基数和更为复杂多样的病例，可为香港医师积累更为丰富的临床经验。近些年来深港医疗合作产出了丰硕的成果。

一方面，香港高校在深圳设立的医院和医学中心取得了不少成果。在深圳兴建的港资医疗机构已有6家，香港大学深圳医院已开业6载，医院已开放病床1500张，2016年全年的门诊量为136.48万人次。深圳北京大学香港科技大学医学中心目前已建立4个市级重点实验室、4个市级公共服务平台、一个标准化动物实验中心，自成立以来共获得国家级科研项目立项45项，其中主持973-国家重点基础研究发展计划1项，累计在国内外期刊上发表学术论文300余篇，其中被SCI收录224篇。

另一方面，深港两地医疗服务不断融合。香港长者医疗券可在深圳使用，使居民间就医的流动更加顺畅。深圳实施了“医疗卫生三名工程”项目[①]，引进了包括香港玛丽医院张文智教授在内的国际顶级医疗团队，加强了香港高端医疗资源为本地服务的能力。

此外，双方在人才培养方面不断加强合作。广州中医药大学深圳医院与香港中文大学和香港大学均有临床教学合作，且接受香港高校医学院学生实习。两地合作开展“公共卫生与医疗机构管理”专题培训，共同培养了一批医院管理、公共卫生管理以及其他专业技术人才。

（六）教育

教育为百年大计，作为经济发达地区，深港两地政府历来重视教育的发展和投资。又因为两地毗邻，经济、文化交流频繁，跨境上学成为深港两地一个特殊的现象。据香港商报网报道，2018年深港跨境学童人数已达3万余

① 注：指为解决深圳优质医疗资源的匮乏，深圳于2014年推出以“名医（名科）、名院、名诊所”为重点的深圳医疗卫生“三名工程”，目标是到2020年深圳共投资1000亿元建设和发展医疗卫生事业。

人，十年间增加了4倍有余，而且呈现逐年递增的趋势。基于这个现实，深港两地也积极开展合作，深圳将积极发展国际学校和港人子弟学校，为香港学生提供优质的就近入学服务纳入教育发展的“十一五”规划和“十二五”规划之中。

深港两地的教育交流合作，逐步由自发性、民间性和局部性的合作，转向计划性、官方性和全方位的新型交流方式。自2006年起，深港教育部门共同启动了大规模的“姊妹学校”缔结活动，旨在加强交流、学习，增进友谊。在2017年，深圳变更了义务教育招生政策，港澳籍学生可享受与非深户学生同等的积分入读深圳公立学校的待遇。深圳“罗湖区跨境学童服务中心”自成立以来，使10万余来自深港两地的学生和家庭受益。2017年《关于深港推进落马洲河套地区共同发展的合作备忘录》中明确约定，双方将在河套地区兴建高等教育及高层次科技人才配套的子女国际学校。这些举措使得港深教育联系更加紧密，并且为深港两地的未来发展提供智力支持。

深港两地在各自发展的过程中，共同推进教育合作。从学童跨境学习到高等教育人才交流，深港两地在不断完善双方政策，积极研讨可行性方案，为两地的教育活动提供优质服务，这也为推进粤港澳城市群的融合提供了有益的思路和方式。

（七）跨境生活

深港两地经济交流活动日益密切，交通设施不断完善，同时深港两地生活成本差距显而易见，因此很多两地居民在过着跨境的生活。

深港两地居民生活与工作半径的彼此覆盖率之高，联系之密切，在全球任何地区都罕见。据媒体援引的香港规划署统计[①]，“往来内地的居港人士中近70%（超过23万人次/日）的目的地是深圳。内地赴港旅客近60%（约7.5万

① 粤港澳大湾区在加速成形，“拼船出海”将事半功倍，第一财经APP，2017.7.16.

人次/日）来自深圳。居住在内地的香港居民近90%（约9万人次/日）起讫点在深圳。每天近40万人次在深港之间奔波，占香港与内地每日跨境人次总量60%”。跨境上班所呈现的递增趋势，显现出深港合作的日益紧密。背后的原因离不开交通条件的进一步改善。从早些年的跨境大巴车到现在开通的高铁，使得深港的距离进一步拉近，通勤时间缩短至半小时以内，双方居民会根据自身的需要选择在两地工作、生活，这在一定程度上会加速两地人才资源的融合和合理化分配。随着粤港澳大湾区的建设，两地联系会更加紧密，“两城一家”的模式会成为以后发展的重点。

同时，两地居民在家庭的组成上也日益密切，近年来跨境婚姻占香港登记结婚数量的1/3左右，港女嫁内地男现象呈增长态势，2011年有4129对，占跨境婚姻总量的20%；2015年有4830对，占跨境婚姻总量的27%。这些家庭中夫妻双方年龄差距显著缩小，教育程度显著提高，具有较强的就业创业竞争力。

第二节　未竟的事业：深港创新圈的待解问题

在CEPA框架下，深港合作在多个领域取得了一系列成绩，但在实际合作的过程中，两地仍然遇到不少问题和挑战，突出表现在制度与法律无法对接，科技和产业合作未能实现真正的资源融合，民间在文化与情感方面认同度不高等，导致深港两地的合作始终若即若离，未能真正实现突破。

一、制度、法律层面

深港两地一湾之隔，实行两种社会制度、经济制度和法律制度，表现在行政、经济、市场、规划、关税、法律等制度、规则和理念都不同，这是深港合作客观存在的问题，一定程度制约了人才、物资、信息、技术、教育、文化等要素的自由流动。

行政体制的分割造成两地政府间缺乏高层次的沟通协调机制。香港是享有高度自治权的特别行政区，深圳是副省级行政单位，前者直接受中央政府管辖，后者受到中央政府和广东省政府双重管辖，两地政府在级别上有差异，增加了合作的困难，涉及两地合作的重大事项，往往需要中央政府协调才能解决。因此，在深港两地目前的合作中，缺乏由两地政府主要官员共同组建，有明确职责权限、组织架构、议题时间、制度设计的常设机构。区域经济协调机制和合作机制也仅停留在随机性的、不定期的政府高层会议层面，缺乏多层面、多领域、多渠道的日常沟通协调机制。

两地经济和行政体制的不同，也造成政府职能、权限、管理模式不同。香港奉行高度自由的市场经济原则，因此政府对经济发展实行“积极不干预”政策，更注重规则的制定、秩序的维护和基础设施的建设，扮演“守夜人”的角色。虽然深圳是内地市场经济最为活跃的城市，但受经济和行政体制的决定，政府在经济活动中相较香港政府依然有突出的管理职能，政府不但是经济秩序的维护者和营造者，同时通过制定专项资金、产业规划等方式直接影响经济，扮演“保姆”和“管家”的角色。两地政府不熟悉对方的政府职能和权限，对于合作方案的推动力也不同，导致双方在合作中囿于传统习惯和职权范围无法达成一致。例如，前些年深圳方面提出开发河套地区的方案，港方认为应由企业主体开发，政府不应干预，因此对合作方案较为冷淡。又如，香港政府对于大型基础设施建设项目考虑因素较多，特别是环保、成本、公众意见等，论证时间长，而深圳政府论证和操作程序快，因此双方在联合推动项目进展方面的能力和效率方面存在差异，这也是影响深港两地之间合作的重要因素。

深圳与香港实行不同的税收制度，造成了两地成本的人为扭曲。香港拥有独立制税权，实行简单税制，征收税种较少且主要为直接税，企业没有增值税等税种，只有企业所得税，最高档税率为16.5%，深圳没有独立制税权，实行多种税组成的复税制体系，企业纳税主要包括企业所得税、增值税等，其中企业所得税最高档税率为25%，增值税最高税率为13%，税率远高于香港。除企业税差别外，个人所得税税率也有较大差异，以薪俸税率为例，香港在减免各项扣除和免税额后以累进方式计算不超过应税收入的17%，税率处于全球最低水平。深圳个人所得税最高档税率为45%，根据2018年底出台的新个税法[①]，增加了子女教育、继续教育、大病医疗、住房贷款利息或租金、赡养老人5项专项附加扣除，但总体个税仍比香港高出数倍。此外，香港作为自由港，绝大多数进口商品（除酒类、烟草、碳氢油类和甲醇等四大类进口商品之外）实行零关税，亦无任何关税限额或附加税，这种优惠政策远非深圳能比。综上，香港综合纳税负担远低于深圳，要素在深港两地流动需考虑税费成本，限制了要素的合理流动。前海已开展营造国际化税收环境的试点，对现代物流业、信息服务业、科技服务业等四类企业的所得税提供税率15%的减免优惠，对境外高端和紧缺人才个税超过15%的部分给予补贴，缩小与香港之间的差距。

深港两地法律制度的不同，也是限制两地资源流动的重要因素之一。国家统计局深圳调查队对前海企业所作的专项调查显示，“75.29%的企业表示，在投资前海时最看重公平公正的法治环境，81.69%的企业认为适用香港法律是增强港人、港资、港企投资前海信心的保障，76.45%的企业更愿意与前海注册港资企业签订商事合同时适用香港法律，70.64%的企业认为，香港法律更符合商业运作规律”[②]，足见法律制度对于两地资源流动的影响。在法律制度上，香港本质上属于英美法系，内地属于大陆法系，法律体制存在较大

① 注：指2018年底新出台的《中华人民共和国个人所得税法实施条例》和《个人所得税专项附加扣除暂行办法》，以及《个人所得税专项附加扣除操作办法（试行）》。

② 前海探索适用香港法律之路.深圳特区报.2016.11.24 http://sztqb.sznews.com/html/2016-11/24/content_3670219.htm.

差别，同时香港的法律制度建设经过了100多年的发展历史，立法程序严明，司法完全独立，执法高效有力，其健全完善的法律体系已经处于自组织运行的内协调状态；深圳只有30余年的法律实践，而且必须遵守国家的统一法律，经济特区立法权的主要功能是“改革创新”与“拾遗补缺”，因此法律体系以及执行体制的完善程度落后于香港。

二、科技、产业层面

深圳与香港在科技和产业层面的合作尚未真正形成合力，协同创新的链条不完整，合作的渠道不通畅，两地企业、高校、科研院所、中介机构以及各种科技和产业服务支撑体系等要素之间缺乏联动，在体制机制衔接、人才培育与流动、创新资源共享、产业互补、产学研一体化、国际化发展等方面尚未形成有效的沟通渠道。香港的高校和人才优势未能在本地得到发挥，也没能与深圳高新技术产业发达的优势很好结合，形成深港两地间的创新链和产业链闭环。

现阶段两地之间的产业合作多集中在房地产、旅游、商贸购物、环保等领域，但在以知识、技术和人力资本等要素为主的知识经济和高新技术产业领域合作仍然不足，造成这一现状的主要原因，依然是创新要素的流动受限，突出表现在科研物品和技术流动、人员流动、资金流动、信息流动等方面的受限。

进口管制造成科研物品和技术流动不畅。内地实行较为严格的进出口双向管制，根据商务部和海关总署联合发布的《两用物项和技术进出口许可证管理目录》（2016年第87号）的规定，受管制的两用物项和技术包括化学品及相关设备和技术、易制毒化学品、放射性同位素、核两用品及相关设备、生物两用品及相关设备、导弹及相关物项和技术、其他两用物项和技术等7大类871子项，此外，共有8285个税则税目的进口商品受到海关监管，特别是生物医药领域研发所需的多类进口原材料和中间体，几乎都被实施贸易管制，必然对两地的科研物资、生物医药研发样本的跨区流动造成阻碍。

出入境管理和就业执业限制造成人员流动障碍。根据《中华人民共和国出境入境管理法》以及香港出境入境管理的有关规定，中国公民往来内地与香港特别行政区，应当依法申请办理通行证件，持有往来港澳通行证的内地居民须在往来港澳通行证和签注有效期内，按照规定的次数和停留时限往来香港，其中商务证件分为三个月一次、三个月多次、一年多次，每次逗留不得超过7天。在就业方面，香港人在内地就业尚存在一些政策障碍，比如需办理港人内地就业证、就业超过183天需按照内地税率缴纳个人收入所得税，由于香港税率远低于内地，削弱了港人在内地就业的热情。在执业方面，香港个人执业制度实行较早、且与国际接轨，如香港会计师公会作为国际会计师联合会（IFAC）和亚太会计师联合会（CAPA）的会员，与全球多个地区实现了执业资格互认，而深圳个人执业制度施行较晚、且尚未与国际接轨，虽然CEPA协议已经向香港执业人士开放市场，但由于深港两地在诸多行业领域标准不统一，在实际操作中，香港企业依然难以在深圳开展业务，专业人才仍需考取内地执业资格后方可执业。

外汇管制造成资金流动障碍。香港没有专门的外汇管理机构，货币可自由买卖，国际资金可随时进出。近年来，国内外汇管理基于开放、稳定两项原则持续推进改革，直接投资项通过QFII、RQFII、QDII、RQDII、沪港通、深港通等方式实现基本可兑换。但由于近两年我国外汇市场经历了高强度冲击，国家近期加强了大额外汇流出的管制。2016年12月28日，央行颁布实施《金融机构大额交易和可疑交易报告管理办法》，实施大额交易标准报告制度，一定程度上限制了外币跨境流出。总体来看，相对香港自由开放的外汇政策，国内外汇管制较为严格，资本项下还未能实现完全可兑换，机构甚至个人汇款出境限制较多，大金额需外管局审批方可，一定程度上对基于商业目标、科学研究目的的跨境资金流动形成了阻碍。

网络安全审查制度和电信服务差异造成信息流通障碍。我国从2014年开始实施网络安全审查制度，不符合安全要求的重要技术产品和服务不得在中国境内使用，并对来源于境外的非法信息传播予以阻断。2015年至2017年，国家互联网信息办公室等部门取消违法违规网站许可或备案、关停违法网站13000多家，关闭违法违规账号近1000万个，Facebook、谷歌等网站均因未能通过网络安全审查而无法在境内提供相关服务。而香港的网络审查仅包括电脑犯罪、色情与侵犯版权等方面内容，通常不对网站进行政治审查。网络安全审查制度差异造成了深港两地互联网信息沟通的困难，以及在深圳工作的香港人信息获取的困难和生活习惯的改变。此外，目前香港与深圳之间的电话通信仍采用国际线路，要收取额外的国际漫游通话费，也造成深港两地信息沟通不便和成本增加。

内地服务业开放程度低限制两地产业合作升级。纵观深港合作历史，产业间合作仅在“前店后厂”模式下保持蜜月期状态，而随着20世纪90年代中后期香港制造业向服务业转型升级，同时深圳工业化进入巅峰期后逐渐向服务业转型，两地之间的产业合作逐渐进入缓慢发展阶段，深层次原因在于内地服务业开放程度低，在两地本应共同着力发展的服务业上存在着合作的制度性障碍。在加入WTO前，香港作为国际性服务中心对深圳的辐射仅停留在贸易转口与转运方面，而在金融、法律、信息、服务中介等其他香港有优势的服务行业，则因内地对包括港资在内的外资进入限制未能合作，即使部分企业能“冲破”行政管制，也往往付出“挂靠费”“管理费”“使用费”等十分高昂的交易成本。如今前海深港现代服务业合作区打破了这一桎梏，放开外资在金融业等服务业领域的股比限制和业务范围限制，降低香港金融企业的准入条件，重新激活深港产业合作活力，河套落马洲地区发展也提上日程，深港在科技创新领域也将迎来新的发展机遇。

三、文化、情感层面

香港文化和深圳文化之间的融合性不高，均有着各自的文化特点。

深港比邻而居，都是由移民发展而成的城市，不同的是香港移民多数来自广东，而深圳移民则来自全国各地。香港的华人占香港人口的98%，其中64%来自广东，岭南文化是其华人主导文化，而岭南文化相较于内地的主流文化来说相对边缘，这种边缘性导致香港文化有相对的独立性。其后香港文化与西方文化的交流、碰撞，产生了具有资本主义文化和中国传统文化共生特质的香港文化，具有高度的开放性和兼容性。与之相比，深圳的文化则明显具有“北方文化”的特点，由于国家的号召，深圳聚集了全国的优秀人才，同时也使得不同文化之间在此优化组合，形成了“观念北上，文化南下”的现象，但整体上还是具有社会主义文化的导向性。

此外，两地居民年龄结构的差异也是两地文化差异的原因之一，深圳相较于香港来说算是新兴城市和年轻化的城市，具有激情和闯劲，敢于尝试新鲜事物，具有很强的包容性和试错性，而香港由于经过百年的发展，已经有了进入老龄化社会的趋势，观念也趋于保守，反映到两地合作上，香港民众会比较担心既得利益受到损害，因而对更深更广程度的合作存在较大顾虑。

两者迥然不同的文化特质和价值观，使双方在交流过程中容易产生误解和摩擦，对于两地的情感交流来说是一个不利因素。据2018年香港民建联用电话抽查510位香港市民的结果统计，在香港和内地关系的评价上，给予负面评价的接近半数，这种情感上的排斥和误解对于深港合作与交流的进一步深入发展带来不小的阻力，如不能在以后的日子里增加互信互释，将会妨碍粤港澳大湾区的建设。

第三章

深港创新圈与国内外标杆创新中心的比较研究

世界级科技产业创新中心虽尚无公认的统一衡量标准，但至少有两个因素至关重要：一是具有强大的能够吸引和利用全球创新资源的能力，成为要素流动、资源配置、人员往来、信息传输的重要枢纽；二是具有广泛的能够产生世界影响的创新成果，其创造的新知识、新技术、新产品和新产业能够深刻影响和辐射全球。从实践发展来看，国内外标杆地区的科技产业创新中心并不难遴选。在国际方面，美国硅谷地区凭借拥有全球最密集的高科技跨国公司、多所世界一流大学和科研机构，集聚全球最广泛的高科技人才、最具实力的风险投资机构，创造了大量改变人类生产生活方式的科技成果和经济价值，加之完善的市场机制、宜人的气候与自然环境、完善的社会诚信体系、高度国际化的移民精英群体等，当之无愧成为首屈一指的世界级科技产业创新中心。在国内方面，北京中关村凭借得天独厚的首都行政资源，占据知名高校和大院大所高度集中的优势，拥有雄厚的科教智力资源，同时集聚了大量的央企、外企及民营科技企业，在科技部火炬中心对国家高新区的历年评价排名中，中关村也多年稳居榜首。本章在深港创新圈与国内外标杆创新中心的对标研究中，将以硅谷和中关村为对标案例，首先考察三个地区之间是否具有可比性，如果大体处于同一发展阶段，则认为三个地区具有一定的比较基础，从而能够展开下一步各个领域的深入比较和分析。在比较的方法中，本研究着重选取国际理论界较权威的判别方法，进行对照式的比较研究。

第一节 深港创新圈与硅谷、中关村发展阶段比较

本节将以国际权威的区域发展阶段划分模型为依据，找出与深港创新圈处于大致相同发展阶段的国内外标杆地区，进行对比分析。

一、世界银行经济发展阶段论视角

世界银行最初从1987年开始，按照人均国民收入（GNI Per Capita）水平的不同将各国分为低收入、中低收入、中高收入和高收入四个阶段，并根据全球经济发展实际，考虑到价格因素的影响，每年动态调整不同收入阶段的区间范围。根据世界银行2017—2018财年的最新标准[①]：人均GNI在1005美元以下为低收入国家，1006-12235美元为中等收入国家，12236美元及以上为高收入国家。其中，3955美元为中低收入与中高收入国家的界限（表3-1）。

表3-1 世界银行按人均国民收入划分的各国发展阶段（单位：汇率法现价美元）

收入阶段	1987年	1990年	1995年	2000年	2005年	2010年	2015年	2017年
低收入	≤480	≤610	≤765	≤755	≤875	≤1005	≤1025	≤1005
中低收入	481-1940	611-2465	766-3035	756-2995	876-3465	1006-3975	1026-4035	1006-3955
中高收入	1941-6000	2466-7620	3036-9385	2996-9265	3466-10725	3976-12275	4036-12475	3956-12235
高收入	≥6000	≥7620	≥9385	≥9265	≥10725	≥12275	≥12475	≥12236

数据来源：世界银行.http://siteresources.worldbank.org/DATASTATISTICS/Resources/OGHIST.xls

① New country classifications by income level: 2017—2018.THE WORLD BANK. https://blogs.worldbank.org/opendata/new-country-classifications-income-level-2017—2018.

根据《硅谷指数2018》[①]显示，2017年，硅谷人均收入（Per Capita Personal Income）高达94000美元，远远高于世界银行划定的高收入发展阶段基准线，是全球最高收入的地区之一，处于名副其实的高收入发展阶段。

国内缺乏人均GNI的统计，往往以人均GDP代替。由于中关村自主创新示范区是发展高新技术产业的经济功能区，分散于各个行政辖区，无相关统计数据，故以北京市相关数据为参考。2017年北京市人均地区生产总值达到1.91万美元[②]，按照世界银行发展阶段的标准划分，北京市已处于高收入水平发展区域。中关村自主创新示范区是北京市高新技术产业集聚区，人均GDP数值理应高于全市平均水平，因此也属于高收入水平发展阶段。

2017年，深圳人均GDP达18.31万元，按2017年平均汇率折算为2.71万美元[③]；香港2017年人均GDP为4.62万美元。因此，以世界银行经济发展阶段理论判断，深港创新圈2017年处于高收入水平发展阶段，与北京中关村和美国硅谷大致处于同一大类的发展阶段，具备一定的可比性。

二、钱纳里工业化进程阶段论视角

实践表明，产业结构伴随经济发展将呈现一定的规律性变化，总体趋势是：第一产业比重不断下降，第二产业比重通常先升后降，第三产业比重不断上升。国内外学者为此给出了多种经验性判据，其中影响最大、应用最多的是钱纳里的“标准结构”（表3-2），判断依据主要包括人均收入水平、三次产业结构、就业结构、城市化水平等。

---

① 硅谷指数（Index of Silicon Valley）是由硅谷联合投资（Joint Venture Silicon Valley）首创，后和硅谷社区基金会（Silicon Valley Community Foundation）联合编著并发布的包含人口、经济、社会、空间和地方行政等内容的综合性区域发展年度评价报告。

② 人均GDP首次超2万美元，北京达到“发达国家”水平！.中国证券报.2018-12-25. https://finance.sina.com.cn/stock/usstock/c/2018-12-25/doc-ihmutuee2585674.shtml.

③ 深圳市统计局：2017年深圳GDP居全国大中城市第三.深圳特区报.2018-02-02. http://sz.people.com.cn/n2/2018/0202/c202846-31211718.html.

表3-2 钱纳里工业化进程的阶段划分[①]

指标	前工业化阶段	工业化实现阶段			后工业化阶段
		工业化初期	工业化中期	工业化后期	
人均GDP 2010年美元	827-1654	1654-3308	3308-6615	6615-12398	12398以上
三次产业产值结构（产业结构）	A＞I	A＞20%，A＜I	A＜20%，I＞S	A＜10%，I＞S	A＜10%，I＜S
第一产业就业人员占比（就业结构）	60%以上	45%-60%	30%-40%	10%-30%	10%以下
人口城市化率（空间结构）	30%以下	30%-50%	50%-60%	60%-75%	75%以上

注：A代表第一产业，I代表第二产业，S代表第三产业。

按照钱纳里理论的主要指标来看，硅谷2017年人均GDP约9.4万美元，以硅谷为代表的整个加利福尼亚州产业现代化、多元化特点突出，第一产业、第二产业、第三产业均高度发达，第三产业产值占GDP的70%以上。根据钱纳里工业化进程的阶段划分指标，可以判定硅谷地区处于后工业化阶段。

北京市2017年人均GDP为1.9万美元，全市城镇化水平和第三产业比重均超过80%[②]，按照钱纳里划分阶段标准来看，北京已处于后工业化阶段，而中关村作为北京的高科技中心，经济发达程度高于北京市平均水平，故判定中关村应处于后工业化阶段。

深圳2017年人均GDP为2.7万美元，第二产业和第三产业增加值比例大致为41.3∶58.6；香港2017年人均GDP为4.6万美元，服务业占GDP比重长期保持在90%以上。按照钱纳里划分阶段标准来看，深港创新圈与北京中关

① 陈佳贵，黄群慧，钟宏武，王延中 等：《中国工业化进程报告》［M］. 北京：中国社会科学出版社，2007.

② 北京市人民政府2018年《政府工作报告》。

村、美国硅谷同处于后工业化阶段，具有一定的可比性。

三、迈克尔波特竞争优势理论视角

根据波特的经济发展四阶段论（表3-3），第一阶段是要素驱动，通过投入廉价的劳动力、土地等生产要素从而具有比较优势，进而获得高速的经济增长，该阶段具有明显的粗放型增长方式的特征；第二阶段是投资驱动，通过大规模投资来获得规模经济，同时技术水平、资本积累、全要素生产率也得到了提高，该阶段具有不断趋向集约型增长的特征；第三阶段是创新驱动，创新成为经济增长的主要动力，该阶段表现出典型的集约型和质量型增长方式的特征；第四阶段是财富驱动，依托前期积累的财富来推动社会发展，创新动力减弱，该阶段是一个转折点，经济可能从此走向衰退。这是波特对国家经济发展演进的经验总结，并非每个国家都必然如此，有些国家可能出现跳跃或反复，有些国家也可能通过持续的制度和技术创新而不走向进入衰落的“财富驱动”。

表3–3　波特竞争优势理论下不同发展动力的特征分析①

	要素驱动	投资驱动	创新驱动	财富驱动
创新资源	自然资源、廉价劳动力	资金、技术工人	知识、技术、人才、金融	前三个阶段积累下来的财富
发展优势	生产要素优势	生产要素、企业结构等的改善	产业集群的形成、创新能力	高科技产业、现代服务业
竞争手段	价格	高效生产	创新体系	财富资源
技术来源	引进	引进并吸收	自主创新	已有的积累
典型产业	资源密集或初级加工贸易	钢铁、房地产等资本密集型	医药、ICT等技术密集型	金融等服务型经济
市场需求	很小	较大	很大	萎缩

① 根据迈克尔·波特的《国家竞争优势》整理。

续表

市场竞争	一般	激烈	激烈	降低
外部冲击	十分敏感	不明显	稳定性强	稳定性弱
外国依赖性	很高	较高	较低	高
政府作用	特殊政策、招商引资	参与产业的规划、投资和发展	从干预中退出、营造良好环境	维护已有的发展
代表性国家	中低收入国家	中等、中高收入国家	创新能力强的高收入国家	创新能力弱的高收入国家

从上述维度来分析，硅谷是全世界科技行业的人才高地和最大的蓄水池，先后诞生40多个诺贝尔奖获得者，拥有上千个科学院和工程院院士[①]，拥有斯坦福和加州大学伯克利分校等一批世界顶级高校，吸引的风险投资总额占到整个旧金山地区的三分之二，技术专利数量在加州及全美均占据了很大的份额（占比分别为47%及13%），形成了通讯、软件、电子、互联网、生物科技等高科技产业为主导的产业集群[②]，是世界知名的创新中心，技术创新能力强、市场竞争力高、外部冲击稳定性强，创新创业环境好，处于典型的创新驱动发展阶段。

中关村是国内创新资源集聚的高地。截至2017年底，中关村本科及以上学历人员占从业人员比重超过五成，与国际一流创新区域基本持平，留学归国人员和外籍从业人员突破4万人，入选科睿唯安“高被引科学家”达69人，占全国的近三成。双创资本活跃，集聚了红杉资本、IDG、DCM等一批全球顶尖风投，股权投资机构已达1490家，2017年发生股权投资案例2584起，股权投资金额达到1557.1亿元，占全国的近三成。形成了一批有国际影响力的创新成果，示范区企业在计算机视觉、无人驾驶等领域领先全球，形成了以人工智能、计算机、集成电路、生物医药等为主体的高精尖的产业集群。综

① 刘佳骏 赵剑波. 制造业技术创新中心国际经验借鉴［J］. 中国工业和信息化.2019（5）.

② 2017硅谷指数。

合来看，中关村技术创新能力较强、市场竞争力较高、外部冲击稳定性较强，创新创业环境较好，大体上处于创新驱动发展阶段。①

深圳被称为“中国硅谷”，创新资源逐渐汇聚。深圳市高层次人才队伍结构不断完善，截至2017年10月底，已累计认定国内外高层次人才9604人，全职两院院士26人，国家“千人计划”人才274人，享受国务院特殊津贴专家531人，广东省“珠江人才计划”领军人才32人，南粤杰出人才12人②，孔雀团队86个，海外高层次人才2542名。教育资源方面，深圳近年来通过合作办学方式，打造了南山西丽大学城和龙岗国际大学园两大高校重镇，引进了北大、清华、哈工大、港中文、北理莫斯科等国内外名校和特色学院。深圳是中国风险投资最热点的城市之一，有非常好的资本市场结构，VC/PE的机构达到4.6万家，注册资本超过2.7万亿元，机构数量和管理资本约占全国的三分之一，中小板、创业板上市企业数连续9年居于全国大中城市的首位③。在创新成果方面，深圳2016年有效发明专利达到9.5万件，人均发明专利拥有量达到欧美日韩等发达国家水平，PCT国际专利申请量约占全国一半④。初步形成了高新技术为主导的产业结构，新兴产业对GDP增长贡献率提高至53%左右，石墨烯太赫兹芯片、无人机、柔性显示等技术处于全球领先水平⑤。综合来看，根据波特的竞争优势理论判断，深圳大体上处于创新驱动发展阶段。

香港拥有优质的基础创新资源，根据《QS世界大学排名》，2018年香港

---

① 中关村指数2018分析报告。

② 深圳认定高层次人才9604人.人民网.2017.11.15，http://sz.people.com.cn/n2/2017/1115/c202846-30924396.html.

③ 深圳市金融业总资产突破12万亿.证券时报.2016.8.20，http://kuaixun.stcn.com/2016/0820/12845854.shtml.

④ 深圳这么拼！PCT国际专利申请占全国半壁江山.深圳商报.2017.4.25，http://static.nfapp.southcn.com/content/201704/25/c389823.html.

⑤ 深圳市2017年政府工作报告。

8所受政府资助的大学中有5所位于世界前100名内。同时，香港的初创企业生态环境增长排在全球前5位，目前拥有1588家创新创业公司，在职员工数量增长56%，创造工作岗位增加60%（2015年数据）。两大港府支持的科技企业孵化器之一的香港科技园，现有逾580家科技公司入驻，这些科技公司累计取得850个专利，共筹集超过12亿港元风险投资①。香港科研基础强，但商业转化能力弱，未拥有一家估值达到或超过10亿美元的独角兽大企业，部分源于该地区缺乏创业精神，社会资本（主要是家族资金）更偏好于房地产和金融市场，而不喜欢风险较大的科技初创公司，根据PitchBook Data提供的数据，香港科技初创公司在2015年只获得了2.66亿美元的融资，仅为新加坡科技初创公司的三分之一左右。与深圳高新技术产业为主的产业结构不同，香港的四大支柱产业分别是金融、旅游、贸易与物流、专业服务，技术创新能力和抗外部冲击的稳定性不强，大体上处于财富驱动发展阶段。

深港创新圈可将香港基础研究创新能力的强项与深圳源头创新能力弱的短板相互补充，将深圳强大的应用转化创新能力与香港应用创新能力的短板相互补充，通过创新资源的共建共享和创新成果的互认共用，提高区域创新能级，整体上看，深港创新圈与硅谷和中关村均处于创新驱动发展阶段，具有一定的可比性。

综上，根据世界银行、钱纳里和波特竞争优势理论的判别视角，将深港创新圈、硅谷和中关村的发展阶段归纳总结为表3-4内容。总体而言，深港创新圈与硅谷、中关村大体处于同一发展阶段，三个区域之间具有一定可比性。

① 香港迈入“大科创时代”.人民日报海外版.2016.8.11，http://paper.people.com.cn/rmrbhwb/html/2016-08/11/content_1703007.htm.

表3–4　基于不同理论视角的三个区域发展阶段比较

理论依据	决策角度	深港创新圈	硅谷	中关村
世界银行	经济发展阶段	高收入阶段	高收入阶段	高收入阶段
钱纳里	工业化进程	后工业化时期	后工业化时期	后工业化时期
波特	发展动力阶段	创新驱动阶段	创新驱动阶段	创新驱动阶段

第二节　三个区域创新生态环境总体比较

鉴于深港创新圈、硅谷、中关村大致处于相同的发展阶段，因此具有横向对比意义。本节围绕科技创新中心形成要素，对三个区域的创新生态环境进行系统性比较，以得出深港创新圈在国内外创新坐标中的定位及其优劣势。

一、比较研究的总体思路与分析框架

自熊彼特提出“创新”概念的一个多世纪以来，各国的创新实践不断丰富，揭示创新本质的概念也不断演化，“创新”一词不断被赋予新的内涵，并不断地扩展着其研究领域。从创新到创新环境、创新生态环境，记录了创新自身发展的逻辑轨迹，反映了创新对依存条件的质的提升，也表明了人类对创新认识的不断深化。早期的“创新”主要是注重创新活动本身，多指静态的、当前的状况和要素间的直接联系；“创新环境”关注到创新主体与依存条件之间的关系，强调了创新过程的整体性特征，从更大的视角去把握对象；引入“生态”概念则是将其看作是内容更为丰富、要素间联系更为紧密、内部结构更为复杂、整体更为优化的有生命力的自动系统。

创新生态环境具有丰富的内容和复杂的结构，联合国开发计划署（United Nations Development Programme，UNDP）在《人类发展报告2001》中公布了《连线》杂志研究调查所提出的全球技术创新中心的四个衡量指标，即“科研高校”——地方高校及研究机构培训熟练技术人员或开发新技术的能力，“重要企业”——对专业知识技术和经济稳定影响重大的知名公司及跨国企业的存在状况，“创业情况”——人们创业的积极性，“风险投资”——获得风险资本的可能性。主要包括大学科研机构、科技企业、人才资源、融资体系、公共平台、中介机构、政府服务、体制机制、生活条件、区域文化等。不同区域在某一指标方面的特征和优势不同，构成了创新生态环境的多样性和差异性。

基于以上分析，概括地讲，创新生态环境是由相对齐备、有机联系、依存共生的创新资源构成的，并与区域个性相结合，形成充满创业创新活力、内外系统和谐的，能够自我调整、自我平衡、自我发展的创新系统。若将其类比于数学公式的简要表述，可尝试归纳为：创新生态环境 = 创新资源 + 区域个性。其中，“创新资源”主要包含科技型企业、大学和科研机构、创新人才等创新主体及科技金融、孵化载体等创新要素。创新资源与所在的区域密切相关，不同区域由于长期发展形成了某种明显优于其他区域且难以被超越的内在特质，构成了该区域的“区域个性”。区域个性的体现是各种力量和因素的系统化的结果，在本研究中将其解构为两个维度的内容：一是区域所具有的各类“硬件”资源，如区位条件、自然环境（气候、生态等）、城市建设等；二是区域所具有的各类“软件”资源，如创新文化、企业家精神、创新制度、创新网络、政府作用等（图3-1）。创新资源和区域个性的有机组织与耦合互动构成了创新生态环境，是区域竞争力的核心，如今的区域竞争，实质上是区域创新生态环境的竞争。

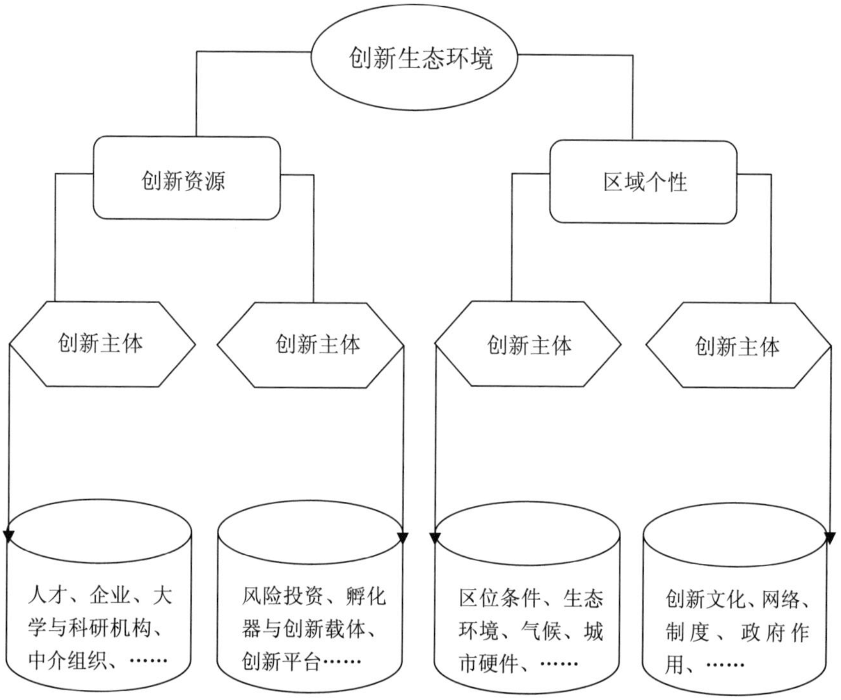

图3-1 创新生态环境总体分析框架

二、深港创新圈与硅谷、中关村创新资源比较

（一）科技型企业

本章节重点从企业规模结构、重点产业领域、领军企业创新辐射带动、创新创业活力等几个视角，对深港创新圈、硅谷、中关村之间的创新实力进行对比分析。

企业规模结构：三个地区均形成了梯次发展的企业结构，均具有一批具有全球影响力的知名企业，但在“超级企业”层面，深港创新圈的企业数量和国际影响力与硅谷存在差距，在国高企业层面，企业数量较中关村有小幅优势。

硅谷、中关村、深港创新圈经过多年发展，均已逐步形成大中小企业协同发展的金字塔型企业结构。

硅谷形成了由“引擎”企业、中小企业和初创企业竞争和合作共存的创新网络，促进了企业间物质、信息、技术、人才的高效流通。其中谷歌、Facebook、惠普、英特尔、苹果、思科、英伟达、甲骨文、特斯拉、雅虎等“引擎”企业是创新网络的核心，具有很强的外溢价值，对周边地区开放性很强，通过不断研发向市场推出新产品、新技术，同时也不断培养创新人才；中小企业作为“引擎”企业供应商，拥有细分领域核心技术，成为企业创新网络中不可缺少的部分；初创企业多由应届毕业生或辞职创业工程师等创新型人才创办，通常具备洞察市场空白和先机的敏锐性，为硅谷带来新的模式、创意和技术。

2015年，中关村收入亿元以上企业2967家，相对上年增加了411家，收入超百亿元企业68家、超千亿企业4家。截至2017年，中关村国家高新技术企业总数为8989家[①]。中关村企业在全球综合性榜单上榜数量明显增多，联想、京东等7家企业入选《财富》“2016年世界500强”；百度入选《麻省理工科技评论》“2016全球50家最具创新力科技公司”；百度、京东入选研究机构Millward Brown评出的“2016年全球最具价值品牌百强榜”。

2015年，深圳市主营业务收入超百亿企业65家，与中关村基本持平，在超千亿级的“超级企业”数量上，深圳科技型企业有华为、TCL、腾讯、中兴通讯4家，与中关村也持平[②]（图3-2）。截至2017年底，深圳市国家高新技术企业总数为11230家（按照新办法认定）[③]，其中年销售收入4亿以下的中小

① 2017年北京中关村国家高新技术企业总数达8989家.2018.3.15，http://finance.sina.com.cn/roll/2018-03-15/doc-ifyshrhc1518647.shtml.

② 深圳千亿级企业数量没有官方统计，在此仅统计公开披露数据的企业数量，数据来源：《财富》2016中国企业500强排行榜。

③ 《深调研专题一：提升基础研究和产业技术创新能力调研报告（深圳）》。

型企业占95%。在全球影响力上，深圳华为LTE领域有超过800多件基本专利，位列全球第一，在全球率先倡导5G技术标准；华大基因新一代基因测序能力与超大规模生物信息计算分析能力位居世界第一；迈瑞生物和血液分析、发光免疫等高端产品打破了国际垄断；华讯方舟因突破移动通信与海量传输的技术瓶颈成为该领域全球领航者。香港目前尚无超千亿规模的科技型企业。

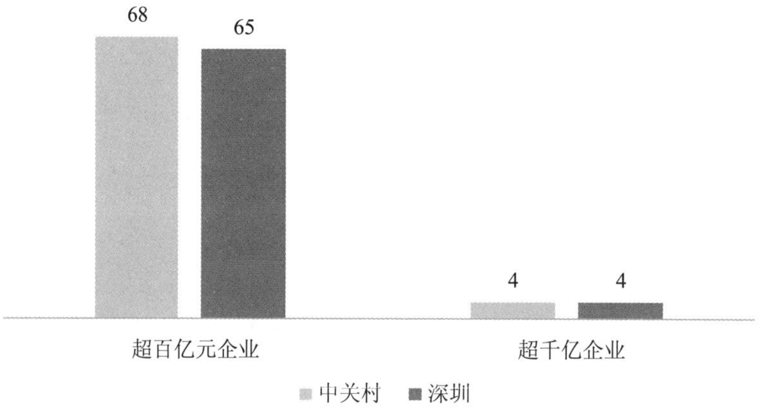

图3-2　2015年深圳与中关村百千亿级企业数量对比（单位：家）

综合来看，深港创新圈在百亿甚至千亿级科技型企业的数量上与中关村基本持平。在国家高新技术企业数量上，深圳近年来保持快速增长（2016年增速39.7%），总量上略超中关村。在企业的国际影响力方面，深圳企业的影响力逐渐增强，且越来越多的企业开始走上国际舞台，但现阶段，在“超级企业”的数量上，以及国际影响力方面，与硅谷的差距仍非常大。

产业结构：三个地区均形成了多个有竞争力的高科技产业集群，深港创新圈的产业融合将形成优势领域相较中关村更为丰富的产业结构。

硅谷产业演进一直代表着全球领先的产业与技术方向，已逐渐形成以“一区多园”为载体，信息技术、生物科技、互联网、半导体等业态为特色的产业集群发展态势良好的局面（图3-3）。

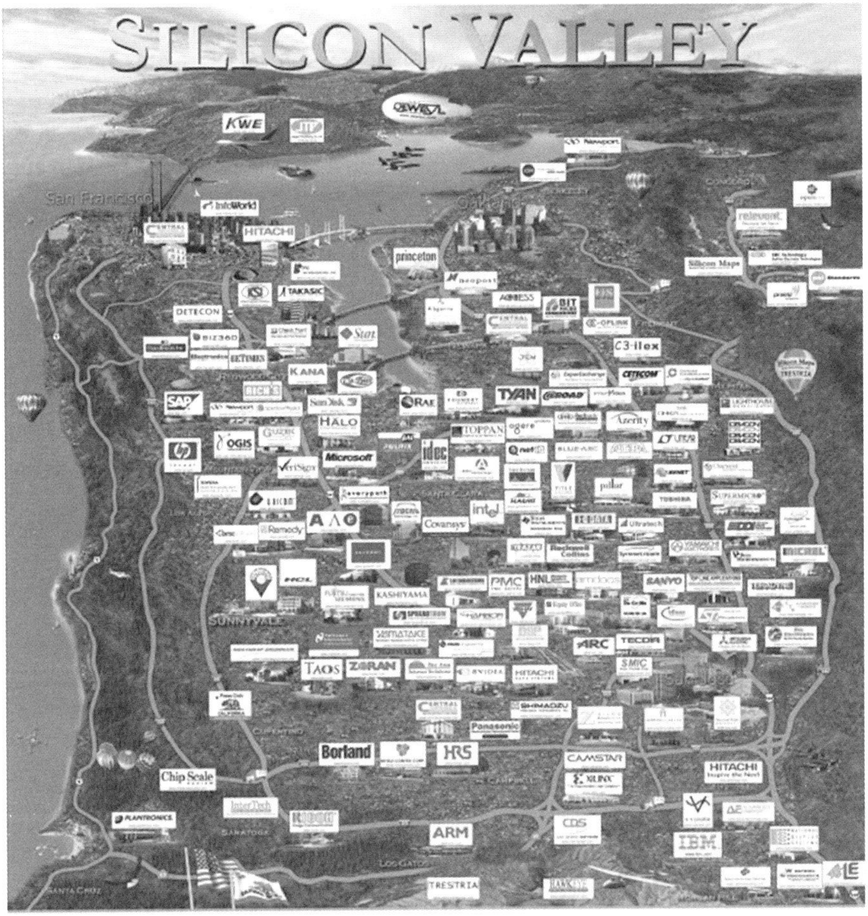

图3–3　硅谷企业聚集分布图

中关村企业主要分布在电子信息、新能源与节能、先进制造、生物医药、新材料五大技术领域，在人工智能、石墨烯等领域已经处于世界领先水平。目前，中关村已聚集了数百家人工智能机构，形成了覆盖基础层、技术层、应用层的全产业链集群，部分产品和技术引领全球。如国际权威的人脸识别数据库（LFW—Labeled Faces in the Wild）显示，中关村有5家企业人脸识别的准确率在99%以上，比硅谷还要多2家①。

① 中关村指数2017.

深圳大力发展新兴产业，形成了战略性新兴产业为主导的产业结构，2016年，战略性新兴产业、未来产业对深圳GDP增长贡献率高达53%左右，其中互联网产业增长15.3%，机器人、可穿戴设备和智能装备产业增长20.2%；无人机、新能源汽车等新产品产量分别增长60%和146%。工业以先进制造业为主，先进制造业占工业比重达75%以上①，在移动通信、基因测序、超材料、新能源汽车等领域的技术水平居世界前沿。最值得一提的是，深圳具有全球最优的硬件创业环境，拥有最发达的硬件制造能力和软硬件集成供应体系，硬件制造产业链运作效率高、成本低，硬件配套齐全、分工精细、分布集中，这是中关村甚至硅谷都无法比拟的独特优势。

香港经济以服务业为主，近年来，第三产业的比重一直保持在90%以上，金融、旅游、贸易与物流、专业服务四大支柱产业的增加值占GDP的比重达到60%。高新技术产业对于经济增长的贡献率远不及深圳和中关村，但作为其优势的金融业与科技服务业，可以通过与深圳合作的方式形成优势互补。

综合来看，深港创新圈的产业结构与中关村更为接近，均为更接近硬件制造端的高科技产业，而硅谷产业则更为接近软件研发设计端。硅谷仅保留高端环节在本土，将制造环节产业链转移到全球各地，因此其优势更多体现在智力的密集而非硬件的配套。而深圳正是基于硬件制造产业链完备这一全球独一无二的优势快速发展起信息技术产业。同时，深港创新圈有望通过强强联合，优势互补，形成高科技制造业、金融业、科技服务业、贸易流通业等多个优势产业领域，并通过优势产业间相互融合，形成完善的“科技+金融”“科技+服务”“科技+商贸”“科技+物流”多层次产业体系，从优势产业的门类上超越中关村。

---

① 《深圳市高科技重点产业发展状况》。

领军企业裂变：硅谷、中关村领军企业成为参与和引领行业创新的重要力量，深圳以华为为代表引领区域创新能力不断增强

从硅谷及中关村发展来看，大企业一直是引领区域创新的重要力量。硅谷、中关村的“大企业创新生态圈”主要有以下几种模式：一是大企业裂变衍生新企业，这类情形往往发生在大企业的高管和技术骨干离职创业，将其依托大企业积累多年的创业资源和经验用于创办新企业，往往成功率更高。如肖克利晶体管公司与仙童半导体公司催生了硅谷的集成电路和半导体产业，裂变出英特尔、AMD等集成电路产业巨头；二是对外开放式创新，即大企业搭建行业生态性平台，开放其人才和技术等创新资源给行业内关联企业，共同激发行业创新活力。如特斯拉公开技术专利，打造电动汽车行业开源式平台；三是搭建开放式创业平台，即大企业充分开放内部资源并整合外部资源，为初创型企业提供开放宽松的创业生态环境。如目前“IBM创业家全球扶持计划”、微软云加速器，以及百度的91内部孵化机制、联想的神奇工场等①。

深圳已形成以华为、中兴、腾讯、比亚迪、大疆等大企业为引领、中小企业紧密跟随的创新格局。尤其华为作为深圳高科技企业领头羊，通过打造开放、灵活、弹性的创新平台及构筑可持续发展的多赢生态系统，成为中国高科技产业人才孵育的“黄埔军校”，形成国内互联网行业有名的创业军团“华为系”。2014年，华为在我国互联网创业圈各派系中创业者数、新成立公司数排位居第六（图3-4、图3-5），排名前于华为的多是纯互联网企业，而华为作为以新一代信息技术和先进制造为主的企业，其人才集聚、技术外溢效应及产业带动作用将对深圳市产业发展产生更为深远的影响。腾讯作为平台

---

① 看硅谷的大企业创新生态圈［J］.长城战略咨询科技创新简报，2014（33）.

型企业拆分出4家独角兽企业，拆分企业的估值高达128亿美元[①]，而“南极圈”统计的数据显示，截至2016年，腾讯系创业者有11家企业完成IPO，11家企业完成并购，14家企业获得C轮以上融资，29家企业获得B或B+轮融资，111家企业获得A轮融资，其中不乏如趣店、摩拜单车、分期乐、小红书、银客网、拉勾网、悦动圈等一批行业内耳熟能详的明星企业。未来如何强化领军企业培育，发挥华为、腾讯等领军企业的溢出效应、裂变效应、带动效应是新时期深圳企业服务的重中之重。

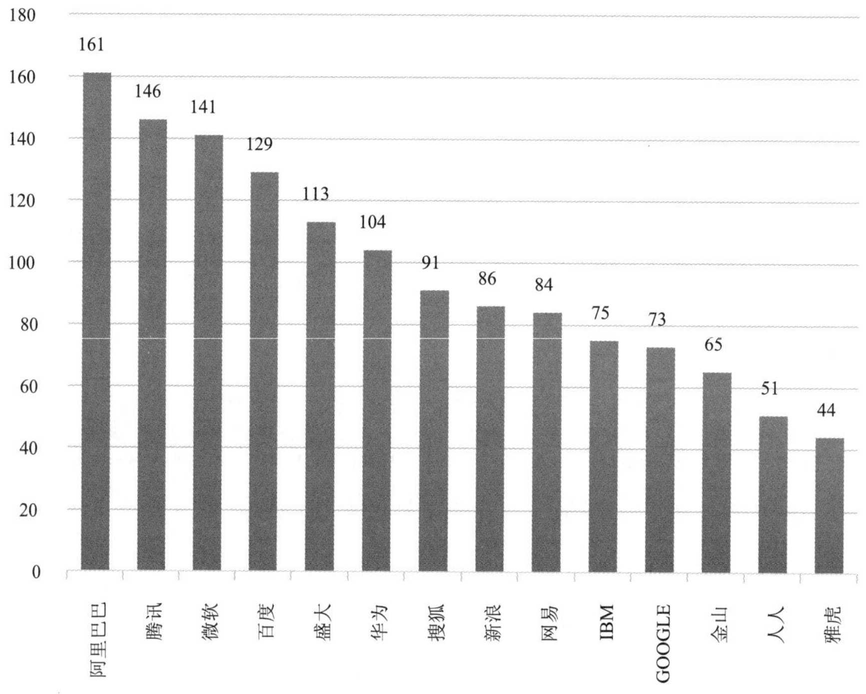

图3-4 2014年中国互联网圈各派系创业者数[②]

① 《160家独角兽企业估值5942.7亿美元！全国独角兽发展现状分析》，亿欧，2018.01.04，https://www.iyiou.com/p/63710.htmll.

② 中国互联网圈的14个创业派系，虎嗅，2015.02.25，http://www.huxiu.com/article/109024/1.html.

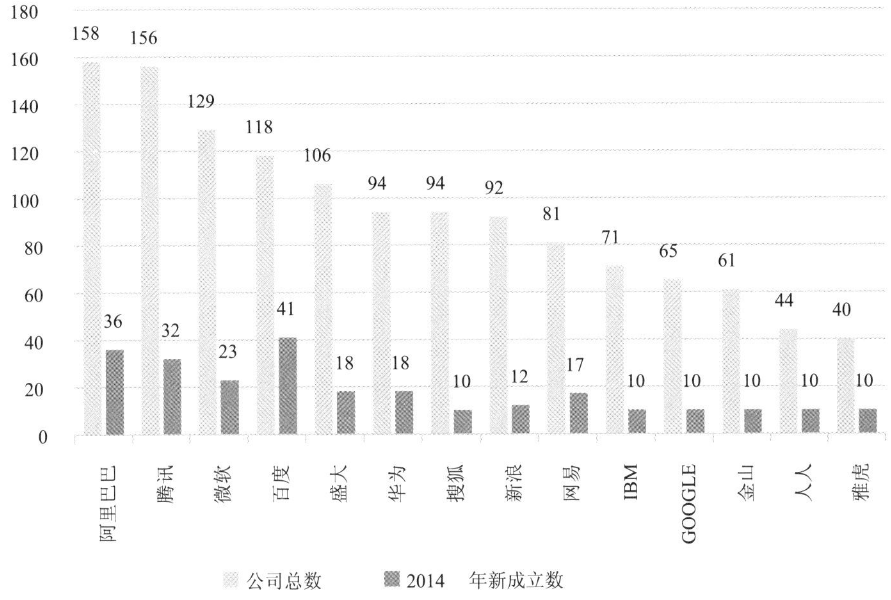

图3–5 2014年中国互联网圈各派系公司数及2014年新成立公司数①

创业活力：深港创新圈在高成长型企业数量上与硅谷和中关村差一个级别，在技术创新上被硅谷压制，在商业模式创新上不及中关村。

从高成长型创新企业来看，独角兽②、瞪羚③等企业成为区域创新发展的重要力量。硅谷在过去十年，平均每年就出现四家"独角兽"公司，每三五年内就会有瞪羚企业发展成为引领世界的高技术大公司，而且这一产生速度还在持续加速中，据PitchBook统计（图3-6），2017年全球57家新晋独角兽公

① 中国互联网圈的14个创业派系，虎嗅，2015.02.25，http://www.huxiu.com/article/109024/1.html.

② 独角兽企业是指创立时间不超过十年，获得过私募投资且尚未上市，估值超过10亿美元的企业。而估值超过100亿美元的企业被称为超级独角兽。

③ "瞪羚企业"指创业后跨过死亡谷进入高成长期的企业，具有成长速度快、创新能力强、专业领域新、发展潜力大的特征。20世纪90年代美国提出"瞪羚企业"后，引起各界关注，经济合作与发展组织（OECD）在《企业创业一览》（Entrepreneurship at a Glance）中持续跟踪瞪羚和高成长企业的发展。

司中，来自美国的高达32家，而截至2017年10月份全球33家新晋独角兽中，来自硅谷的高达12家；中关村截至2016年独角兽企业共有65家，占全国独角兽企业的一半，是仅次于硅谷的全球独角兽数量和密度最大的区域，企业总估值为2137亿美元，其中小米、滴滴出行、美团点评3家企业估值超过百亿美元。瞪羚企业成为中关村创新的重要力量，2016年中关村拥有瞪羚企业650家，占国家高新区瞪羚企业总数1/4以上，位居全国第一[①]；深圳2016年拥有大疆创新、菜鸟网络、微众银行、腾讯云、柔宇科技等独角兽企业13家，位列北京、上海、杭州之后的全国第四名，远低于中关村和硅谷。2016年深圳瞪羚企业117家，远落后于中关村的650家；据国际著名创投调研机构CB Insights 2019年发布的全球独角兽名单显示，香港共有3家企业入选。综合来看，与硅谷、中关村相比，深港创新圈类似“独角兽”“瞪羚企业”等高成长型技术创新骨干企业数量还较少。

① 《国家高新区瞪羚企业发展报告2017》，中国瞪羚，2017.11.03，http://www.chinagazelle.cn/report/detail/ce6729e1fdcb4f3095c1fa18fe8e7dd7.

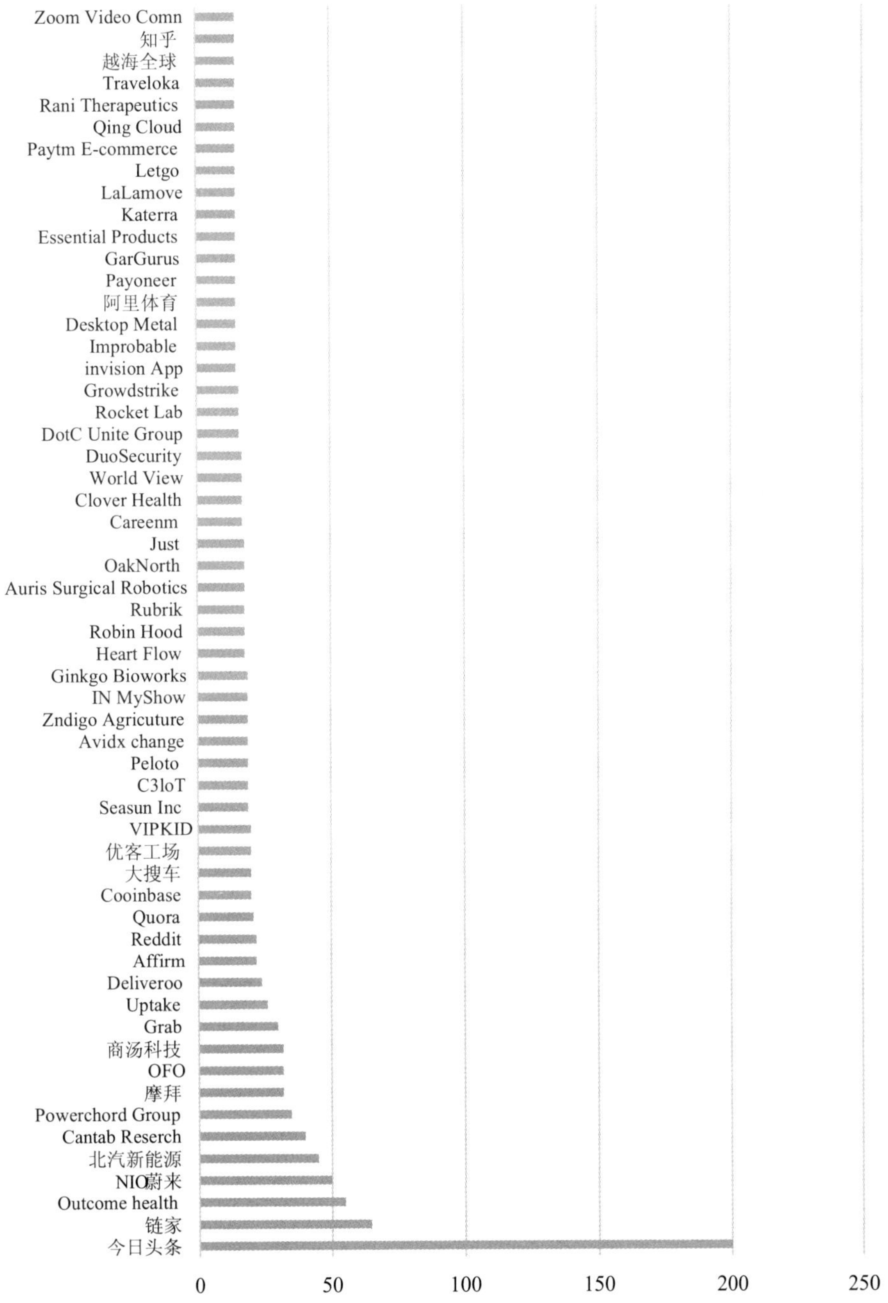

图3-6 2017年全球57家新晋独角兽公司名单

图片来源：Pitch Book、腾讯信息可视化实验室从独角兽和瞪羚企业的行业分布来看，美国的独角兽企业主要集中于生物医疗、企业服务、航空科技、金融科技、网络社交等领域，尤其在企业服务、生物医疗、金融科技领域的优势显著（图3-7）；中关村独角兽企业涉及17个行业领域，其中，电子商务、文化娱乐、互联网金融、交通出行四大领域成为独角兽集中爆发领域，占比达60%[①]。2016年新晋的中关村独角兽企业主要分布于人工智能、大数据、云服务、网络安全等领域，分享经济、平台经济和智能经济发展势头强劲；深圳的独角兽企业主要分布在大健康、人工智能、云服务和智能硬件等行业领域，这些行业的独角兽企业估值占深圳独角兽企业总估值的比重为46.5%[②]。综合来看，硅谷、中关村和深圳的独角兽集中分布的行业较为相近，但美国在生物医疗、航空科技等前沿性高新技术行业仍然优势明显，牢牢掌握创新源头。中关村和深圳的独角兽企业追随式创新居多，其中中关村独角兽企业更偏向于组织模式和技术上的创新，而深圳的企业则更为注重技术驱动的创新与突破。

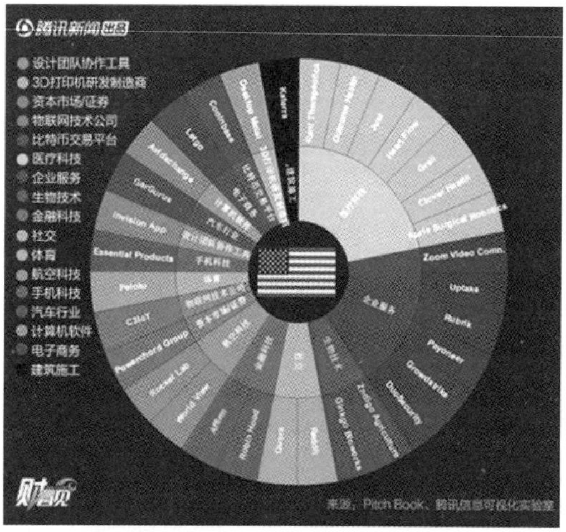

图3-7　美国2017年新晋的32家独角兽行业分布情况

图片来源：Pitch Book、腾讯信息可视化实验室

① 2016年中关村独角兽企业发展报告。

② 2016年中国独角兽企业发展报告。

企业创新水平：深港创新圈企业的创新能力及全球化布局能力国内最强，甚至可与硅谷比肩，但与硅谷相比，创新领域较为单一。

从企业专利申请来看，在PCT专利数量上，2016年，硅谷PCT国际专利申请量为34324件，中关村企业PCT专利申请量3187件，而深港创新圈PCT国际专利申请量达到41218件，占据全国一半的份额①，连续13年居全国大中城市首位，并且领先于硅谷（表3-5）；在PCT专利2011-2016五年期平均增长率上，深圳平均增长率为17.79%，远高于硅谷的4.98%，领先优势加速扩大②；在PCT专利的申请领域上，硅谷的前五大领域分别是信息技术、半导体技术、数字信息传输技术、生物医疗技术、无线通信网络技术，前五大技术领域约占专利总量40%以上。深圳PCT专利集中度更高，前五大技术领域依序分别是：无线通信网络技术、数字信息传输技术、信息技术、电通信传输技术、图像通信技术，前五大技术领域约占专利总量60%以上③。综合而言，深圳企业的创新能力及全球化布局能力国内最强，甚至可与硅谷比肩，但与硅谷相比，深港创新圈的创新领域较为单一，过度集中在数字通信领域（占全市PCT数量的41.2%），而硅谷则丰富得多，PCT专利分布最多的计算机领域也仅占18.3%的份额④。

---

① 《2017年全球创新指数报告（GII）》，由世界知识产权组织、美国康奈尔大学、英士国际商学院联合编制。

② 国际知识产权组织（WIPO）的PCT专利数据库的分析统计。

③ 2016年深圳知识产权统计分析报告出炉，深圳新闻网，2017.04.28，http://www.sznews.com/zhuanti/content/2017-04/28/content_16112554.htm.

④ 美国发布的这个报告，中国这个城市的排名竟超过了硅谷，凤凰资讯，2017.06.26，http://news.ifeng.com/a/20170626/51320063_0.shtml.

表3–5　GII评选出的全球最重要的25个科创聚落①

排名	科技聚落	PCT国际专利申请量	份额最大的企业
1	东京－横滨（日本）	94079	三菱电机
2	深圳－香港（中国）	41218	中兴
3	圣何塞－旧金山（美国）	34324	谷歌
4	首尔（韩国）	34187	Lg
5	大阪—上帝优酷客户端—京都（日本）	23512	村田机械
6	圣迭戈（美国）	16908	高通
7	北京（中国）	15185	京东方
8	波士顿—剑桥（美国）	13819	麻省理工学院
9	名古屋（日本）	13515	丰田
10	巴黎（法国）	13461	欧莱雅
11	纽约（美国）	12215	Ibm
12	法兰克福—曼海姆（德国）	11813	
13	休斯敦（美国）	9825	
14	斯图加特（德国	9528	
15	西雅图（美国）	8396	
16	科隆—杜塞尔多夫（德国）	7957	
17	芝加哥（美国）	7789	
18	艾恩德霍芬（荷兰）	7222	
19	上海（中国）	6639	阿尔卡特朗讯
20	慕尼黑（德国）	6578	
21	伦敦（英国）	6548	
22	特拉维夫（以色列）	5659	
23	大田（韩国）	5507	
24	斯德哥尔摩（瑞典）	5211	
25	洛杉矶（美国）	5027	

① 美国发布的这个报告，中国这个城市的排名竟超过了硅谷，凤凰资讯，2017.06.26，http://news.ifeng.com/a/20170626/51320063_0.shtml.

科技型企业比较小结：

企业规模结构：硅谷、中关村和深港创新圈均形成了梯次发展的企业结构，均有一批具有全球影响力的知名企业，但在“超级企业”层面，深港创新圈的企业数量和国际影响力与硅谷存在差距。

从产业结构来看，硅谷、中关村和深港创新圈均形成了多个有竞争力的高科技产业集群，深港创新圈的产业融合将形成一个完善的“科技+金融”“科技+服务”“科技+商贸”“科技+物流”的多层次产业体系，优势产业领域的丰富性将超越中关村。

从创新创业活力来看，深圳在高成长性的独角兽企业和瞪羚企业数量上较硅谷和中关村有较大差距。硅谷在生物医疗、航空科技等前沿性高新技术行业仍然优势明显，牢牢掌握创新源头。中关村和深圳的独角兽企业追随式创新居多，其中中关村独角兽企业更偏向于组织模式和技术上的创新，而深圳的企业则更为注重技术驱动的创新与突破。

从企业创新水平来看：深港创新圈企业的创新能力及全球化布局能力国内最强，超越中关村，甚至可与硅谷比肩，但与硅谷相比，创新领域较为单一。

（二）大学与科研机构

大学与科研机构具有很强的区域开放性、辐射性，是构成区域创新生态系统的重要组成部分。本部分重点对比硅谷、中关村与深港创新圈的高校和科研院所数据。

大学：深港创新圈内大学的管理机制和经费来源较中关村内大学更灵活、更加市场化，国际顶尖大学的数量和排名也超越中关村，但顶尖高校的科研实力和精英人才培养与硅谷仍有较大差距。

硅谷所在旧金山湾区是世界智力资源最为密集区域之一，拥有8所著名大学、9所专科学校、33所技工学校、100多所私立专业学校[①]，兼具学术研究与创业教育的特点。由于硅谷大学开放自由、崇尚创新创业的校园文化以及宽松灵活科研管理机制，产学研合作形式多样且合作机制成熟，成为硅谷技术创新及创新人才的重要支撑。硅谷的教育制度非常开放灵活，任何有一定专长的人都可以被高校聘为咨询教授，同时学生管理也是非常灵活自由的，学生可自由中断学业去发展自己的兴趣爱好，去创业，也可以在满足一定条件的情况下回来继续学习，这种灵活的制度使硅谷保持着高度的创业活力，也使高校教育与社会实际应用结合非常紧密[②]。

中关村拥有高等院校41所，每年为中关村输送近30%高校毕业生[③]。与硅谷不同，中关村大学多为公立院校，以教育科研功能为主，经费主要靠国家财政拨款，管理体制行政化色彩浓厚。近年来中关村虽不断推动高校科研体制改革，但科技成果转化率仍然较低。2017年，北京高校技术交易成交项数3250项、成交额21.4亿元，仅占北京市技术交易项和成交额总数的4.0%、0.5%[④]。

深圳高等教育资源严重缺乏，普通高等院校仅13所[⑤]，在我国大城市中处于末位（图3-8）。为补齐高等教育短板，近年来深圳市大力推进特色学院建设。近年来，深圳市已通过合作办学或开展项目合作的方式聚集了28所国内外一流高校，10所特色学院签约落户，2018年高校全日制在校生人数10.38万人。除此之外，深圳有高职院校3所，其中公办2所、民办1所，在校生4.4万人[⑥]。在办学机制上，深圳的高校也受到创新环境的影响，采取了灵活多样的

① 硅谷指数（2013）.

② 王德禄 赵慕兰.金融危机下硅谷与中关村人脉结网之旅［J］.中国高新区.2009（4）.

③ 中关村指数（2015）.

④ 2017年北京技术市场统计年报. http://kw.beijing.gov.cn/art/2018/9/25/art_1176_74032.html.

⑤ 深圳市2018年国民经济与社会发展统计公报。

⑥ 深圳市人民政府关于高等教育发展情况的专项工作报告。

办学模式，南方科技大学率先在国内公办高校建立理事会治理机制，首创高考综合评价招生模式（高考成绩+能力测试+高中阶段成绩）。在投资建设主体上，深圳引入社会资金办学，建立了以举办者投入为主、受教育者合理分担培养成本、学校接受社会捐赠的经费筹措机制，并由市财政每年给予5亿元配比资金。但同时，深圳的高校数量相较国内大中城市仍不足，多数高校在校生规模偏小，而且本科以上层次在校生仅占52%，人才培养层次难以满足深圳经济社会发展需求。此外，市属高校中具有重大国际影响力的领军人才及科研成果较少，对深圳创新发展的带动效应有待强化[①]。

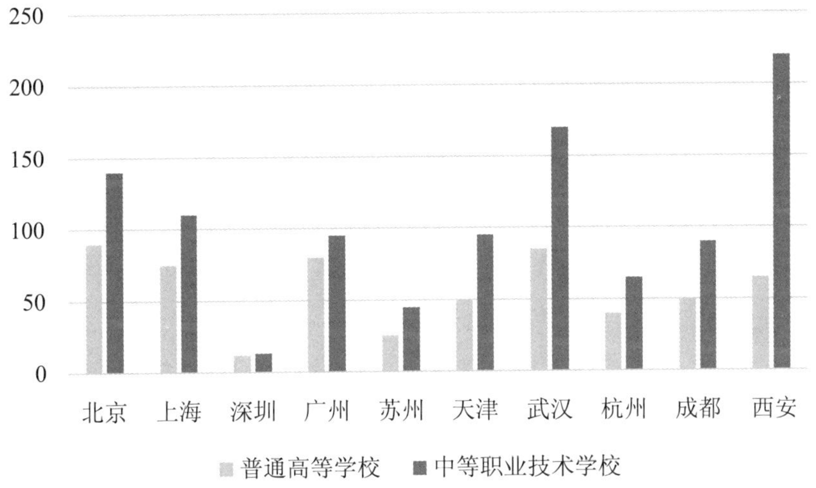

图3-8 深圳与我国大城市教育资源比较（单位：所）

香港拥有学士或学士以上学位授予权的高等院校共20家[②]，其中香港大学、香港科技大学、香港中文大学、香港城市大学、香港理工大学五所大学进入QS 2017世界大学排名的前100名。香港大学的科研成果水平很高，

① 根据《深圳市人民政府关于高等教育发展情况的专项工作报告》内容整理。

② 中华人民共和国教育部国际合作与交流司（港澳台事务办公室），数据截至2015年7月20日。

51%的项目被国际专家评为达到世界领先水平或卓越水平，其余绝大部分达到国际或区域水平，在信息技术、电机及电子工程、智能制造、生物科技与医疗健康、金融与大数据技术、新材料、智慧城市、环境与可持续发展、海洋科技等领域具有较强学术和科研实力①。深圳市获批的65%的科技部973项目、40%的国家自然基金委项目由在深的香港高校科研院所主导承担②。此外，香港高校在办学理念与机制、教师队伍、课程设置、教学管理等方面国际化特色鲜明，国际交流与合作的国际化水平高。在与深圳合作方面，至2018年底，香港高校已在深圳设立创新载体44个、科研机构72家，累计承担国家和省、市科技项目1300多项，一批优秀的科技创新企业在深圳成长壮大③。

综合来看（表3-6），深港创新圈的顶级高校在数量上超越中关村，与硅谷仍有较大差距。在国际排名上，香港进入QS 2017世界大学前100名的高校有五所，比中关村多三所，国际顶尖高校水平超越中关村，但距离硅谷仍有较大差距，尤其在诺奖人数上更是不及后者零头，仅香港中文大学有诺奖获得者，且该获得者并非香港中文大学所培养。此外，深圳与香港两地间高校的合作水平较中关村更高，两地间在合作办学、人才联合培养、科研攻关、项目孵化、研究成果转化等方面的案例屡见不鲜，固高和大疆正是两个代表性案例。

① “一带一路”背景下的深港合作研究，2018.06，清华大学深圳研究生院。

② 香港创新及科技资讯委员会报告，2017.03.

③ 人民网. http://theory.people.com.cn/n1/2019/0124/c40531-30588419.html.

表3-6 硅谷、中关村、深圳、香港高等教育机构发展特色比较

四地大学		2017年QS排名	办学性质	管理模式	经费来源	教育特色	诺奖人数[①]
硅谷	斯坦福大学	2	私立	开放型管理；学术自由	私人捐赠为主	基础研究、综合研究；注重创业教育	60
	加州伯克利分校	28	公立	开放型管理；技术转移转化机制灵活	以政府拨款、学费收入为主	综合研究型；注重创业教育	72
中关村	清华大学	24	公立	行政体制，创新创业体制约束较强	以政府拨款为主	综合教育、科研型	0
	北京大学	39	公立	行政体制，创新创业体制约束较强	以政府拨款为主	综合教育、科研型	0
深圳	深圳大学	200+	公立	行政体制，体制机制约束较强	以政府拨款为主	综合研究型大学	0
	南方科技大学		公立	管理体制较为灵活，遵循理事会治理、教授治学、学术自治原则	以政府拨款为主	基础研究、理工方向；注重国际化、个性化和精英化教育	0
	国际大学园		政府参与合作办学	管理体制较为灵活，注重开放式管理	市校合作募集共建	以特色学院为主；注重国际化教育	0
香港	香港大学	27	公立	开放型管理；学术自由	政府拨款、捐赠、研究合约	综合教育、科研型	0
	香港科技大学	36	公立	开放型管理；学术自由	政府拨款、捐赠、研究合约	综合教育、科研型，跨学科教育	0
	香港中文大学	44	公立	开放型管理；学术自由	政府拨款、捐赠	研究型综合教育、通识教育、书院教育	4

科研机构：硅谷和中关村科研机构的源头创新实力强，深圳更偏重应用基础研究，具有成果转化率高、机制灵活等优势。

---

① 《诺贝尔奖得主最多的全球50所大学，美国占26所》，东方新闻，2017.10.05，http://mini.eastday.com/a/171005151150858-2.html.

科研院所是基础研究与应用基础研究的重要载体，是硅谷、中关村创新发展的重要支撑。硅谷是世界级企业研发中心的聚集地，拥有谷歌、苹果、英特尔、Facebook等一批大企业研发中心。其他国家知名企业也纷纷在硅谷设立研发中心，对接硅谷创新资源，融入硅谷创新网络。中关村科研机构以大院大所为主导，集聚了以“两院”[①]为代表的国家（市）科研院所206所，拥有国家级重点实验室112个、国家工程研究中心38个、国家工程技术研究中心（含分中心）57个[②]，以及北京生命科学研究所、北京协同创新研究院、北京大数据研究院、北京石墨烯技术研究院、中国科技大学“1+2”协同创新平台、中科院北京纳米能源与系统研究等一批新型科研机构，为中关村发展输送大量创新人才及科技成果。受我国科研体制机制约束，中关村科研机构以行政管理体制为主，与市场应用之间缺乏灵活有效衔接，创新效能尚未充分发挥。2017年北京科研院所技术交易成交项数9508项、成交额为306.0亿元，仅占北京市技术交易项和成交额总数的11.7%、6.8%[③]。

深圳近年来加大科研机构和创新载体建设，取得显著成效。截至2019年6月，全市共有各级创新载体2214家[④]，比2011年年初数量（418家）增长了四倍有余，平均每年新增近200家（图3-9）。从创新载体的层级看，国家级创新载体115家，省部级创新载体595家，市级创新载体1504家，分别占全市创新载体总量的5.2%、26.9%和67.9%，省部级增长最快，国家级增长最慢。从创新载体分布领域来看，基本覆盖到电子信息、先进制造、生物医药与生命健康、新材料、新能源、节能环保、数字经济等深圳市战略性新兴产业领域，其中电子信息和生物医药与生命健康领域最多，合计占比过半

① “两院”指中国科学院、中国工程院所属院所。

② 《“中关村指数2015”发布》，中国高新技术产业导报，2015.10.26，http://www.chinahightech.com/html/paper/2015/1026/264593.html.

③ 《2017年北京技术市场统计年报》. http://kw.beijing.gov.cn/art/2018/9/25/art_1176_74032.html.

④ 深圳市科技创新委员会《深圳市各级创新载体汇总表（截至2019年6月）》。

（63.5%）。从创新载体类型看，以重点实验室、工程实验室、工程中心、企业技术中心、国家级平台、孵化器、重大基础设施、公共技术服务平台等8种为主，已初步建立起市场化导向、产学研协同的创新载体体系。深圳的新型科研机构近年来快速涌现，形成了以华大基因研究院为代表的“民办公助”模式，以及中国科学院深圳先进技术研究院、深圳清华大学研究院为代表的“国有新制”模式，研发质量和效益方面有了很大提升。但深圳在重大科技基础设施的数量和学科领域布局合理度等方面不及中关村，与本地产业的创新需求及在全国的创新地位仍不匹配。和硅谷相比，深圳缺乏劳伦斯伯克利国家实验室（Lawrence Berkeley National Laboratory，LBNL）般具有国际顶尖研究实力和声望的创新载体[①]，已有的创新载体基础科研设施未能向产业界实现最有效率的开放共享（表3-7）。

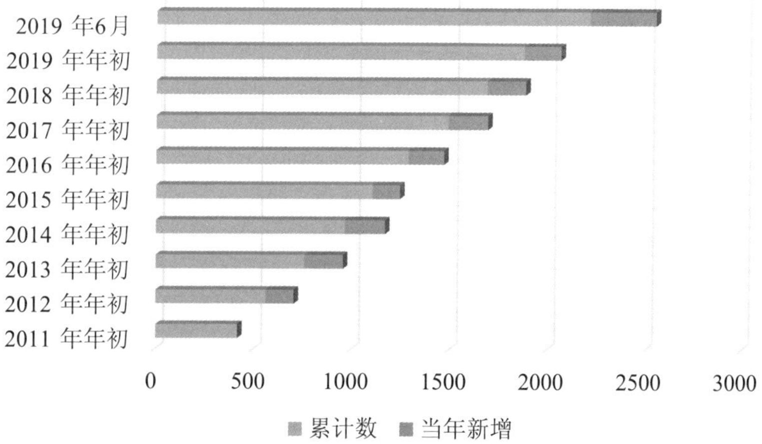

图3-9　2011年-2019年6月深圳市创新载体数量增长情况

数据来源：深圳市科技创新委员会《深圳市各级创新载体汇总表（截至2019年6月）》

① 注：劳伦斯伯克利国家实验室隶属美国能源部，具体由加州大学负责运行。截至2015年，与劳伦斯实验室相关的13个科学家及组织获得诺贝尔奖、70位科学家是美国国家科学院的院士、13位科学家获得了科研领域国家最高终身成就奖——美国国家科学奖章、18位工程师当选为美国国家工程院院士。

表3-7　硅谷、中关村、深圳科研机构发展特色比较

三地科研机构		建设主体	经费来源	管理体制	创新特点
硅谷	微软研究院	企业建立	企业出资	企业化管理	以公司战略、市场需求为导向
	国际斯坦福研究所	高校建立	仅来源于出售研究报告收益	开放式管理机制	以服务政府科研为主，部分面向市场
中关村	中科院	国家建立	以政府拨款为主	行政化管理体制，创新约束力较强	以基础创新、源头创新为主
	北京生命科学研究所	部市共建	以政府拨款为主	注重市场化管理，机制灵活	以市场为导向，围绕中关村产业开展创新研究
深圳	华大基因研究院	企业建立	以企业出资为主，政府提供经费支持	企业化管理	以公司战略、市场需求为导向
	深圳清华大学研究院	深圳市政府与清华大学共建	企业出资和政府出资各半	企业化管理	以市场为导向的科研成果转化、企业孵化及人才培养
	太空科技南方研究院	政企合作	以政府出资、资助为主	市场化运作、企业化管理	围绕航天领域开展重大技术创新及成果转化

因香港科技创新企业数量较少，大学实力较强，香港的科研机构主要依托各大学建立（表3-8）。香港八大公立院校（包括香港大学、香港科技大学、香港中文大学、香港城市大学、香港理工大学、香港浸会大学、岭南大学、香港教育学院）共拥有国家级重点实验室17家。近年来，香港与深圳的科研机构合作日益密切，香港中文大学、香港科技大学、香港理工大学和香港城市大学等多所高校入驻深圳虚拟大学园，在深圳设立了一批研发中心和重点实验室等科研机构，成为具有较强竞争力的高新技术人才培养引进基地、高新技术项目孵化基地、科技成果产业转化基地以及科技体制创新基地。

表3–8 香港四大名校的重点实验室和科研机构情况

大学	国家重点实验室	重点实验室领域	科研机构
香港大学	5个	脑与认知科学、新发传染性疾病、肝病研究、合成化学、生物医药技术	77个
香港科技大学	2个	先进显示与光电技术、分子神经科学	研究中心55个、研究所12个
香港中文大学	5个	肿瘤学、植物化学与西部植物资源持续利用、消化疾病研究、农业生物技术、合成化学	33个研究所、联合研究单位34个
香港城市大学	2个	毫米波、海洋污染	研究中心4个，学院研究生中心17个

数据来源：香港各大学网站（2017）

综合来看，深港创新圈国家级科研机构数量少于中关村，原因一方面是北京行政资源优于深圳，另一方面，中关村的科研机构多依附于大院大所建立，而深圳相当部分的科研机构是依附企业建立，在科研实力方面也有较大区别。在研究方向上，深圳科研机构更分散，学科领域的集中度低于中关村，更多偏重于市场导向型的应用研究，基础研究较为滞后。在运营机制上，深圳的科研机构相较北京大院大所主导的科研机构更为灵活高效，体制机制创新较为活跃，新型科研机构发展较早，在国内起到了一定的引领示范作用。

开放融合：硅谷产学研机制成熟，中关村开放融合创新能力不断提升，深港创新圈科技资源开放融合有待加强。

硅谷大学注重与市场需求相结合的教育导向，注重与校企合作协同发展，如“斯坦福—硅谷”校企合作协同发展的模式已经成为世界范围内校企合作的典范：斯坦福早在1945年将加强与企业合作纳入了《斯坦福未来发展规划》中；1951年斯坦福成立硅谷最知名的孵化器研究所，1995年的一份报告提出，当年硅谷850亿美元产值中有62%是与斯坦福大学有各种联系的公司创造的[①]；此外，斯坦福通过OTL技术转移模式创新、向企业开放创新资源、鼓励教授学生创业、建立斯坦福工业园等形式为当地高科技和经济增长作贡献，为斯坦福毕业生提供就业与创业机会。经过多年发展，硅谷地区突出创业的教育特色、开放的科研管理机制、先进的技术支撑转化体系、强大的资金支持及信息纽带的校友网络使得产学研合作发展日益成熟，成为硅谷创新发展的内生动力。

中关村一直致力于产学研协作能力建设，从推动科技管理政策突破、科研人员股权激励、开放实验室支持资源共享等方面开展了大量工作，在我国现有科研体制下，探索取得了一系列推动产学研合作的经验和做法，开放创新服务能力不断提升。以实验室开放服务为例，2014年中关村159家开放实验室累计服务4.7万余项，受益企业2.8万家；开放实验室与企业共建企业实验室和技术中心157个，与企业共同承担国家重大研发、产业化项目412个，与企业共建国家科技基础设施25个，与企业共建公共技术服务平台112个，为企业提供技术攻关服务1387项，共转移给示范区企业365项核心技术成果。北京市743家国家级和市级重点实验室（工程中心），面向市内外1.4万家企业提供开放服务。

在推动科研设施仪器共享方面，深圳市政府2016年印发了《深圳市促进重大科研基础设施和大型科学仪器共享管理暂行办法》，明确规定了高等学校、科研院所、企业等管理大型科学仪器设施的单位（以下简称管理单位）将完全或者主要利用财政资金或国有资本出资购置、建设的大型科学仪器设施，在满足自身使用需求之外向社会开放，深圳市305家管理单位的8261台套仪器加入共享平台，仪器原值超过34亿元。同时，深圳向中小微企业提供了共享科研设施的补贴，降低了仪器设备共享的门槛，2016年共向3200多家

① 全球信息化论坛：美国加州柏罗亚图市市长 利兹·克尼斯“对硅谷事业创业的一些看法”。

中小微企业发放创新券超过1.6亿元[①]。在技术转移方面，产学研合作的效果仍不理想，技术转移在企业间比较多，在企业与高校之间比较少，高校教师很多时候研发的项目是为了评职称或者拿课题，跟市场实际应用之间有一定距离。

关于深港之间科研资源的共建共享，深圳早在科学技术发展“十二五”规划中就已明确提出“建立健全深港科研设备和科技信息开放共享制度”，在《关于促进科技创新的若干措施》（深发〔2016〕7号）中又提出“探索深港联合资助研发项目资金、仪器设备跨境使用方式，实现科技人员、仪器设备、财政科技资金在深港两地合理流动。”但由于两边体制机制和行政划分的藩篱，目前从政府层面自上而下推动的科研资源共享仍未达到理想状态。

综合来看，深港创新圈在科研资源的开放共享方面力度不及中关村，与硅谷差距更大。但深港创新圈内香港基础科研力量雄厚，与深圳高新技术产业对科研设施和成果的迫切需求高度吻合，随着粤港澳大湾区战略的实施，深港科技合作机制的进一步理顺，深港创新圈内科技资源的开放融合潜力将会非常巨大。

大学与科研机构比较小结：

从大学来看，硅谷、中关村大学根植性较强，多为具有较长历史积淀的名校，与本地产业融合度较高；深圳的大学以新引入为主，开放性引入国际高端教育资源的做法和实践在全国具有典型示范意义；从三地大学特色来看，硅谷的大学以斯坦福为代表，注重创业型教育特色；中关村的大学以清华、北大等为代表，体现教育、科研型功能特点；深圳引入的大学以合作办学的特色学院为主，国际化视野广、开放程度高、特色突出。对比来看，深圳的大学在规格、影响力、招生方面仍存在明显短板，与本区域产业创新的

① 科技部黄卫副部长率督查组赴深圳督查科研设施和仪器开放共享情况，科技部，2017.05.03 https://www.most.gov.cn/kjbgz/201705/t20170503_132628.htm.

融合需要时间。

从科研机构来看，深圳科研机构存在以下特点：一是新型研究机构占据主体，机制灵活、产业特色突出，创新转化效能较为突出；二是科研机构在基础创新、源头创新方面的积累仍相对不足，国家级科研机构少，缺乏全球引领性的重大创新成果；三是科研机构的开放度、与区域产业实体创新之间的融合有待进一步提升。

从开放融合来看，硅谷在产学研合作、创新资源流动等方面的纽带作用发挥得更加充分，对硅谷创新创业生态的平衡起到非常关键的作用；中关村科研体制不断创新突破，大学科研机构开放创新服务能力也不断增强，但受制于体制机制约束，产学研开放合作效果仍不理想；深圳已在政策层面做出了较为明确的规范，并进行了实践探索，取得了良好效果，但由于深港体制机制的障碍，深港创新圈这一需求最为迫切的区域科技开放融合效果仍不理想，随着粤港澳大湾区战略推进，这一区域的科技资源开放共融的巨大潜力将得到释放。

（三）创新人才

人才储备：受高等院校数量不足等因素影响，深圳与硅谷、中关村相比高等教育人力资源储备不足，人才以引进为主。香港人才资源丰富，对人才的吸引力全球领先。

高等院校为硅谷高技术企业发展提供充足的人力资源，硅谷地区每年有20万左右大学毕业生，其中6000多名博士，占加州博士总数的1/6。中关村所在的北京市是国内高等教育资源最丰富的城市，2016届北京地区高校毕业生共有近23万人，其中博士毕业生1.3万余人，占比5.8%[①]，是中关村人力资源的重要支撑。深圳市由于高等院校规模不足，人力资本储备与硅谷、中

① 2016年北京地区高校毕业生就业质量年度报告，北京市教育委员会，2016.12.

关村存在较大差距，2015年深圳普通高等院校在校生仅9.01万人，毕业生仅2.34万人（图3-10）。深圳引入的特色院校有些还处于计划招生和筹建阶段，尚未形成强大的人才支撑。近年来，深圳市为补充区域人才短板，加大高等教育毕业生引入力度，2017年上半年，深圳共接收毕业生5.2万人，同比增长56%，引进在职人才5万人，同比增长26.9%①，接收人数创历史新高，为深圳人才的吸收和储备做出了重要贡献。香港得益于优质的高校资源，人才储备较为丰富，在瑞士洛桑管理学院（IMD）《2017年IMD世界人才报告》中名列全球第12位，蝉联亚洲第一，在“投资与发展人才”“吸引与留住人才”“人才准备度”等三大类约30项指标评价中表现出色。

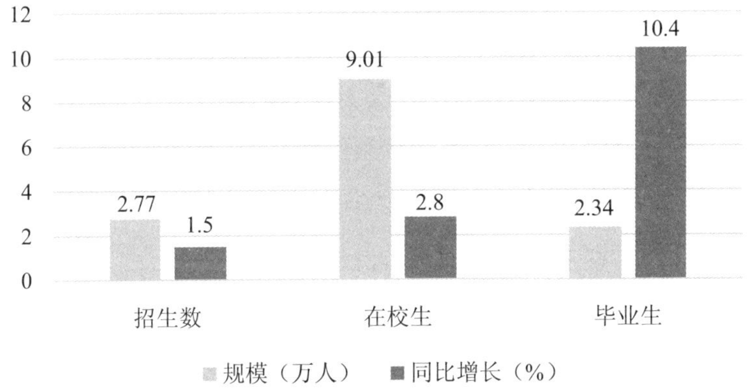

图3-10 2015年深圳市普通高校学生规模（万人）及增长情况（%）

人才层次结构：深圳在尖端人才的数量上与硅谷和中关村均有较大差距，在高学历人才的比重上与中关村基本持平，较硅谷差距大。

从尖端人才的数量来看，硅谷是世界高端智力资源最为密集的区域，拥有美国科学院院士近千人，英国《泰晤士高等教育报》公布的全球高校“诺

① 2017深圳人才引进政策取得成效 共接收毕业生5.2万人，深圳特区报，2017.07.14.

贝尔奖”前十排行榜中[①]，斯坦福、加州伯克利分校分别位居第一、第三位；中关村是我国国际化人才和高层次人才最为密集的区域，截至2016年底，共有留学归国人员3万人，外籍人才9779人，“两院”院士占全国40%，入选中央“千人计划”累计1188人，占北京地区80%，占全国20%，入选北京市“海聚工程”累计590人，占北京地区65.6%[②]。深圳与硅谷、中关村相比高端人才规模不足，2017年深圳拥有中央“千人计划”专家274位[③]，仅为中关村的1/5，全职院士26人，仅为中关村的3%[④]。

从人才学历来看，2014年硅谷从业人员达到201.1万人，具有大专以上学历从业者比例为72%，其中本科以上学历占比47%，硕士以上学历占比27%。2016年，中关村的从业人员超半数（53.2%）拥有本科及以上学历，硕士和博士学历的从业人员达26.3万人和2.5万人，分别占10.6%和1.0%[⑤]。深圳在2012年至2017年上半年引进的人才中，大专以上学历占比88.15%，本科学历占47.17%；研究生及以上学历占10.37%[⑥]。从学历来看，硅谷、中关村和深圳的人才结构较为接近，尤其是本科学历从业人员比重较为接近，但硅谷的硕士和博士学历人员比重比中关村和深圳高出一倍（图3-11）。

① 中国网新闻中心：高校“诺贝尔奖”前十排行榜：美国占据8席。《泰晤士高等教育报》此次的排名以近15年拥有诺贝尔奖获得者的数量为衡量标准，仅仅将物理，化学，医学和经济学等领域纳入统计范畴，并归为同一个属性，诺贝尔文学奖和和平奖并不在统计范围之内。

② 中关村指数2017.

③ 深圳新增46名中央“千人计划”人才，入选人数再创新高，深圳新闻网，2016.05.03，http://static.nfapp.southcn.com/content/201605/03/c76833.html.

④ 深圳到2020年将集聚百名院士，深圳特区报，2017.10.18，http://sz.people.com.cn/n2/2017/1018/c202846-30839667.html.

⑤ 中关村指数2017.

⑥ 5年引进超80万名各类人才，本科及以上学历占近六成，深圳晚报，2017.09.06.

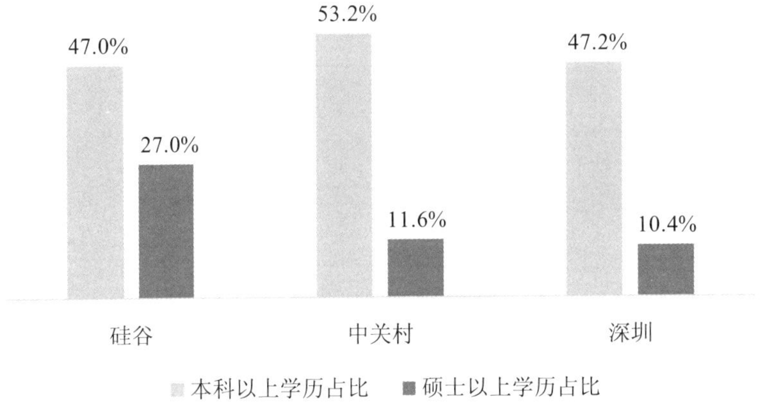

图3-11 高学历人员占比对比

人才服务：硅谷、中关村、香港的服务产业和服务机制较为完善，深圳的人才服务保障体系有待进一步健全。

硅谷除了拥有全球最为密集的高技术人才外，会计师、律师、评估师、财务师、顾问等中介服务、科技服务及商务服务人才大量聚集，其中每五个工程师中就有一个会计师或律师为其提供服务。同时，硅谷的科技服务、中介服务类人才更注重围绕企业创新创业及成长需求提供服务，如硅谷的律师与传统律师相比，除了提供高技术公司所需的专业服务外，还帮助其联系风险资本，积极参与企业的经营管理，专业服务人才与高科技人才共同构成硅谷创新发展的要素流，推动硅谷的创新循环。

中关村为提升区域创新创业发展环境，大力发展现代服务业，科技服务、中介服务、专业咨询、金融服务、商业服务等服务业人才大量聚集，现代服务业已成为保障区域创新创业的重要产业支撑。2016年中关村现代服务业收入占中关村总收入的64.9%，并连续五年保持在六成以上。

深圳目前的人才服务保障体系有待进一步健全，人力资源服务机构仅267家（京、沪均超过1000家），猎头企业80家（上海146家），其发展速度、规模、影响力等与京沪相比差距较大。此外，人才服务职能比较分散，统筹、整合和协调不够，为人才提供公共服务的平台不健全，服务内容不够丰富，服务流程有待进一步简化[①]。

香港科技服务业人才资源丰富，与深圳形成了良好的互补。香港280多万从业员工中，多达175万人从事服务行业，从业人员在金融、保险、物流、法律等现代服务业领域经验十分丰富，服务质量好、效率高，国际竞争力强。在专业人才方面，香港有超过10700位律师（Solicitor），1200位大律师（Barrister），另有32000个注册会计师，26033名保险持牌负责人员和技术人员[②]。深港在现代服务业领域开展了一系列制度探索，尤其是在前海深港现代服务业合作区被上升为国家战略后，双方在金融、现代物流、信息服务、科技服务和其他专业服务领域的合作渐入佳境。

综合来看，深港创新圈通过现代服务业的联动发展，在推动科技创新与服务业融合方面取得了一些成效，随着深港创新圈合作的不断深入，深圳与香港各自的优势逐步释放和互补，深港创新圈有望联手成为全球现代服务业门类和人才服务机制最完善的区域之一。

人才国际化：深圳国际化人才规模较国际化大都市有较大差距，亟须加强与香港合作，进一步加强国际人才交流。

硅谷地区的外国出生居民比例高达38%，这一指标在核心工作年龄的科技工作者群体（25-44岁）中更是高达67%[③]。中关村由于其完善的海外人才政策，海外人员近年来不断增长，截至2016年底，中关村示范区共有留学归国人员3万人，外籍人才9779人[④]，其中硕士及以上学历占留学归国人员总量的70%以上，创办企业累计超过6000家。深圳市近年来通过“孔雀计划”等

① 根据《深圳市人才队伍建设工作情况汇报》内容整理。

② 黄广扬. 香港如何“完整性”发挥独特优势，领航粤港澳大湾区“走出去”战略.清华大学港澳研究中心港澳咨议. 2018（2）.

③ 2017硅谷指数。

④ 中关村指数2017.

系列措施加强海外人才引进，引进留学人员的数量在2011至2014年间年均递增48.3%，随着2017年深圳全面推行留学人员引进“放管服”改革，“无纸化”网上申报便捷高效，2017年引进留学人才18307人，同比增长74.2%，其中IT、金融类人才人数最多[①]。但深圳外籍人才数量相较硅谷和北京仍然不多，据深圳市政府内参文件《深圳市人才队伍建设工作情况汇报》，2015年，深圳常住外国人约占全市常住人口的0.2%，低于北京的1%，更远低于纽约（36%）、新加坡（33%）等国际发达城市（图3-12），取得有效外国专家证的外国专家3300多人，低于北京的4986人，深圳大学和南方科技大学共有港澳台和外籍教师122名，占两校教师总数的0.6%，与国内外知名高校相比，差距不小（牛津大学2012年超过40%，斯坦福大学65%，香港的大学均在40%-50%）。

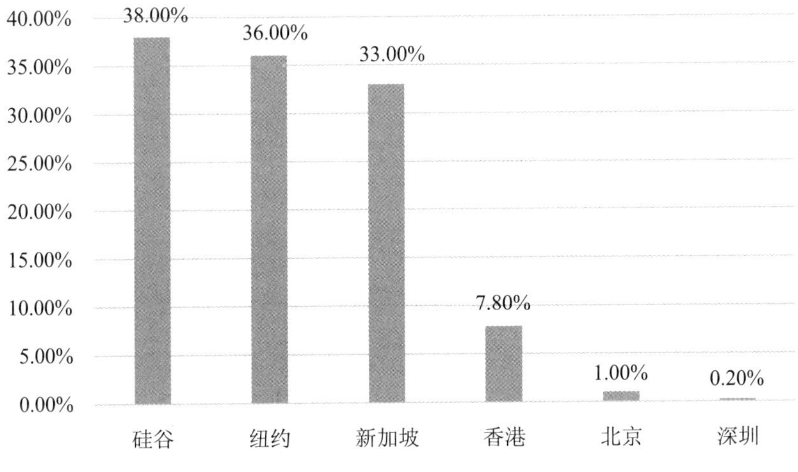

图3-12 外国人口数量占比对比

香港恰好弥补了深圳在国际化人才不足方面的缺口。香港是中国国际化程度最高的城市，聚集了大量世界各地的人才。2016年，香港外国人占总人

① 深圳去年引进留学人才18307人 爆发式增长74.2%，新浪综合，2018.02.09，http://edu.sina.com.cn/a/2018-02-09/doc-ifyrmfmc0821102.shtml.

口比重7.78%，虽不及硅谷，但远高于北京、上海及国内各城市。香港的国际化程度高与其深厚的多元文化根基、自由的贸易和市场环境有关，更与其在教育方面的开放理念有关，例如香港科技大学近八成的教授是面向全球范围招聘的，远高于中国大陆顶尖高校中仅2.3%的海外教师比例。此外，香港近年来不断加大创新科技方面的投入，营造了良好的人才引进服务机制及整体工作生活氛围，对国际化高精尖科技人才的吸引力日益加强[①]。但香港对高精尖科技人才的吸引力也存在非常明显的短板，正逐渐被新加坡赶超，比如香港的生活成本高昂，目前香港的外派人员生活成本位列亚太地区第一、世界第二，住房、日常生活、交通、教育等花费极高。同时香港新生代国际学生的科学素养不及新加坡，在国际学生能力评估项目排名中，香港在科学排名仅第九，而新加坡名列榜首。此外，在创新创业方面，香港对国际人才吸引力也不及新加坡，在世界银行根据初创公司能否顺利启动并通过监管批准而做出的排名中，新加坡位居世界第2，香港排名第4[②]。

综合看来，深圳在留学人才和外籍人才的引进方面不及北京和硅谷。但香港的高度国际化水平恰与深圳形成了较好的互补，深港创新圈整体国际化水平和外籍人才的占比虽仍无法媲美硅谷，但远高于中关村，同时，深圳雄厚的科技产业实力与创新创业活力将弥补香港与国际化大都市在引进海外科技人才竞争中的短板，二者通过加强科技交流与人才交流合作，将有望成为能够匹敌硅谷的全球创新人才集聚高地。

① 上海已经越来越受到外籍人才的欢迎，但它能比肩香港的优势吗？，新浪网，半元社社评专栏，2018.02.01，http://k.sina.com.cn/article_6345745164_17a3c630c001002ni7.html?cre=edupagepc&mod=f&loc=1&r=9&doct=0&rfunc=88.

② 香港VS新加坡：哪个城市更受外籍人才青睐？搜狐，2017.06.30，http://www.sohu.com/a/153297631_644346.

专栏3-1：中关村海外人才相关政策与举措

海聚工程：根据《北京市鼓励海外高层次人才来京创业和工作暂行办法》精神，给予“海聚工程”短期项目引进人才每人人民币50万元的市政府奖励。根据引进人才实际需要，可为其办理出入境、医疗、保险等手续。

雏鹰人才工程：是中关村人才特区针对海内外优秀创业人才推出的创业扶持工程，旨在构建中关村人才特区海归人员、海内外优秀人才、高端领军人才等系列人才培养扶持体系，加快实现人才聚集的目标。2012年10月，中关村管委会制定了《中关村国家自主创新示范区海内外优秀人才创业扶持工程专项资金管理办法》，开始实施“U30雏鹰人才工程”（“U30”指30岁以下的优秀人才）

中关村通过建立海外联络处加快人才引进：中关村已在美国硅谷、华盛顿、日本东京、加拿大多伦多、英国伦敦、德国慕尼黑、澳大利亚悉尼、比利时布鲁塞尔、芬兰赫尔辛基等地设立了11个驻外联络处。各联络处充分发挥联通中关村与世界主要国家（地区）的桥梁纽带作用，面向海外学人、海外重点机构提供政策咨询和联络服务，延伸引才触角，掌握海外人才资源分布，构建开放灵活的引才运行机制，同时积极开展驻在国科技、人才等信息报送工作。

创新人才比较小结：

从人才发展来看，硅谷、中关村人才总量基数大、层次较高，高精尖科技人才远超深圳，并且围绕区域产业发展及创新创业服务形成多元人才体系。对比来看，深圳在人才发展方面存在以下不足：一是人才总量不足，人才来源相对缺乏；二是高精尖人才匮乏；三是人才服务保障体系有待进一步健全；四是海外人才比重较低，尤其是外籍人才，较硅谷和北京有较大差距。

深圳在创新人才方面存在的问题，大部分可通过寻求与香港优势互补的方式解决。深圳可以充分结合香港在国际化人才、高端服务型人才以及人才储备方面的优势，加强两地人才、教育、科技、创新等方面资源的交流合作。通过强强联合，深港创新圈有望在创新人才资源方面超越中关村，与硅谷比肩。

（四）科技金融

风险投资：深圳风险投资活跃，已逐步发展成为我国私募基金业最为活跃的城市之一，但资本投入之外的增值服务较少，风险资本对科技创新的支撑作用有待进一步放大。

风险投资在硅谷发展史上一直是推动其创新的重要力量。早期在半导体行业起步之时，硅谷的风险投资刚刚萌芽，从20世纪70年代开始，硅谷风险资本呈现爆发式增长，逐渐成为硅谷科技创新的重要资金来源。发展至八十年代末，硅谷吸收了40%的全美风险资本投资[①]，并一直保持在这个比例上。如今，硅谷以斯坦福大学西侧著名的沙山路（Sand Hill Road）为聚集区，已汇集了包括红杉资本、KPCB、NEA、Mayfield等全球顶级的风险投资公司。2015年硅谷与旧金山风险投资总额分别达到111.3亿美元和245亿美元，占全美国的比重高达41.6%[②]。值得注意的是，在硅谷，风投公司不仅为企业提供资金，还提供包括帮助企业进行流动资金的融资运作、推荐人才、为公司经营进行咨询服务、促进与其他公司进行协调合作等增值服务。另外特别值得一提的是，硅谷有浓郁的创业圈文化，创业者之间通过各种活动连接非常紧密，创业成功人士非常乐意提携和投资后辈，创业者间也根据各自所长相互扶持，互相进行天使投资和其他资源交换，人与人之间的信任感非常强。

① 方卫华.硅谷高科技发展的社会基础：中介组织［J］.社会学研究，2001（4）：94-95.

② 硅谷指数2016.

中关村近年来创业投资高度活跃，目前吸引全球风险投资额排名仅次于美国旧金山湾区。2016年中关村发生股权投资案例1961起，已披露股权投资金额1054.0亿元，均占全国的近四成，稳居全国首位①。2014年创业投资及私募股权投资基金管理机构共457家，管理资本总量为5779.7亿元②。但中关村目前风险投资规模与硅谷相比还有较大差距，风险投资运作和退出机制尚不成熟，有待进一步健全完善。

深圳已经成为私募基金业的前沿阵地和风险投资最活跃的城市之一，风险投资机构数量和管理资本约占全国三分之一，国内创投企业前20强半数在深圳，然而深圳风投基金数量虽多，但在创投机构总数、风险投资案例数，以及吸引国际资本、外地资本方面，仍不及北京、上海。截至2018年，深圳创投机构超过五千家，总量不及北京、上海③。2017年深圳风险投资案例数为554起，仅为北京三分之一、上海的三分之二，涉及投资金额为162.71亿元，约相当于北京的五分之一、上海的二分之一④。据Crunchbase News的调查统计，北京和上海位列2018年最受全球VC青睐地区Top10榜单的第二、第三位，深圳排名第七位。相较之下，深圳虽与北京、上海并列为国内风险资本集聚度和活跃度最高的第一梯队城市，但从以上指标来看，深圳在第一梯队中排名相对靠后。且深圳很多机构乐于搞资本运作、用钱炒钱，追求短平快。有业内人士讲，硅谷风投机构对创业企业的投资像“养孩子”，精心照料，陪他一起经历风雨，助其茁壮成长；国内的风投机构对创业企业的投资更像“养猪”，只希望尽快把它催肥壮大，之后卖出去变现。这背后反映出的是两种不同的创投思维，对科技创新创业的支持程度截然不同。

---

① 中关村指数2017.

② 中关村指数2015.

③ 2018杭州创业创新观察，元璟资本与鲸准研究院、杭州市创业投资协会，https://36kr.com/p/5174600.

④ 清科年报：2017年VC投资金额超2000亿，IPO退出盛宴开启，2018.02.27，清科研究中心，https://free.pedata.cn/1440998437063112.html.

香港是知名的国际金融中心，金融监管体系非常健全，风险管理水平高，建立了与全球各地之间的融资渠道网络，融资十分便利。全球众多国际投资基金、银行、证券、保险公司均在香港设立了分支机构。香港风险投资资本大多来自海外，但本土的风险投资却不发达，很重要的原因是本土的资本大多掌握在大家族手中，而非机构手中，资本偏好金融与房地产，而非高新技术企业。据PitchBook数据公司统计，2015年，香港科技行业风险投资融资额为2.7亿美元，仅为新加坡的三分之一。另据英国咨询公司Preqin统计，2015年内香港科技产业公司仅获10笔投资，远低于中国大陆503例，韩国51例，新加坡37例和日本36例。

综合看来，深圳和香港的风险投资资本对推动科技创新的核心作用并没有完全发挥出来，尤其是在资金投入之外的增值服务方面，较硅谷和中关村仍有差距。

天使投资：深圳天使投资不及硅谷和中关村活跃，机构数量相对不足，覆盖领域较窄，对于科技产业的支撑和引导作用不突出。

天使投资在硅谷已成为一种风气，一种唾手可得的资源，并且随着产业创新和组织形态的演绎，呈现越来越多元化的发展趋势，包括3F（Family/Friend/Fool）模式、天使投资人联合体（橡子园）模式，以及近年比较流行的众筹模式。天使投资的企业成功上市后，募资投入快速成长的初创企业，由此形成了良好的天使投资与创业生态圈①。2015年硅谷和旧金山天使投资额分别达到14亿美元和16亿美元，占加州总额的81.5%。

中关村天使投资的数量、规模、管理水平都处于全国领先水平，尤其值得关注的是其近年来不断涌现出的新型天使投资模式，如天使投资协会、天使投资百人会、创业咖啡馆、创二代天使投资者（如雷军）等。目前，中关村集聚了约2万多名天使投资人，670家知名的创业投资机构，其中上市公司

① 长城企业战略研究所.硅谷创新生态的构成及基本规律.管理［J］，2016（3）：67.

的高管或中层骨干成为天使投资人的重要来源。

深圳在2007年成立了天使投资人俱乐部，隔年出台了国内第一个天使投资人备案制度——《天使投资人备案登记非行政许可审批和登记实施办法》，对从事天使投资业务实行备案登记和相关的从业规范，为天使投资的发展创造了良好的法律环境[①]。在此基础上，深圳天使投资从2013年开始有了较为快速的飞跃。但与硅谷、中关村相比，深圳目前天使投资机构数量仍偏少，并且主要集中于互联网行业和数字新媒体（TMT）行业，对新兴产业的覆盖面窄，缺乏对基础性、源头性、前瞻性的技术和相关高科技产业的合理引导。

企业并购：深圳海外并购的活跃程度已超越中关村，随着深港创新圈融合，这一领先优势将进一步扩大；但同时，深圳与硅谷的并购活跃程度仍有较大差距，整合国内外创新资源能力有待提升。

并购已成为企业整合产业链上下游企业资源、集聚外部创新资源、拓展新兴市场、提升企业竞争力的重要手段。硅谷和旧金山企业并购（M&A）一直处于活跃状态，2010—2015年并购案例数均达到1000起左右，占加州40%左右，占全美10%左右[②]（图3-13）。如Facebook收购了Oculus，Google收购了Songza等，企业通过并购获得外部人才、技术、品牌、经营网络、管理经验等各类创新资源，降低了成本，扩大了规模，并进一步提升了企业知名度和行业地位。中关村投资海外并购交易持续火热，整合国内外创新资源能力不断增强。2015年，境外并购案例数21起，并购金额激增至361.3亿元，并购对象主要分布在亚洲和欧美；境内京外企业并购的案例105起，占全部并购案例数的48.2%[③]，主要分布在上海、广东等省市。

---

① 天使投资转战深圳，互联网项目成“香饽饽”，南方日报，2014.06.12，http://news.southcn.com/g/2014-06/12/content_101856971.htm.

② 硅谷指数（2016）.

③ 中关村指数（2015）.

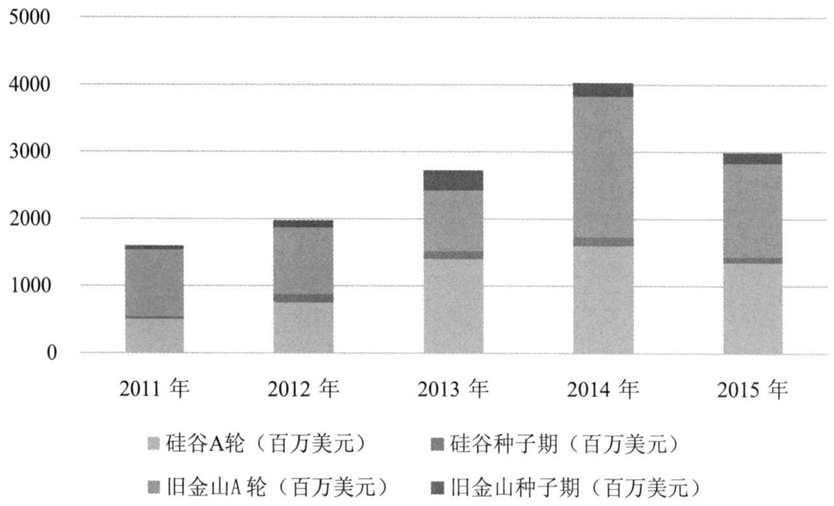

图3-13　2011—2015年硅谷、旧金山并购交易数

深圳企业近年来海外并购势头增长迅猛，2015年，深圳企业共实施对外直接投资并购34起，实际交易金额近4亿美元，2016年深圳企业海外并购加速，上半年海外并购交易宗数已达88家，协议投资总额达48亿美元，远超出2015年全年的水平。深圳的海外并购以民营企业为主体，以获取技术合作为主要目标，选择的并购对象区域分布以香港为主，美国其次，2015年两地并购案分别为13起和6起，二者在2015年深企海外并购案中合计占比约56%。近年来，深企对欧洲企业并购逐年增多，仅2016年上半年就发生了16起对欧洲企业的并购案。深企海外并购领域主要分布于软件和信息技术服务业、商务服务业、批发业、计算机、通信和其他电子设备制造业，与深圳产业转型升级的导向基本一致。

综合来看，深圳近年来实施海外并购的企业数量超过中关村，但并购金额远不及中关村，以2015年数据来看，还不足中关村的1/10，主要是由于深圳发起并购的主体以中小型民营企业为主，而并购对象也基本为境外的中小型高科技企业，民营企业的并购活动完全是基于市场的行为，这点不同于北京中关村一些带有战略任务属性的大企业海外并购行为，这是深圳海外并购活动的一个特色。此外，深圳境外合作的最主要区域是香港，这是深圳海外并购活动的第二个特色，这一特色为深港创新圈内的科技资源和资本要素的流通奠定了基础，也提出了更高的要求。随着深港创新圈的深化融合，未来深圳与香港之间的并购活动将更加频繁。但与此同时，深圳与硅谷相比，并购活动的活跃程度差距仍非常巨大。

上市融资：深圳与硅谷、中关村在企业上市融资的活跃程度方面基本相当，中小企业是上市的主力军，资本市场多元化融资能力不断增强。

硅谷企业IPO一直非常活跃，且数量持续增加，2014年上市公司数量占美国的11%[①]。中关村企业在主板和创业板市场融资能力较强，截至2016年，中关村的上市企业数量达到312家，总市值超过5.5万亿元，新三板挂牌企业1612家，约占全国的1/7[②]。深圳在国内率先建成体系较完备、结构相对合理的多层次资本市场，企业上市融资活跃。截至2017年10月，深圳在境内外上市企业的总数累计达到382家，首发募集资金合计超3000亿元，其中国内A股上市企业267家，中小板和创业板上市企业数量连续11年居全国大中城市首位[③]。综合来看，深圳企业的IPO活跃程度与中关村和硅谷基本处于同一水平，深圳与中关村在上市企业的规模方面相比较，深圳以中小企业为上市主力军，且后备资源丰富。

香港证监会独立性、自由性和专业性世界著名，为香港股票市场营造了严格的规范性和优良的秩序，因此到香港上市及借壳落籍香港的全球各地的公司众多。2018年，港交所全年首次公开募股上市数量和募资额世界第一。此外，港交所在规范管理的前提下开展了不少灵活的制度创新设计，如近两

① 硅谷指数（2015）.

② 中关村指数2017.

③ 深圳要超过上海了！2017深圳上市公司数量逼近上海，搜狐，2017.11.22，https://www.sohu.com/a/205921490_772387.

年新规允许拥有同股不同权架构的公司上市，允许未能通过主板财务资格测试的生物科技公司上市等，为高新技术企业上市融资提供了更贴合实际需求的融资渠道，这也是新一轮深港合作中，双方应携手突破的地方。

政府引导：硅谷创新创业投资主要依靠市场化运作，政府作用不明显。而中关村和深圳政府通过投资引导等政策在创新创业中发挥了重要作用。

硅谷创新创业投资主要依托发达的市场力量，政府基本不参与市场主体间的微观经济运作。但在早期，银行、资本市场等传统融资渠道对初创期和成长型小企业的资金供给能力不足，为弥补这一缺口，美国推出了由小企业管理局（SBA，Small Business Administration）组织实施的“小企业投资公司”计划（SBIC，Small Business Investment Company），该计划委托职业投资人进行投资管理，使用政府担保为SBIC提供杠杆融资。SBIC所进行的创业投资在风险投资不发达的州起到重要作用，但在硅谷这一全球创业投资最发达的地区，已经不需要任何政府投资资金的干预，强大的市场化机制已经很好地解决了区域性创业投资问题。

中关村为解决企业创新创业融资难问题，积极打造各类政府引导型的融资平台，先后推动设立了中关村发展集团、中关村科技担保公司、中关村创业投资发展公司、中关村小额贷款公司、中关村科技租赁公司等。依托各类投融资平台，中关村成立多只创业投资引导基金及子基金，并针对创业不同发展阶段的融资需求特点，出台了多项科技金融公共政策，目前已初步形成了“一个基础、六项机制、十条渠道”的中关村科技金融体系[①]。截至目前，中关村创业投资引导资金参与合作设立的基金已有49支子基金，合作规模超过251亿元[②]。比如，作为中关村核心区的海淀区创业投资引导基金截至目

① 中关村科技金融发展经验解读.长城战略咨询. 2014.11.28，http://www.gei.com.cn/ycwz/4162.jhtml.

② 中关村国家自主创新示范区网站。

前已设立参股基金16支、母基金1支，一级撬动社会资本超过73亿元，对外投资334家企业，投资总额达到81.6亿[①]；中关村发展集团围绕企业技术创新、科技成果转化、并购上市等环节融资需求，出资10亿元成立了母基金，带动社会资金高达200亿元，并设立创投基金43家，围绕新兴产业领域创新已投资253家企业，营收年均增长50%以上[②]。

深圳成为我国创投最活跃、成绩最瞩目的地区，政府的推动作用功不可没。1999年，为推动科研成果转化，深圳市政府出资成立深圳市创新科技投资有限公司（深创投前身），如今深创投管理着包括全国65家总规模约150亿元的政府创业引导基金，在新兴产业领域累计投资了521家企业，其中92家已在全球上市，实现年均36%的投资回报率[③]，已成为深圳乃至全国最具代表性和影响力的行业翘楚。近年来，依托深创投等平台，政府不断加大财政资金引导作用，2009—2013年间，借助国家新兴产业创投计划，深圳成立了6只国家新兴产业创投基金，总规模达15亿元[④]，以信息技术、互联网、生物、新能源、新材料和文化产业等战略性新兴领域投资为主。2015年8月，深圳市政府决定设立远期总规模为1000亿元的深圳市政府引导基金，并注册了引导基金公司，截至2017年10月底，引导基金共评审通过子基金101只，合计投资项目681个，投资金额428亿元，全国领先[⑤]。

科技金融比较小结：

从科技金融环境来看：由于国家体制及发展阶段不同，硅谷资本市场发展成熟，科技金融体系健全，中关村、深圳与之相比还有较大差距。但在我

---

① 中关村科技园区海淀园管理委员会网站。

② 中关村发展集团网站。

③ 深圳市创新投资集团网站。

④ 国家新兴产业创投计划年度报告（2014）.

⑤ 深圳政府引导基金拟发“大红包”：新增让利条款，放宽基金出资、投资限制，东方财富网，2017.11.17，http://fund.eastmoney.com/news/1593，20171117803519472.html.

国，深圳市已成为我国资本市场最为发达地区之一，拥有创业板市场，风险投资较为活跃，科技金融服务体系逐步健全，可为创新创业提供良好的资本环境。

从科技金融服务来看：硅谷资本市场服务机构多、服务模式丰富，可满足多元企业需求；中关村各类市场化投资机构集聚，能够为创新创业提供有力金融支持。深圳市场化的投资机构中，天使投资数量相对不足，覆盖领域窄，资本之外的增值服务较少。

从政府引导与支持方面：硅谷创新创业投资主要依靠市场化运作，政府在科技创新环境的营造初期发挥了重要作用，后随着创投环境的改善而退出；中关村在政府的强力推动下构建了“一个基础、六项机制、十条渠道”的科技金融服务体系。深圳政府的创投引导基金有效推动了新兴产业的发展。

（五）孵化载体

规模总量：硅谷、中关村孵化器大量聚集且新型孵化器不断涌现，深圳近年来创新载体加速集聚，孵化能力显著提升。

美国是孵化器的发源地，尤其硅谷作为全球创新创业中心，目前各类孵化器已达到上百家。硅谷孵化器为新创企业提供运营环境、中试、融资及其他各类增值服务，凭借自己拥有的专业技术和建立起的资源网络，为入孵企业提供包括商业模式、技术支持、风险投资、经营培训等在内的一揽子服务。如Plug and Play（硅谷最大创业孵化中心），连接创业者和投资者共同开展“办公服务、团队培育、创业投资、网络平台”四大类服务，已成功孵化超过1500家初创企业，走出20多家“独角兽”公司；斯坦福Star X为创业者提供免费场地、创业资金、律师服务、创业导师和人际网络等，2010年成立起已有134家创业公司从Start X毕业[①]。同时，硅谷创业企业取得成功后，往往会为其他初创企业建立孵化器或加速器项目，为其创业提供支持，如微软云加速器等，推动区域创新创业形成良性循环。

中关村是我国科技创业孵化最活跃区域，目前拥有各类创业服务机构800余家，其中国家级科技企业孵化器、国家级大学科技园在我国大城市中居于首位，分别为36家、15家（图3-14），2014年在孵企业分别达到1176家、2910家[②]。近年来，中关村涌现出一批突破传统空间和设施租赁模式的新型孵化器（表3-9），以给创业者提供资金对接、创业培训、技术服务、行业交流等增值服务为主，目前以中关村创业大街为载体，集聚了以创新工场、车库咖啡、36氪、JD+智能奶茶等为代表的一批创新型孵化器，创业企业已接近600家。

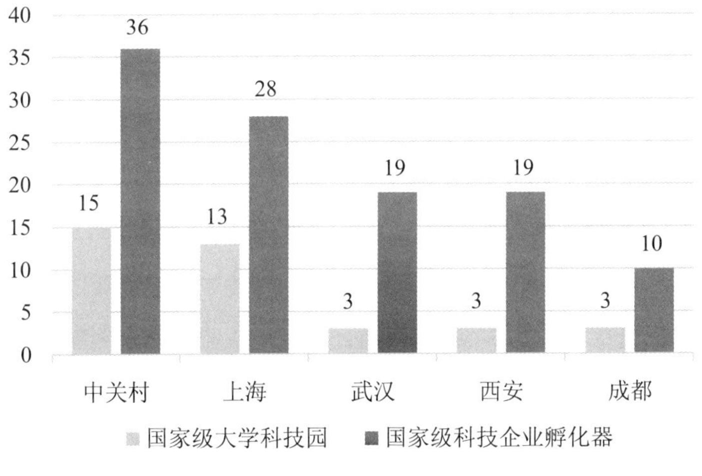

图3-14 2014年中关村国家级大学科技园、企业孵化器及在孵企业情况

① 陈晴. 美国硅谷孵化器的发展经验对我国的启示［J］. 中国科技产业.2014（8）：37.

② 中关村指数（2015）.

表3–9　中关村创新型孵化器服务模式主要类型与特征

类型	主要服务特征	典型案例
社区交流平台	提供活动、交流、开放式办公等空间	YOU+、车库咖啡、3W咖啡、极客公园、Bingo咖啡、零壹时光创业咖啡、1898咖啡、SOHO3Q、优客工厂、科技寺
教育培训平台	提供创业教育及培训，拥有严谨完整的培训体系	亚杰汇、联想之星、清华创客空间、北大创业园、清华X-Lab、北京大学创业训练营、互联网金融实验室、创客家（黑马会）
私募股权投资/众筹平台	针对创业者融资需求，提供投资对接及相关专业服务	天使汇、因果树、36Kr
大企业开放平台	为创业企业对接大企业自身的技术、营销等资源	百度开发者创业中心、腾讯创业基地、微软创投加速器
垂直产业链服务平台	在某一垂直领域内深度结合上下游产业链资源提供服务，大部分拥有专业的公共技术平台	师林孵化器、云基地、石谷轻文化产业孵育基地、创客空间、IC咖啡、硬创邦、服饰时尚设计产业创新圈、硬蛋
跨境孵化平台	国际国内联动孵化	中美企业创新中心、极地国际创业中心

与硅谷、中关村相比，深圳市近年来加大双创战略部署，随着创客深圳行动计划的深入实施，区域创新孵化能力不断增强，创新创业氛围活跃。2016年，深圳共有149家孵化器，在孵企业3448家，累计毕业企业5226家，毕业企业累计上市110家[①]；众创空间180家，累计服务的创业团队9282个，累计服务的初创企业5608家[②]。近年来乘着“大众创业、万众创新”的东风，深圳孵化器的增长速度惊人，2014年以来成立的孵化器数量为84家，占孵化器总量的56.4%，也就是说，近几年来深圳孵化器的新增数量已经超过了历史上的三十年，迎来了井喷式的发展阶段，如若按照此速度发展，深圳孵化载体数量超越硅谷将指日可待。

香港科技园是香港创新资源的聚集地，截至2017年11月，园区累计毕业

① 2016年深圳孵化器统计。

② 2016年深圳市创新空间年报。

企业超过500家，在孵企业261家，创造1.3万余个就业岗位，其中4家毕业企业已在香港成功上市[①]。2017年11月，国家科技部和香港特别行政区政府共同创办的国家级科技企业孵化器挂牌成立，这也是香港特区的首家国家级科技企业孵化器，也是国家科技部在香港回归祖国20周年之际向香港送上的一份贺礼，有望进一步提升香港的科技创新创业能力。随着深圳科技创新实力的与日俱增，香港与深圳在创新创业载体上加强了合作和融通，未来随着粤港澳大湾区战略的推进落实，深港孵化载体的合作共建和交流共享将迎来新机遇。

服务能力：硅谷和中关村孵化器专业化、全链条服务能力趋势加强，深圳的新型孵化载体在服务能力和建设起点上赶超中关村。

围绕新兴产业领域创业企业专业化服务需求的增强，硅谷、中关村孵化器更注重产业专业技术服务平台搭建及产业链资源支持。如硅谷在医疗健康领域出现的Rock Health、Startup Health、Blueprint Health等垂直领域孵化器[②]，中关村涌现生物医药、云计算、智能硬件等专业孵化器。深圳近年来也注重专业孵化器建设，围绕生物、信息通讯、节能环保、移动互联网、精准医疗、智能硬件、新媒体、智能电网、智能家居等新兴的专业领域组建了一批孵化载体，有效推动创业载体与区域产业发展有机融合。

除注重专业化能力建设外，硅谷、中关村以及深圳的孵化载体越来越注重围绕企业创新链需求，对接整合服务资源，提供增值服务。如Plug and Play与20多所大学、150多家大企业建立长期合作关系；硅谷Tech Star与耐克、微软等合作成立“Nike+”加速器、微软加速器等，助力初创企业为大企业服务或被收购；中关村创业大街为围绕创业全链条服务需求，引进各类创业

---

① 香港特区首家国家级科技企业孵化器正式挂牌，科技部，2017.11.13，https://www.most.gov.cn/kjbgz/201711/t20171113_136105.htm.

② 创业者看过来：硅谷创业加速器主要呈现这三大趋势.腾讯科技.12.28，https://max.book118.com/html/2017/0609/112821371.shtm.

服务机构，以全球范围内服务资源整合为基础，形成“创业投融资+创业展示”两大核心功能、“创业交流+创业会客厅+创业媒体+专业孵化+创业培训”五大重点功能。深圳随着更多专业化的创客空间涌现，服务能力逐渐提高，如大运软件小镇智能港提供技术交流、项目市场定位、实验室测试、小批量试产、渠道销售、小额种子基金、天使及VC资本对接等服务。联想之星·星云硬件加速器围绕智能硬件初创项目的需求，提供全产业链配套服务，包括产业链前端的设计和技术咨询，及之后的物料搜集，以及后端的全程协助项目管理和量产服务。同时，深圳形成了一批创新生态系统高度集成和开放的新型孵化载体，以深圳湾创业广场为例，这条400米长、矗立着18栋甲级写字楼的创业街区聚集了包括创业者、企业家、投资人和创业服务机构等在内的与双创相关的全部主体，高度集成了专业孵化、种子交易市场和创业投融资三大核心功能，以及创业交流、展示、公关、培训、公寓、公共加速六个重点功能，在规划的起点上高于中关村①。

但同时应该看到，深圳早先建成的一批孵化载体缺乏先进的运营和服务理念，部分载体盈利模式单一、竞争优势趋同，一些新近转向创业孵化行业的房地产企业，尚未把握创业孵化的精髓，商业模式、经营管理仍过多沿用原有的商业地产思路，往往重资产、轻服务，重建设、轻培育，创新链、产业链、资金链等社会资源的嵌入及整合不足，服务能力仍较弱。新建孵化载体与早先建成的孵化载体的服务能力分化较为严重。

孵化载体比较小结：

整体比较来看，硅谷孵化器以市场化运作为主，专业化特点突出、服务链条化特征明显，在孵化理念、服务模式、资源整合等方面处于领先位置；中关村各类政府主导的、社会资本投资类的孵化器数量众多，各种新型孵化

---

① “双创”的“深圳现象”，陈宪，上海交通大学安泰经济与管理学院教授。

器、新型服务模式不断涌现，创新创业服务机构云集，服务内容细分化、特色化发展。

对比而言，深圳的孵化载体有以下特点：在数量上，深圳孵化载体近三年实现了井喷式增长，逐渐缩小了与硅谷的差距，与中关村差距不大，而香港也增加了一家国家级科技企业孵化器，未来深港创新圈的孵化资源融合将进一步提升孵化的容量。在服务能力上，深圳近年来高举高打，建设了一批创新生态系统高度集成和开放的新型孵化载体，规划建设起点高于中关村，实现了创新链和产业链全链条的服务能力。但早先建成的一批孵化载体运营模式陈旧，资源整合能力和配套服务水平不高，甚至有一些孵化载体公共基础设施都不健全。这些低端的孵化载体之间恶性竞争严重，不能为入孵企业提供有效孵化支撑，很难称作严格意义上的孵化载体。

三、深港创新圈与硅谷、中关村区域个性比较

（一）区域“硬件”

1. 区位条件

硅谷：优越的区位条件使其成为全球高端创新要素聚集的首选地。

美国硅谷位处加利福尼亚州北部，旧金山湾区南部，主要包括圣塔克拉拉县和东旧金山湾区的费利蒙市。首先，硅谷所在区域聚集了斯坦福、伯克利和加州理工等世界知名大学，其自身就是全美主要的创新要素聚集地。其次，便捷的交通设施为创新要素的聚集和交流提供了便利条件。硅谷所在地拥有三个飞机场，经过改造升级，年客运总量已超过6600万人。另外，阿姆特拉克铁路、1号公路、101国道以及80号州际公路与全美其他城市相连，为各类要素的自由流动提供了有利的交通条件。再次，通过法律和制度安排引入的大量优秀人才以及对创新要素的持续吸引力进一步强化了硅谷的区位优

势。美国通过各种法律和制度安排鼓励移民进入美国，2017年硅谷地区外国出生居民的比重已经高达到38%，高于旧金山及全美水平。

专栏3-2：硅谷的航空基础设施

硅谷所在的旧金山及湾区有三个机场，分别为旧金山国际机场、奥克兰机场（位于东湾）、圣荷塞机场（位于南湾），2014年客运量分别为4720万、1003万、940万，其中旧金山国际机场是当地最主要的国际机场，不仅拥有数量众多的美国国内航班，同时也提供直飞全球各地的航班。

尽管硅谷所在地的圣荷塞机场落后于奥克兰和旧金山机场，但2012年以来圣何塞机场借助新的国际和国内航班达到运营高峰（包括海航圣何塞直飞北京航班），2015年客运量接近970万，未来有可能成为硅谷与世界连通的最佳国际机场。

中关村：在国内拥有无可比拟的区位优势，但全球化视角下的区位优势打造仍未取得实质性突破。

中关村位于我国人才智力和科教资源最为密集的首都北京，北京既是全国铁路和航空的枢纽，也是中国连接世界的主要节点城市，为全球创新要素的自由流动提供了较高的便利性，这也是中关村发展成为全国创新高地的重要基础条件。但是，中关村区位条件未能实现再升级，对国际创新要素吸引和聚集尚未取得更大突破。尽管中关村从业人员中留学归国人数连续6年增长，但外籍从业人员从2006年至今每年平均都在7000人左右，未突破1万人，这在一定程度上也反映出其对国际化人才的吸引力相对有限，与硅谷仍存在较大的差距。2016年3月1日起，公安部支持北京创新发展的20项出入境管理新政实施，在中关村试行外籍高层次人才“绿卡”资格程序便利化改革试点，将进一步加强对外籍人才的“直通车”服务。

深港创新圈：拥有最发达的经济腹地、国际级的港口和航运资源、最便利的跨境交流合作。

深港创新圈位于珠江口东岸，是国家级战略“粤港澳大湾区”的两个重要的支点城市，背靠粤港澳大湾区这个全球第四大湾区，拥有发达的、快速增长的经济腹地，2017年粤港澳大湾区经济总量已超过旧金山湾区，经济增速保持在7%以上；还拥有世界第一的港口资源，粤港澳大湾区港口集装箱吞吐量世界第一，是世界三大湾区总和的4.5倍，其中深圳港全球吞吐量第三、香港港全球吞吐量第五，均为世界级港口；还拥有世界领先的国际机场和国际航线资源，深圳机场和香港机场均为大型国际机场，粤港澳大湾区机场旅客吞吐量1.85亿人次/年，位列四大湾区之首，海外旅客人数169万人次；还拥有跨境合作交流的最大便利，深港两地间是中国内地与国际资源交流的地缘交接处，形成了全世界密度最大的跨境交流。

但与此同时，深港创新圈也有一些不利的区位因素。比如，深圳创新要素跨国流动的便利性不高，尽管深圳拥有国际性深水港区、大型国际机场、最大陆路口岸，是国内公、铁、海、空的重要综合交通枢纽，但作为与全球其他城市连接的主要交通方式，深圳宝安机场的国际航线主要集中在亚洲地区（更多的国际航线集中在广州和香港的机场），2015年国际旅客吞吐量不到200万人次，基于全球视角的创新要素流动的便利性相对不高。

区位条件比较小结：

从区位比较来看，硅谷和中关村地理位置优越，发展位势比较高，国际资源交互渠道丰富，便于引进和利用国际国内创新资源。

对比而言，深港创新圈在区位方面有如下特点：一是背靠粤港澳大湾区这一国家级战略合作区域、世界第四大湾区，经济腹地非常发达；二是深港创新圈是中国东南部对外开放的大门，航空及海上对外物流、客流发达，是中国内地与国际资源交流的地缘交界处，尤其香港更是国际化程度居前的国际化大都市；三是深港创新圈跨境合作交流日益紧密，区域合作具有良好的基础条件。

2. 自然环境

硅谷：天然地理条件造就的环境优势明显，是全球气候最好的地区之一。

硅谷湾区四面环山，中间环抱海湾，拥有全世界稀有的温和的地中海式气候，冬暖夏凉，全年温差不大，气候宜人，冬天会有细雨，夏天不热，年平均高温21.5℃，年平均低温10.2℃，是全球气候最好的地区之一。关于空气质量，虽然硅谷与美国其他地区相比优势并不明显，但其PM2.5指数常年仅在20-40微克/立方米之间徘徊，与近年来北京、上海等国内大城市的雾霾天气相比，优势非常显著。

中关村：气候条件相对较差，宜居度较低，空气质量已成为影响城市发展的重要问题。

中关村所在的北京市属北温带半湿润大陆性季风气候，夏季炎热多雨，冬季寒冷干燥，宜居度较低。中关村核心区所在的海淀区生态环境较好，全区森林覆盖率达36.3%，城市绿化覆盖率49.9%，人均公园绿地面积14.3平方米。值得关注的是，中关村所在的北京市空气质量问题突出，2014年PM2.5年均浓度为89.5微克/立方米，生态环境已成为影响区域宜居条件的最大问题，甚至已经直接影响到区域经济和社会发展。近两年随着国家对环保问题的重视，北京空气质量已有所改进，2017年北京的PM2.5年均浓度降至58微克/立方米，但依然无法与硅谷相媲美。

深圳：气候宜人，生态条件优越，空气质量与硅谷不相上下。

深圳属亚热带海洋性季风气候，四季温差不大，全年温暖湿润，宜居度较高。深圳的森林覆盖率超过40%，多项森林资源和生态指标在国内大中城市排名前列[①]。另外，良好的空气质量已是深圳人晒幸福的资本，在全国已实施新空气质量标准的161个城市中，仅9个城市达标，深圳位列第五，是其中罕见的千万级人口经济大都市，空气质量位列环保部发布的2017年排行榜前十位，2017年1-10月，深圳PM2.5平均浓度仅为25微克/立方米[②]（表3-10）。

香港：注重生态保护的先进理念通过立法形式严格贯彻，生态环境保护取得良好成效。

香港毗邻深圳，同属亚热带海洋性季风气候，年均气温、降水、PM2.5等与深圳接近。香港政府对生态保护非常重视，自20世纪70年代便通过立法来保护绿地，尽管香港面积狭小、人口稠密，人口密度全球前列，但有超过三分之一的土地被划为郊野公园和自然保护区，城市绿化率、原生动植物和地质地貌保护情况、空气质量优良率等指标领先。理念的先进和立法的保障相统一，是香港地区有别于内陆地区的显著优势和值得借鉴的经验。

表3–10 硅谷、中关村、深港创新圈自然环境主要指标对比

地区	气候	温度	森林覆盖率	PM2.5平均浓度（2017年）
硅谷	温和的地中海式气候	10℃左右至21℃左右	35%（加州）	20-40微克/立方米
中关村	北温带半湿润大陆性季风气候	-10℃左右至40℃左右	36.3%（海淀）	58微克/立方米
深港创新圈	亚热带海洋性季风气候	10℃左右至37℃左右	40%（深圳）	25微克/立方米

自然环境比较小结：

深港在气候条件方面略逊于硅谷，但生态基础总体上好于硅谷，两地的

① 深圳向世界级森林城市迈进，中国城市报，2017.08.21，http://paper.people.com.cn/zgcsb/html/2017-08/21/content_1799753.htm.

② 2017年10月深圳市环境空气质量状况通报，深圳市人居环境委，2017.11.28，http://www.sz.gov.cn/szsrjhjw/xxgk/qt/tzgg/201711/t20171128_10036564.htm.

自然环境综合对比，相差不大，这也是深港两地与国内绝大多数大型城市相比最大的自然优势，是吸引人才和创新要素的重大利好因素，应全面巩固保持。（表3-11）。

表3–11　硅谷、中关村及深港的自然环境评分情况①

评价要素	硅谷	中关村	深港
气候条件	5	1	3
生态条件	3	3	5
空气质量	5	2	5
综合评价	4.3	2	4.3

3. 城市配套

硅谷：部分地区交通拥堵相对突出，但教育、医疗、科教、公共休闲等方面的发展层次较高，同时充分体现人性化特点，城市化质量总体水平较高。

公共交通使用率偏低，交通拥堵问题相对严重。硅谷地区居民的通勤方式以自驾车为主，公共交通使用率偏低，人均公共交通工具乘坐次数不到30次/年，导致交通拥堵情况日益严重，著名的德州A&M交通运输研究所（Texas A&M Transportation Institute，简称TTI）2017年发布的城市交通报告（Urban Mobility Report）显示，湾区的通勤者们平均每年耽误103个小时，在全美交通拥堵耗费时间排名第2，仅次于洛杉矶。

① 将区位条件分为气候条件、生态条件、空气质量等三个分项，根据硅谷、中关村、深圳三地的区位条件实际情况和分析结论，本研究采用德尔菲法邀请专家进行多轮打分，5分最高分，最后给出综合评价分数。

专栏3-3：硅谷的交通拥堵问题

从地面交通看，由于跨区域工作增多、失业率减少及更多人参加工作等因素导致跨区通勤量增大，加重了日益严重的交通拥堵。2014年圣克拉拉和圣马特奥人均通勤时间27分钟，旧金山32分钟，加州28分钟。2014年，圣何塞每天交通拥堵高峰时段达6.7个小时（旧金山6.6小时，圣迭戈，5.8小时，西雅图5.5小时，波特兰5.1小时），由于交通拥堵给损失最重者带来了67小时时间和28加仑汽油的浪费。从轨道交通看，硅谷地区有三条轻轨，但硅谷所在的湾区相对地广人稀，当地居民约90%以上都是自己开车上班（比如Google几乎每个员工都开汽车上班），对地面交通的疏导作用并不明显。

教育和医疗服务水平相对较高。除了拥有国际先进的高等教育资源之外，硅谷地区还拥有相对完善的中小学教育体系，基础教育发展水平较高，特别是私立中小学校特色明显、层次较高，能够充分满足当地高层次人才多样化的子女教育需求（表3-12）。2014年，硅谷地区3-4岁儿童进入私立或公立幼儿园学习比例为59%，高出加州和全美10个百分点，科学知识测试成绩高于加州整体水平8个百分点，55%学生达到加州大学（UC）/加州州立大学（CSU）录取要求，明显高于加州42%的平均水平。从医疗服务情况看，加州约有430家医院，其中17家拥有全国排名的医院中，斯坦福医院和诊所、加州大学旧金山分校医学中心等在全美排名靠前的综合性医院均位于硅谷地区，为当地居民提供了高水平的医疗服务。从医疗保障情况看，硅谷地区18-64岁居民健康保险覆盖率达到90%。

表3-12　硅谷地区知名私立中小学一览表

学校名称	类型	排名（特色）
Harker	小学到初中	在北美高中AP考试中，计算机，化学，微观经济和微积分，Harker排名全美第一，对学生的入学选择和评级以学术为重

续表

学校名称	类型	排名（特色）
Menlo	初中到高中	拥有严谨的治学传统，学校也十分注重学生的全面发展。在不到一百名的老师中，60个拥有硕士学位，10个有博士学位，还有2名法学博士
Woodside priority	初中到高中	历史悠久的天主教教会学校。坐落在斯坦福大学旁边的山谷里，独特的地理位置也使她成为硅谷贵族学校的代表之一。高中部提供寄宿服务，25%为国际学生
Basis independence school	初中到高中	2014年全美排名第二的特许中学。全新的校舍，雄厚的师资，初建校区优惠的学费
The college preparatory school	高中	华尔街日报按照大学录取率和学生大学入学后第一年成绩把这所学校列为美国私立中学前十名。小规模的班级和高标准的学术要求使学生的录取甚至难于美国的一流大学。高中的毕业生有1／3会进入常青藤联校
The athenian school	高中	平均每个班级仅有16名学生。严谨的校训和多元化的生源让这所学校备受国际学生的青睐
The nueva school	小学到高中	最注重的是培养学生的学习方法和创造性。在校生在全美中学创新比赛中获得无数大奖。申请者除了需要进行标准的学校入学申请外，还要参加IQ智商评估
Castilleja	女子学校	学校在艺术，生物，体育方面名列前茅。被福布斯和华尔街日报评为美国和硅谷最好的私立学校之一

文化科教设施完善，居民文化艺术参与度均较高。硅谷所在的湾区文化氛围浓厚，除了拥有多个历史悠久的高等学府之外，市内还有世界闻名的柯伦剧院、金门剧院以及上百家的各类博物馆和艺术馆，比如加州科学院（博物馆）、亚洲艺术博物馆、湾区探索博物馆、欧特克画廊、美国中国历史学会、美国传统博物馆、表演与设计博物馆、旧金山书籍中心等，各家的主题色彩清晰、创意氛围浓厚，而且大多数都是全年免费，为当地居民提供了丰富多样的文化体验和品赏去处，2014年，硅谷地区成人参加文化和艺术活动比例接近30%，每年在文化和艺术的人均支出接近500美元，高出全美其他地区。

公共休闲空间的人性化特点突出。旧金山地区拥有世界最大的人工公园一金门公园，设置了众多的步行道和花园，是这座城市“绿肺”，内部设有高尔夫球场和网球场等娱乐场所，还建有博物馆、美术馆、植物园等。另外，旧金山地区还有九曲花街（Lombard Street）、渔人码头、海滩等特色化的休闲场所。人性化的设计理念处处体现在了硅谷的公共休闲空间之中。

中关村：兼具国际都市、现代乡村和高科技园区的特质，人口过度集中引发公共资源供需矛盾，城市治理能力和运行保障能力亟须提升。

交通问题已成为影响城市化质量的主要症结之一。尽管北京居民公交出行比例已经接近50%，人均公共交通工具乘坐次数超过240次/年，但交通拥堵问题依然非常突出，工作日交通拥堵高峰时段超过6小时，工作日平均每天堵车约3个小时，中关村核心区所在的海淀区内的所有主干道与快速路在高峰期都超负荷运行，人均通勤时间大约100分钟。另外，中关村的停车难问题也很突出，如何满足夜间停车一车一位是最棘手的难题，更棘手的是它还将继续增长。

教育医疗资源层次高，但分布不均且供需紧张。中关村核心区所在的海淀区教育从教育资源、教育投入、政策环境到学校设施水平都在北京市乃至全国处于领先地位，但重点功能区所在的中关村北部地区与中关村核心区的教育水平差异明显。北京集聚了全国最优秀的医疗资源，但同样区域间不平衡问题突出，东城、西城和朝阳三个区聚集了全市超过一半的三甲医院。同时，北京医疗资源面向全国病患，超70%患者来自除北京以外的全国各地，更加剧了医疗资源的紧张，医疗服务质量一直被患者诟病。

科教和文化机构众多，活动丰富多彩。中关村核心区所在的海淀区是国内著名的文教区，一流高校和科研院所云集。此外，区内有305座图书馆（包括亚洲最大的国家图书馆）、19座博物馆、14所艺术院校、一批国家级文艺团体，文化氛围浓厚，活动丰富多彩。

为居民提供了丰富的公共休闲空间。中关村所在的核心区海淀区植被覆盖率高，森林覆盖率达到36%，绿地率达到50%。另外，区内还拥有公园32个，其中31个免费公园，南沙河、京密引水渠、昆明湖、玉渊潭等水域点缀其中，为居民提供了多样化的公共休闲空间。

综上所述，中关村地处首都，相对于深圳而言，在教育、医疗、文化方面的基础和优势明显，但与硅谷相比，其对多元文化的吸纳、多样化服务的提供、国际化水准等方面仍有差距，并且其在交通问题的严重性明显大于硅谷，除了更拥堵，还有停车、规划科学性等系列问题。

深圳：既有年轻城市的积累不足，又有“二线关”历史因素的影响，教育、医疗、科教等城市配套资源少且分布不均衡，但在文化服务和公共休闲空间发展规划方面创意十足，特色鲜明。

深圳近年来的城市和城际交通设施提升的速度不断加快，但交通拥堵，原特区外交通配套设施落后。至2016年10月底，深圳已有8条地铁线路建成通车，轨道交通线路总里程285公里，位居全国第三，而根据深圳市城市轨道网络的远期规划，深圳到2030年轨道规模和密度将达到与东京等国际先进城市基本相当的水准。城际交通方面，深圳已建成深圳北站、福田站、坪山站、光明城站4个高铁站，广深沿江高速、博深高速等重大通道建成通车，5小时内可通过陆路交通到达武汉、福州、长沙、厦门，两小时内可到达珠三角地区任一城市，1小时可达深港、深莞惠核心区[①]。与此同时，深圳交通也面临着不少问题，交通条件受“二线关”等历史因素影响，路网设施配置不均衡，东西向交通设施配置较少，高快速路拥堵严重。特别是东部区域交通设施配套严重滞后，龙岗、盐田、大鹏等区公交路网覆盖率相对不高，出租车供给不足，规划道路建成率、城市次干道以上等级道路密度远低于中西部各区水平，与市区的通勤时间在1小时左右。此外，近年来，深圳机动车保有量快速增长，道路车辆密度位列国内大中城市首位，尽管市民高峰期公共交通占机动化出行比例达56.1%，仍不可避免地迈入“堵城”行列，在高德地图发布的《2015年中国主要城市交通分析报告》中，深圳位列国内拥堵程

① 深圳市综合交通“十三五”规划。

度最高城市第八名，十余个路段每天拥堵时间在3小时以上，原二线关、中心区和产业园成为拥堵的重灾区[①]。

深圳教育、医疗等公共资源的供需矛盾突出，公共资源不足已严重制约城市化进程。从全市情况看，深圳的城市建设总体上滞后于经济发展，以教育、医疗、住房等为代表的公用服务资源供给水平较差，在质量和知名度上与北上广三个城市不在同一层次。在医疗方面，由于人口增长迅速，深圳人均医疗卫生资源短缺，截至2015年，深圳全市仅有11家三甲医院，平均每千人拥有床位3.4张，医生2.5人，远远低于北上广，更低于发达国家水平。原特区内外的医疗资源分布极不均衡，超过50%的医疗资源分布于占全市土地面积20%的原特区内，三甲医院也主要集中在特区内[②]。此外，深圳的医疗水平也与其经济地位极不相称，无一所医院入选中国医学科学院医学信息研究所发布的《2016年度中国医院排行榜Top100》名单。在教育方面，深圳公办学位紧缺，优质教育资源供给不足，据深圳市教育部门披露，2018年全市公办小一缺口达到6.1万个，公办初一学位缺口0.32万。幼儿园中公立的只占不到4%，远低于国家要求的30%的水平，更低于北京（70%）和上海（60%）。而高中教育更是备受诟病，公办普通高中录取率不足50%，在一线城市中排末位。而同时，深圳部分民办学校与公办学校质量差距很大，有300所幼儿园达不到区级标准，教师待遇和学历均低于广州上海北京[③]。

深圳形成了具有一定区域特色的文化氛围，在经济发展的同时更注重满足市民的精神文化需求。2017年，深圳发布国内城市首个对标国际一流城市的“城市文化菜单”，共收录了包括网球、创意设计、魔术、音乐、时装、

① 深圳全市27个片区高峰期拥堵，深圳特区报，2016.03.04，http://sz.people.com.cn/n2/2016/0304/c202846-27861172.html.

② 罗一笑事件余波：深圳遭遇医疗资源短缺阵痛，时代周报，2016.12.13，https://www.cn-healthcare.com/article/20161213/content-487950.html.

③ 深圳两会：聚焦四点教育问题 直指财政资金花不完，奥一网，2016.01.16，http://3g.oeeee.com/m.php?s=/m/mshow/ctime/1484529228/id/446602/type/html.

画展、影视等主题宽泛、国际水准、特色鲜明的品牌文化活动28项，以“图书馆之城”“钢琴之城”“设计之都”作为特色打造全市的文化品牌[①]。同时，深圳的公共文化服务下沉得很好，全市超过80%的街道和社区都建有基层综合文化服务中心。深圳文化服务最大的问题是，原特区外的公共文化服务设施规划建设与原特区内不同步、不均衡，服务设施的类别和规模差距非常显著。现有市级重大公共文化服务设施主要集中分布于罗湖、福田、南山等区域，龙华、坪山、光明等新建行政区域的图书馆、文化馆等区级基本公共文化服务设施尚缺失，新建区域的街道和社区等基层公共文化服务设施建设更加滞后，总体数量与布局密度显著低于原特区内地区。

深圳在寸土寸金的城市建设用地中保留了较大面积的生态保护和公共休闲空间。深圳是全国公园数量最多的城市，打造了“自然公园—城市公园—社区公园”三级公园体系，市民步行500米可达社区公园、2公里可达城市公园、5公里可达自然公园[②]。同时，深圳还是全国创建“国家生态园林城市”唯一示范市，共有4个自然保护区、8个湿地公园，森林覆盖率超过40%，人均公园绿地面积15.45平方米，较北京稍低（北京人均绿地面积达16.2平方米），各项森林资源和生态指标均位列国内大中城市前列。

香港：长板和短板均十分明显，一方面拥有紧密衔接国际资源和水准的教育、医疗配套环境，对全球高端人才吸引力较强。另一方面住房问题非常突出，影响青年人信心。

香港医疗体系非常成熟，在医疗水平、医疗机构多样性、人群覆盖程度等综合指标上较为均衡地处于世界较高水平。在医疗水平上，香港西医在治

---

① 深圳“图书馆之城”被授予广东省“特色文化品牌”. 深圳商报.2013.7.26，http://www.ce.cn/culture/gd/201307/26/t20130726_1140544.shtml.

② 深圳公园900多个 是全国公园数量最多城市. 深圳特区报. 2016.8.22，http://sz.southcn.com/content/2016-08/22/content_154284930.htm.

疗肺癌、肝癌、肠癌和乳腺癌等方面世界一流[①]，所采用的技术、药物、设备都能与世界先进水平同步更新，居民能享受到国际上最新最好的治疗方案。在医疗机构种类上，香港既有收费相对低廉的公立医院，也有医疗水准高、服务体验更好的私立医院，还有全科门诊、专科门诊等便民的基层医疗机构，能满足社会不同阶层的就医需求。人群覆盖的意义主要在于低收入人群是否可获得适当的医疗救助，在香港，公立医院运营经费90%以上由政府负担，需要救济的穷人，其医疗费用由政府买单，没有人会因为经济困难而得不到治疗[②]。

香港的基础教育相比北京和深圳，有更为丰富的选择，尤其是在国际学校方面。香港不仅拥有多达50多所全球著名教育集团创办的国际学校，而且学费相较内地也更便宜，如在上海和香港同时拥有分校的美国学校（SAS），其在香港的小学和中学学费相较上海便宜一多半[③]，按照香港人均收入水平，中产家庭也完全负担得起。同时，香港的国际学校起步更早、更成熟，海外名校录取率远高于内地，2019年全球统考中，香港参考人数仅为内地一半，但满分人数是内地2倍，DP[④]平均分排名亚太第一。香港国际学校的突出优势为其在全球高端人才的争夺中加分不少。

香港公共交通的优势也比较突出。香港是全球人口密度最大的城市之一，地少人多的矛盾非常突出，但交通网络效率却很高，这很大程度上归功于其发达的公共交通体系。全港每天约有1200万人次使用公共交通工具，占整体出行人次九成，比率全球最高[⑤]。香港特区政府在道路管理方面亦采用了

---

① 内地居民去香港看病升温 大湾区民生融合彰显活力. 央广深度. 2018.04.22, http://sz.cnr.cn/szfwgb/tbqh/20180422/t20180422_524207673.shtml.

② 尤蕾. 香港医疗为何能居世界前列［J］. 小康，2017，50-51.

③ 新加坡和香港的国际学校.翰林学院. 2019.9.25, https://www.linstitute.net/archives/237000.

④ DP是英文Diploma Program的缩写，意思为“大学预科项目”。DP是国际文凭组织（IBO）大学预科项目的简称，包括十一年级及十二年级。

⑤ 杨何蓓茵.香港如何解决城市交通难题.香港管理之道 纪念香港回归二十周年（2017）［M］.北京：人民出版社，2017:35-39.

重组巴士路线、电子道路收费①等方式，引导出行者尽量使用公共交通设施出行，交通堵塞得以改善。

香港公共配套的劣势方面，住房问题比较突出。有一组数据能直观反映香港人的居住状态：2016年，香港家庭住户的人均居所楼面面积中位数为15平方米②，53.5%的公屋家庭住户面积在20至40平方米之间；2019年，房屋均价超过15万/平方米，连续八年被评为“全球最难以负担得起的房地产市场”。很多低收入人群生活在连基本安全都难以保障的狭小的劏房里。近年来，香港特区政府提出一系列开发土地的提案，但又遭到反对派以环保、古迹保护等为理由的质疑和反对，住房问题迟迟难以改善，严重影响了当地居民的生活质量，尤其是大学毕业生等青年人才对于美好生活的向往和热情，激发了一系列社会矛盾。

城市配套比较小结

硅谷、北京（中关村）、深圳和香港四地在城市配套方面各有优劣，硅谷地区的教育、医疗、科教、公共休闲等方面的配套水平均远高出北京和深圳，并且非常人性化。北京虽然集聚了全国最好的教育、医疗、科教等方面资源，但受制于首都的非核心功能及资源疏解使命，本地人均资源数量较少，但其资源的高端性上仍高出深圳水平。深圳城市配套在三个地区中是最弱的，既有硅谷和北京共同的交通拥堵问题，又有教育、医疗、科教方面资源滞后于城市发展需要的约束问题和原特区内外发展不平衡的问题，资源的人均占有量和层次都与前两者存在较大差距。但深圳在文化服务和公共休闲方面发展思路有创新性，形成了自己鲜明的特色，与创新型城市的定位比较匹配。香港在教育、医疗方面国际化特征鲜明，能较迅速地运用国际一流的

① 即通过在繁忙时间向使用收费区道路的驾驶者收费，令部分驾驶者改乘公共交通工具进入收费区，或于非收费、低收费时段才驾车进入收费区。

② 香港特区政府公布的《2016年中期人口统计》报告。

理念、技术、产品和资本优化本地配套水平，为市民提供丰富多样和性价比高的服务选择，在公共交通等社会治理方面也较为精细化。但香港住房问题的短板也非常突出，影响了人才（尤其是青年人才）对未来的信心。

（二）区域“软件”

1. 创新文化

硅谷：形成了体制自由、开放平等、尊重创新、宽容失败的创新文化特质。

一是区域内民主、宽松和自由的学术环境孕育了硅谷“崇尚创新”的文化特质。从某种角度看，硅谷的诞生是源于1947年时任美国斯坦福大学校长弗雷德里克·特曼提出的建立斯坦福大学研究园的设想，它使得学校、科研机构与高新技术产业进入相互促进的良性循环发展。学校和科研机构自由开放的学术氛围使得人们交流思想、沟通信息更加便利，在交流过程中思想碰撞必然会启迪新思想、新创意，这些新思想、新创意往往会演化为高新技术的萌芽和新产业的起点。斯坦福大学不仅为硅谷培养和输送了大量科研人才，也把大学这种自由的学术之风吹到了硅谷，孕育了硅谷鼎盛的学术研究、学术探索风气，再加上来自全球的优秀创新人才所带来的多元文化的交融，进一步形成了硅谷特有的崇尚创新的发展理念。

二是广泛采用的后信息时代世界观和方法论成就了硅谷“宽容失败”的文化典范。原腾讯副总裁、《硅谷之谜》作者吴军（2017）认为，工业时代的生产和管理制度主要源于牛顿力学原理的机械思维方式和相应的泰勒管理思想，比如我们所常见的流水生产线，为工业生产带来了高效率，同时也反映出机械思维指导下对可预测性的依赖，要求一切都要按照预定设想的方向发展，如果事情没有实现预期目标，就意味着方法不可行或被贴上失败的标签，反映出机械思维指导下也就难以形成真正的宽容失败的文化特质。硅谷不同于大部分的工业地区，从区域的发展历程看，其在20世纪50年代之前几乎没有什么工业基础，受机械思维的影响较小，而且其经济发展的起步阶段就是以信息产业为主，注定了要广泛采用在控制论、信息论和系统论指导下的世界观和方法论，其中一个主要做法就是依靠反应而不是预测去做事，受控制论思维方式影响的人认为，随机性无所不在，失败和成功都有着非常大的偶然性，失败的成本已经事前考虑进去，失败过的人通常具备了更多的随机应变经验和能力，成功的概率更高，正因如此，硅谷的一些公司会有对创新冒险者和颠覆者奖励的机制设计，风险投资机构也更倾向于投资有创业失败经历的再创业者。宽容失败，在硅谷不是口号，没人整天将这句话挂在嘴边，但却是落实到每个与创业息息相关的环节之中，真正成为创新生态体系的重要组成部分。

三是已深入人心的契约精神是硅谷人真正做到“平等开放”“不迷信权威”的基石。在硅谷，无论职位高低，人与人之间相对是平等的，几乎所有员工工资以外的福利待遇都是一样的，高层管理者也并没有太多的特殊照顾，不论是公司高管还是基层员工，下班后都可以“走到一起，喝上一杯，传传谣言，自吹一番”（钟坚，2002）。这种相对平等的关系的存在，根本原因在于硅谷的公司与人之间、人与人之间特别是上级与下级之间是一种新型的契约关系，员工与公司之间的关系不同于大多数传统企业的隶属关系，特别是广泛采用的期权工具，使得两者之间成为一种平等的合作伙伴关系。有了平等，才不会迷信权威，才会有真正的开放，才能充分吸纳各种创新思想。硅谷许多公司每天都有“多面手”会议，讨论和评价一些有创意的想法，从中提炼和转化出一些新的技术手段和商业模式。

四是对叛逆的足够宽容催生了一代又一代更加优秀的企业，推动硅谷实现持续繁荣。根据惯性理论和控制论思想，当一个大公司的组织架构不断进行“局部”优化以适应现有业务结构的时候，它就很难再适应新的业务，放大到一个地区，也就扼杀了该地区持续创新的动力。无论是在法律上还是在社会上，硅谷对叛逆都给予了足够的宽容，而正是这种叛逆的力量起到了打破这种惯性的作用，在现有企业的基础上孕育出更加优秀的企业，破坏了现有的市场结构，从一个全新的视角和维度推进产业的全面优化，维持一个地区的创新活力和持续繁荣。从“八叛徒”离开肖克利半导体公司成立仙童公司，再到这八个人离开仙童，创造出整个半导体产业，无不显示出叛逆的特性，大量人才的流失和竞争对手的出现，虽然对仙童公司是个致命打击，但对硅谷的持续繁荣无疑是个福音。

硅谷全球竞争力的获得所依靠的是区域整体优势的发挥，而硅谷文化已成为硅谷难以复制的核心优势。从20世纪40年代至今，硅谷始终是全球最为活跃的创新热土，数十年英豪辈出，尽管其中有成千上万次失败，但也造就了惠普、英特尔、苹果、思科、Google、Facebook等全球性的创新企业，在引领了半导体、IT和互联网技术之后，继续在虚拟现实、自动驾驶汽车、机器人、人工智能等前沿科技方面引领人类技术的发展方向。

中关村：“鼓励创业，宽容失败”是中关村创新文化的精髓。

中关村“鼓励创业、宽容失败”的创新创业文化，与硅谷的“失败者不受责备，有时公司也给失败者授奖”的传统有几分相似，这种对于失败的宽容使得中关村人更懂得珍惜从失败中得到经验教训，这一点比从成功中积累到的经验来得更为深刻，学到的东西也更多。

中关村发展的过程就是一个不断创新的过程，包括突破计划经济体制，探索“两不、四自”原则①，规定“三免三减”②，实行“1+6”先行先试政策③，

① “两不、四自”是指不要国家编制，不要国家投资，自由组合、自主经营、自筹资金、自负盈亏。

② 1988年5月10日，中关村试验区成立后规定，新技术企业可以在成立之日起，3年内免交营业所得税，后3年营业所得税减免50%，这项政策被简称为三免三减。

③ “1+6”先行先试政策：1是指搭建中关村创新平台，6是指在中关村示范区先行先试六项具体的政策，一是关于在中关村示范区中央级事业单位开展科技成果处置权和收益权的改革试点，二是开展股权奖励的个人所得税的试点，三是制定中央单位的股权激励审批的实施细则，四是开展科研经费项目改革的试点，五是要探索建立统一监管下的全国性的场外交易市场，六是要在示范区完善高新技术企业认定的试点。

探索管理创新，批准建立中关村科技园区等，不断推进园区发展模式创新。

中关村的2万家创新企业、200万创新创业人才，上地信息产业基地、中关村软件园、中关村西区、中关村科学城、未来科技城等创新功能区，以及在中关村诞生的联想、百度、新浪等知名企业，产生的汉卡、超级计算机、非典疫苗等重大创新成果，都展示着中关村创新创业文化魅力和蓬勃的发展活力。

香港：多元文化与功利主义。

由于特殊的历史原因，香港一直是中西方文化交融汇聚的前沿阵地，拥有最为自由开放的文化和思想。香港是岭南文化的重要传承区域，作为资本主义经济萌芽较早的地区，具有浓厚的商业意识和开放进取精神。再加上近代香港被英国长期殖民统治，吸收了西方的文化元素，日益形成了多元化的文化氛围。香港作家陈冠中曾这样诠释“香港文化”：来自中国内地不同省份的人以及少部分外国客，聚集在一个荒岛之上，以“香港人”的名义生存下去，多种文化相互融合、长期碰撞，最终形成了作为“香港人”特有的文化，也就是我们常说的“港味儿”[①]，这里既有来自西方的赛马文化，又有广东传统的粤剧文化，还有本土的“岛文化”，以及衍生于各种交融文化的“次文化”，如巴士文化、旺角（Mong Kok）文化等。这种聚合多民族、多信仰、多年龄、多阶层的文化与硅谷一样，有着很强的包容性，对世界各国人才有着强烈吸引力。

在岭南文化的拼搏进取精神和香港土地空间奇缺所导致的高效率和高周转原则结合作用下，香港人具有勤奋、拼搏、务实的精神，追求快节奏的工作和生活，这种高效的文化为香港赢得了很强的竞争力，使得香港人均GDP跻身发达地区行列。在瑞士洛桑国际管理发展学院发表的《2018年世界竞争力年报》中，香港“政府效率”和“营商效率”两项指标均连续4年排名全

---

① 香港真的是“文化沙漠”吗？，新华网，2015.03.27，http://m.haiwainet.cn/middle/3541068/2015/0327/content_28571725_1.html.

球第一[①]，区域综合竞争力全球第二，仅次于美国。

但香港对于效率和功用的过分看重，也造成了浮躁的风气和紧张的氛围：一方面，企业追求短期投资回报，多分布在转口贸易、金融业和房地产业，而对于投入多、风险高、回报长的高新技术产业领域涉足较少；另一方面，“快文化”使得企业科研人员无法潜心做科研，也难以充分释放创新思维和灵感，创新能力逐渐下降。在由世界知识产权等机构共同发布的“2016年全球创新指数”中，香港排名（第37位）已远低于昔日的竞争对手新加坡（第6位）。

深圳：移民文化孕育了特有的“深圳观念”。

深圳是中国年轻的移民城市，移民文化是深圳创新文化的源泉。作为一个人口近2000万的大都市，深圳本地原住民不到50万，95%以上的人口都是新移民。来自全国各地的移民带着各种各样的动机和梦想来“闯深圳”，也就意味着对原有生活的“不满足”，丢掉自己原有的某些旧的文化习惯，“告别传统”，因此，如果说深圳这个地域有其独特基因，那么这个基因的密码应该是“不甘平庸”“勇于冒险”“渴望成功”。与硅谷类似，深圳的移民文化带有很强的包容性，这就为区域内的文化和思想的交流碰撞提供了充足的养料，为创新提供了更多可能。同时，各地来深的移民背后所牵连的网络可以形成“章鱼”模式，能够利用其发达的触角快捷高效地抓取国内外各种资源和信息，提高了创新的效率和成功率。此外，深圳文化中还有一点其他城市无法复制的经验，即深圳是国内唯一几乎没有“人情关系”的社会，经济特区成立以来的第一代“深漂”来自五湖四海且普遍年富力强，深一代、二代和正处幼年的三代们尚没形成盘根错节的人情亲情社会关系，因此，深圳创新创业者更相信依靠自己的实力成事，人们之间也更多基于市场契约关系

① 香港竞争力获评全球第二，新华网，2018.05.24，http://www.xinhuanet.com/gangao/2018-05/24/c_1122884150.htm.

合作，社会整体的价值观和效率比较先进。

在“深圳观念”的引领下，科技创富已经成为普遍价值取向，创新创业激流充分涌动，2018年深圳市国家高新技术企业累计总量达到1.44万家①，纳入科技部火炬中心统计的科技型中小企业入库数13961家，数量居全国城市首位，一批创新型企业呈现跨越式发展。截至2018年底，深圳市场主体总量共311.91万户，比北京多了近100万户、比上海多了约50万户（图3-15）；每千人拥有商事主体257.1户，创业密度连续六年稳居全国第一②。大众创业、万众创新的氛围日渐浓厚。

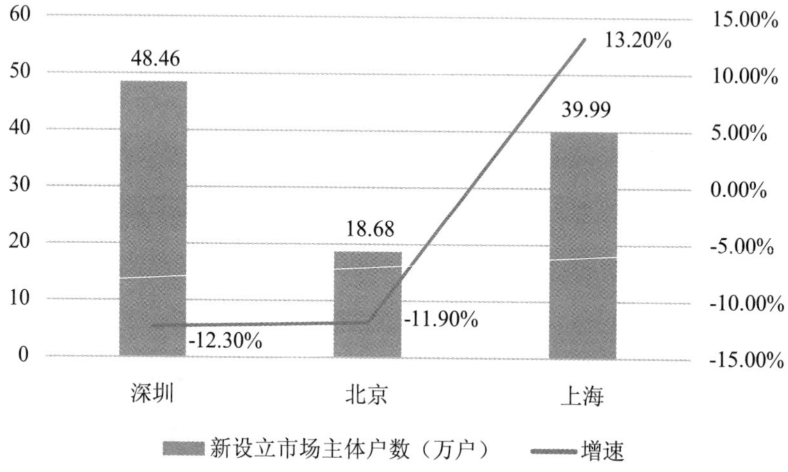

图3–15　2018年深圳与北京、上海新设市场主体数及增速对比

数据来源：各城市市场监督管理局，《商事主体登记统计分析报告》

创新文化比较小结

区域创新文化与其发展历程、制度环境、发展阶段等因素密切相关，四

① 科创板开板，深圳已有9家企业进入受理名单.南方日报.2019.06.14，http://sz.southcn.com/content/2019-06/14/content_187966263.htm.

② 2018年1-12月深圳商事主体登记统计分析报告，深圳市市场监督管理局，2019.01.18，http://amr.sz.gov.cn/xxgk/tjsj/zxtjbg/201901/t20190118_15311152.htm.

地区域创新文化存在不少共性特征，如硅谷、中关村、深圳共同的“鼓励创新，宽容失败”的包容性，硅谷、香港和深圳的移民文化熔炉的特性，同时各自也有其个性化的特点，如硅谷对叛逆行为的宽容、香港的广府文化等。

2. 企业家精神

从某种程度上看，一个区域的创新创业文化都是企业家精神的一种承载和体现。

硅谷：企业家具有后信息时代的思维方式、高超的技术实力和全球化视野。

硅谷有代表性的企业家都具有一定共性特征：首先，年轻时创业，特别是硅谷3.0时代的创业中，受工业时代机械思维影响较小，直接接受并使用信息论、控制论和系统论的思维模式，顺应了后信息时代的方法论要求；其次，绝大多数都接受过系统的高等教育，拥有较高的技术功底，是杰出的工程师，动脑和动手能力较强；再次，一开始就定位全球化、开发全世界的人们使用的产品，而且部分还属于具有世界情怀的理想主义者，不断开发出能够改变世界的产品和服务。

说到精神层次，硅谷还有相当一批创业者以创业为乐，不喜欢经营，所以不停地创办公司并卖掉再创业，享受不断创新创业带来的挑战和刺激感，拥有超脱于经济利益之上的真正的创业精神。硅谷很多创业者抱有改变世界和人类命运的宏大使命感，创业项目是很多国内创业者完全不敢想象的，比如造3D打印引擎的火箭，发射纳米卫星，压缩空气储能等项目，在国内创业者还在搞共享单车的时候，硅谷创业者已经在研究移民月球了。有疯狂想法的还不仅仅是这些创业者，还有硅谷的创投圈，硅谷的创投圈对于小创新和小改变完全没兴趣，就敢于不计回报地投资于这些充满“妄想”的改变人类命运的大项目，比尔·盖茨给硅谷一位年轻的天才物理学家压缩空气储能项目投资了4300万美元，这种几年看不到资本回报的项目在国内很难得到支持。正因如此，硅谷能够源源不断地诞生引领世界科技产业变革的大企业，并且这类企业往往成长非常迅速，是全球科技的风向标。

中关村和深圳企业家精神中更多的是吃苦耐劳、敢于冒险、注重合作等共性特征。

尽管中关村和深圳所处的地域条件、发展环境等方面的差异性较大，但两地共处于同样的文化氛围和相似的经济发展阶段，企业家精神有着更多的相通之处。

一是致富欲望是早期企业家创业的初始动力。20世纪80年代初，改革的浪潮冲击着北京的科研院所，当时民营科技企业科研人员的收入是国企和研究所的10倍以上，致富欲望驱使一批业务骨干辞去体制内的安稳工作，下海创业经商，也成就了陈春先、柳传志等一批企业家。深圳是一个移民城市，绝大部分移民为了寻找致富理想自发迁移而来，早期来深圳打工、创业并成功的企业家中都是各自寻梦，有着强烈的求富求荣欲望。

二是都有吃苦耐劳、艰苦创业、不断进取、永不言败的创业品质。中关村第一批创业人员工作条件十分艰苦，十几个工作人员挤在一间20多平方米的房子里，废寝忘食搞研发。深圳早年创业者居无定所、食无定时，拼搏拓荒，华为在创业初期，任正非带领五十多名年轻员工也是在一栋破旧的厂房中研制程控交换机。时至今日“拓荒牛”依然是深圳精神的象征。

三是都具备了强烈的冒险精神。无论是早期中关村科技人员下海创业，还是到后来的海归回国创业，都需要有走出舒适圈的勇气。深圳企业家的重要经验就是“敢闯”，不论出身和文化水平，各行各业都有敢闯敢干的人，草根创业和白领创业都是深圳创新创业的重要群体。

四是都拥有良好的团队精神和合作意识。中关村的创业者能够与高校和科研院所开展合作，各自发挥所长开展产学研合作创新，产生了诸如北大方正、清华同方这样的优秀创业型企业。深圳移民来自天南海北，在市场契约下基于共同利益结成合作伙伴，相互扶持、互相成就。

五是优秀企业家身上都或多或少具备了工程师文化。中关村的创新发动主体主要是大学、科研机构，创业企业的领军人物多为高校和科研院所的技术精英和掌握核心技术的科学家，工程师文化与生俱来。大中型民营科技企业是深圳创新的发动主体，其领军人物既是企业家，也是工程师，比亚迪的王传福也是技术“大牛”出身，正如他自己所说“我什么事情都要自己去支配，什么事情都要自己去管”。

香港：稳健、谨慎、务实，缺乏冒险精神。

香港的企业家经营风格稳健务实，不好高骛远，往往立足本业，稳扎稳打，不盲目扩张，也不盲目转型，有专注于本领域打造百年老店的长久信念。如香港维他奶集团在内地的扩张速度非常缓慢，1994年进入内地华南市场后，直到2015年才开展华中地区布局，但其进军内地的每个市场都深耕细作，每个市场占有率都在稳步提高，业务扩张缓慢但稳健，渠道、品牌、现金流、利润控制得非常好。

另一角度看，香港企业家追求在本行业的深耕细作和长久发展，限制了其根据市场热点及时转型的思维，老企业家不能按照市场需求及时转变经营策略，开发出新的业务领域。同时香港企业家、青年创业者过分追求稳健谨慎，对于风险过度厌恶，使得高风险的科技创新行业少有人涉足，创新创业氛围不浓，“High-tech揩嘢，Low-tech捞嘢”①（意思是搞高科技就会失败，搞科技含量低的就能赚钱）这一流行俗语可以反映出部分香港人对于高科技行业的共同认知了。

企业家精神比较小结：

与硅谷企业家精神相比，中关村和深圳的企业家往往更着眼国内，具有

① 香港，你为何失去了企业家精神？，第一财经APP，2014年。

国际视野的不多，更少有改变世界的情怀而更多是立足眼下的现实需求。现阶段深圳创业的企业家所具备的教育背景和创新能力比以前有了很大提升，如大疆、优必选的创业者汪滔和周剑分别是电子计算机系和机器人系的优等生，具备一定的国际化视野和工程师技术，了解全球技术前沿并能通过科技创新改变世界格局。中关村和深圳企业家创新创业比硅谷更有挑战性的地方在于，企业家不仅只专注于技术创新和产品创新，往往还要突破体制机制束缚，因此，其创新创业的历程相比硅谷更加艰辛和曲折。

3. 创新网络

狭义上讲，创新网络是由区域内企业、大学、研究机构等各类创新组织组成的一种动态开放系统，本部分将重点分析四地创新网络背后的运行机制。

硅谷：以军方需求为初始牵引、发达中介服务和广泛社会关系网络为润滑、活跃的技术转移为动力，构建了硅谷创新网络运行机制的基本架构，而开放式创新战略则进一步延伸了创新网络边界。

军方需求和政府支持的基础研究是硅谷创新网络运行的初始牵引力。硅谷以20世纪50年代承担国家军事高科技研发项目为起步逐渐发展，美国国防部、能源部、航天航空总署等部门为硅谷提供了第一桶金。

硅谷地区的企业家和创新企业的最大贡献在于将政府资助的基础研究成果进行应用为导向的技术开发和转化应用，推进科研成果在不同产业领域内进行创造性的商业化应用和扩散推广。

以发达的风险投资为代表的中介服务和广泛的社会关系网络是硅谷创新网络运行的润滑剂。风险投资中介服务方面，硅谷拥有全球最完善、最活跃的风险投资体系，有数以千计的风险投资公司和中介服务机构，推动科研成果从高校和科研院所走向企业和市场，支持创新型企业发展壮大。早期，硅谷风投的成功更多的是依靠合伙人的眼光，后来慢慢形成了一种风投制度和生态环境，比如“投资就是投人”“广种”“双倍砸钱”等，从阿瑟洛克、克莱纳、帕金斯、瓦伦丁等硅谷风投教父，到凯鹏华盈、红杉资本、NEA、软银、DST等知名风投机构，一代接一代的传奇人物和风投公司续写着一个又一个投资神话，硅谷的风险投资也从个人带有随意性的投资行为转变成为规范化的产业，风险投资的成功也已成为有规律可循的常态。

各类协会、联盟组织也在政策协调、促进信息交流和创新成果商业化方面起到重要作用，比如1977年由5家公司建立的半导体工业协会（SIA）、1970年成立的半导体设备和材料协会（SEMI）等，这些组织将企业、政府、高校、科研机构、风险投资、人才等各类创新要素串联起来，形成协作关系和分工网络。

技术转移是推动硅谷创新网络运行的重要动力源。美国在推动技术转移方面做了一系列制度探索，在1981年通过《拜杜法案》，调动了高校师生进行成果转化的积极性。而后，又通过《小企业创新发展法》《国家合作研究法》《联邦技术转移法》《国家技术转让竞争法》等一系列法案保护知识产权、规范技术转移行为、鼓励技术转移探索。由于政府政策的支持、鼓励及相关立法的保障，硅谷在发展过程中形成了紧密的产学研合作体系，斯坦福大学不仅为企业提供技术支持，还帮助其培训人才。更重要的是，大学、科研人员、风险投资家可以比较放心大胆地投入到基础研究的商业化应用，而不用担心“国有资产流失”或者侵吞“集体知识产权”的罪名。

开放式创新战略大大扩展了硅谷创新网络的边界。2000年左右，硅谷企业与国外合作的专利数所占比重在6%-7%之间。而后近20年间国际合作不断加快，国外合作专利占比快速上升。总体上看，从20世纪90年代初至21世纪头几年，硅谷地区创新主体与国外合作的专利在比重上增长了一倍多，在数量上则增长近5倍。

中关村：已初步构建多层次的创新网络，但产学研合作机制以及关键创新节点间的衔接有待提升。

目前，中关村已建立起政、产、学、研、用、金、介齐备的创新网络，并逐步形成了具有非线性、复杂性和系统性特征的内在运行机制。

中关村边界清晰的政府、市场和社会关系是其创新网络的重要保障。中关村不断推进市场化改革，市场和社会这只“无形的手”在创新网络资源配置中基础性作用越来越明显，从而推动“物质”和“能量”无障碍、有序地流转，进而不断产生新的创新创业企业，保障创新网络持续运行。

高效的创新创业服务体系是其创新网络的连接者和润滑剂。中关村在核心区着力打造“一城三街”，即中关村软件城、创新创业孵化一条街、知识产权与标准化服务一条街、科技金融一条街，创造了完善的创新创业服务体系①。

内部统一的协调机制是其创新网络的运行保障。在中关村创新网络中，建立起了科技、金融、人才、咨询、服务等各创新要素都能发挥作用的协同机制，建立起统一的知识共享、收益分配、相互信任、治理完善的协调机制，各类创新活动自由组合，各取所需、各得其所。

但是，中关村在创新网络中仍存在一些短板，以企业为主体的产学研合作机制尚待完善。一是企业尚未真正成为技术创新的主体，2016年，政府所属研究机构R&D经费支出占北京全社会R&D经费支出的比重将近一半（49.2%），高校R&D经费支出占比10.8%，二者合计占全社会R&D经费支出的60%，企业R&D经费占比仅为37.8%②。二是产学研合作的深度有限，区域创新资源效能尚未得到最大程度的释放。中关村产学研结合中合作协议对

① 中关村核心区打造“一城三街”. 人民网.2015.7.30，http://bj.people.com.cn/n/2015/0730/c82840-25772278.html.

② 北京研发投入数据分析：研发经费投入占GDP比重的5.78%（附图表），2017.12.27，中商产业研究院，http://www.askci.com/news/finance/20171227/103246114873.shtml.

责、权、利界定不清，导致双方在知识产权的共享与保护、价值的评估及责、权、利分配等方面易产生纠纷；从立法和制度上缺乏对知识产权等科研成果转化收益分配的实操性规定，直接影响了产学研的深度、广度和效率。三是创新网络上的各个关键节点之间的衔接不畅。由于科技成果转化的制度和政策障碍仍然存在，再加上信息通道的阻塞和转移渠道的不顺畅、技术转移中介机构的缺位，促进协同创新的机制体制尚未完全形成，使得大量科研成果还沉淀在高校、科研院所，知识创新与技术创新之间的有效沟通通道还未完全建立，各创新体系之间缺乏有效衔接。其中，技术转移是薄弱环节，技术转移经纪人缺乏。高校技术转移工作一般设立在大学科研处，而由于没有激励技术转移工作的机制，科研处人员流动性较高且在高校中处于“边缘化”生存状态，不利于知识产权运用与技术转移。同时，高校在解决技术集成问题、技术成熟度问题方面的研发性工作不足。这使得中关村尽管某些领域拥有国际领先的研发创新能力，但创新成果的产业化能力仍然比较薄弱。

深圳：已初步建成开放式的创新体系和生态。但与硅谷相比，在高端研发资源、创业活力、科技金融、体制机制方面仍存在明显短板。

近年来，深圳实施了一系列以科技创新为核心的全面创新举措，对科技体制改革进行了全面深化，科技创新生态体系得到显著完善，七大战略性新兴产业体系确立并发展迅猛。但与硅谷、波士顿和以色列这些国际顶级的科技创新中心对比，深圳仍存在以下几方面短板：

一是重大、高端、开放的科技基础设施布局不足。深圳近年来加速了国家级重大科技基础设施的引进落户，先后建设了国家超级计算深圳中心、大亚湾中微子实验室、国家基因库、鹏城实验室（深圳网络空间科学与技术省实验室）、深圳湾实验室（生命信息与生物医药广东省实验室）等重大科技基础设施，以及在光明科学城规划布局了脑模拟和脑解析、合成生物等大科学装置，但重大科技基础设施的数量、学科领域集中度、布局合理度等不及北京和硅谷，已有的创新载体基础科研设施未能向产业界实现最有效率的开放共享。二是引领性、源头性、基础性创新不足。深圳目前创新更多来源于产品创新、应用创新和工艺创新，即便是已占据全球七成出货量的智能手机产业，其创新源头也在苹果等公司，在智能手机的零部件中，芯片、摄像头等技术主要还靠进口，这种重应用创新而轻理论创新的结构很大程度上与深圳的自主创新体系有关。三是国际化、尖端化人才队伍缺乏，高端人才培养和输送的潜力不足。截至2017年10月底，深圳累计认定国内外高层次人才9604人，全职两院院士26人，国家“千人计划”人才274人，与北京有较大差距，全市海外高层次人才中，只有6.8%为外国国籍人员，目前尚无国家“双一流”建设的高校和学科。四是创新创业活力和实力与硅谷还有一定差距，突出表现在高成长型创新企业数量较少。与硅谷、中关村相比，深圳类似“独角兽”“瞪羚企业”等高成长型技术创新企业数量和增长速度相对落后，骨干企业资源比较缺乏。五是科技体制机制障碍尚未完全破除，未能最大程度激发企业主体的创新活力。深圳部分现有支持基础科研的政策和制度缺乏可落地实施的管理办法及相关配套细则，知识产权保护与公共财政支持下的知识成果共享之间难以平衡，政府对国际学术交流的支持较少，科研诚信体系、容错机制、科学伦理监管体系有待健全，需要继续推进科技体制机制的改革创新，积极借鉴美国有益经验，理顺科技创新及成果转化间各链条关系，最大限度发挥创新主体活力。

香港创新生态正在逐渐完善，但仍存在着要素不完整和要素间缺乏协同等问题，通过粤港澳大湾区建设，这一问题将逐渐消解。

香港作为全球金融中心，在金融与科技创新的结合方面有着最有利的条件，但民间资本对风险较高的科技行业兴趣不高，更倾向于投向房地产领域。近年来，香港特区政府采取了一系列措施，积极推动金融与科技创新的结合，为鼓励民间资本加大对科技型初创企业的投入，香港特区政府启动了

20亿港元的“创科创投基金”，对投向本地科创初创企业的私人风险投资基金给予配套支持。社会资本也逐渐看好香港科创环境，红杉资本与香港教授联手创办了香港X科技创业平台，阿里巴巴集团也在香港设立并启动了10亿港元的创业者基金。

除了科技金融的引导支持外，香港特区政府和民间组织还为本地科创人员提供各种社会资源联结通道。香港初创企业协会为初创企业举办初创产品展示日，团结香港基金会开办创科博览会，帮助初创企业和项目对接资本和合作伙伴，还为本土初创企业提供商业技巧培训、实战经验、人脉拓展等增值服务。

除此之外，香港本地的高校资源和人才资源丰富，税收等政策制度优势明显，司法环境和营商环境优越，这些都为香港成为国际创新中心提供了有力支撑。但从创新网络来讲，香港的创新网络还存在着要素不完备、要素间缺乏有机协同等问题，突出表现在，香港的创业成本高昂、科技创新型企业体量小、创新成果应用市场小、缺乏制造配套等，不足以承载创新人才和转化高校科研成果，也不利于从应用端向上打通整个研发创新产业化链条，高校的源头创新成果难以在本地转化为经济效益。但随着粤港澳大湾区的推进，深港合作进一步加强，香港创新网络中创业成本高、企业资源稀少、制造环节缺失和市场空间不足等问题，将通过两地创业空间和资源共享、产业链上下游企业合作、共同开拓更广阔腹地而逐渐消解。

创新网络比较小结：

创新创业中介服务水平的差异直接影响创新网络运行效果。深圳在行业联盟、协会、学会等创新平台组织的聚集程度和发展水平方面，与中关村、硅谷相比仍存在差距，未来可发展空间较大。比如深圳已组建14个创新联盟和8家国家级技术转移示范机构，北京已组建的产业技术联盟超过140家，已聚集50家知名技术转移机构。

香港在创新网络中存在的部分问题可通过深港双方在创新网络资源方面的互补和强化合作得到化解，促进两地间创新资源的高效流动是强化两地协同创新的根本。

4. 创新制度

由于硅谷、香港、中关村、深圳所处的社会制度环境存在较大差异，各自在创新制度方面的重点领域和主要做法有所不同，下文对硅谷、香港的分析侧重于法律和政策层面，对中关村和深圳侧重体制机制层面。

硅谷：以营造公平竞争的市场制度环境和法律环境为主。

硅谷之所以成为创新和创业的沃土，与硅谷地区宽松的制度环境有着根本联系，其所在的加利福尼亚州的法律环境更为宽松，对商业秘密保护的法律（主要用于防止雇员辞职时泄露公司商业机密）相对灵活，有利于人才的自由流动和信息的传播、共享。

在全球率先实行了股份期权制度。硅谷率先创造了能够最大程度激发人的创造力的系列制度，如传统的资本主义社会是由资方获得大部分剩余价值，硅谷却创造出了一种相对公平的利润再分配方式，就是通过股份和期权让每个人获得他所应得的那份财富，这个重要制度使硅谷成为创造百万富翁最快的地方，这吸引着全世界的英才来到这里[①]。再比如，硅谷在合伙人共同成立公司时，除了现有几个合伙人每人占股外，允许预留一定比例的股份给未来的加入者，以吸引科技人才加入该公司，这种灵活的股份期权和分配方式的制度安排，构成了先进的生产关系，极大地调动了创新创业人才的积极性。

拥有完善的版权保护法律法规体系。首先，美国政府制定了完善的相关法律法规，保护专利技术，推动技术转移，包括联邦政府在1986年通过的

① 学习硅谷时，我们该学什么：硅谷式创新的制度背景，钛媒体，2014.09.04，https://www.tmtpost.com/499792.html.

《联邦技术转移法案》及地方政府为支持硅谷发展颁布的地方性法律和法规，且这些法律法规随着高科技事业的发展不断修改完善，对硅谷成长起到了极大的促进和政策导向作用。其次，美国较早加入最基本的版权保护准则——伯尔尼版权联盟，使得硅谷从建立之初就有比较强的版权保护意识。再次，“硅谷—斯坦福”模式的中介服务组织——OTL技术转化支撑体系成为高科技产业园保护专利的有效途径。

拥有保护叛逆的法律保障和广泛的社会认知。从法律层面来讲，加州的公权力（以法庭为代表）和民意（陪审团）对叛逆比较宽容，政府甚至禁止公司之间私下里达成相互不挖角的君子协议（吴军，2016）。从社会认知来讲，硅谷的风险资本对叛逆也比较鼓励，这符合风险资本的利益和信条（风险资本不断寻找有潜力的初创公司投资），因此他们不仅为初创公司提供资金，还帮忙联系资源嫁接。如今在硅谷，还出现一种风潮，就是公司内部设立风投基金对员工创业进行股权投资，以最大化掌控企业内部创新资源。

政府政策扶持发挥重要作用。美国联邦和加州政府在硅谷发展中发挥了重要作用，多体现在间接为区域、为产业创新发展提供发展环境和支撑方面。一是国家科技政策的宏观推动。在发展的不同时期，美国政府制定了各类科技政策，从强调政府在基础研究方面的责任到鼓励技术开发和商业化应用，通过联邦立法来增强私人产业部门研发的积极性，还制定了具体的研发投入和税收等政策来促进科研单位和企业的研发创新。加利福尼亚州和圣荷塞市部署了专门的科技政策、创新发展政策，致力于为硅谷高技术企业提供全年、全时段的服务，为企业的创新发展提供了适宜的制度环境。二是政府采购政策的直接支持。在早期硅谷发展中，政府采购尤其是军方采购发挥了重要作用。据统计，1955年至1963年期间，硅谷半导体产业35%到40%的营业额来自政府采购。三是人才引进的制度安排。美国政府历来重视对外部人才资源的引进，通过制定宽松的技术移民政策、国外留学生政策、实施H-IB签证计划等途径，汇聚了大量的高素质人才，为本国高技术产业发展提供了丰富的人力资源，硅谷地区每年引进人才约占美国H-IB总配额的43%以上。

中关村：始终坚持体制机制创新，从政府主导向政府引导、市场主导、社会参与的联合治理转变。

中关村结合园区、企业发展的实际需要，不断深化体制机制创新，积极促进政府管理和服务转型，为园区企业营造良好的创新创业的制度环境，形成了园区持续发展的强大保障。

以立法形式为区域创新发展明确基调。在2000年颁布出台的《中关村科技园区条例》，采用法无明文不为过的国际法理，明确只要法律没有禁止的，在中关村都可以尝试。2010年底出台《中关村国家自主示范区条例》，提出支持有利于自主创新的制度、体制和机制在示范区先行先试，明确了中关村科研制度创新的基调，成为国家自主创新示范区的首创。

注重实施针对性支持措施。从针对中小企业发展过程中经常遇到资金短缺的掣肘，到推动产学研用一体化承担重大科技项目，再到改善融资环境、组织形态创新和知识产权保护，以及支持企业国际化发展、吸引和聚集人才等方面，几乎全部覆盖，政策具有较强的创新性和较广的适用性，基本上为各类创新主体均提供了相应的支持政策。

积极推动政府服务转型。基于我国国情，中关村发展过程中政府作用的强度和范围远远超过硅谷，园区法律法规、政策制定、招商引资、发展规划、产业培育、平台搭建、园区管理、基础设施建设等均由政府主导完成。尤其在中关村成立初期，政府的强力主导及一系列重大法规及体制机制突破性政策的制定，极大地释放了中关村的创新活力。随着中关村创新进程的加快，市场在推动其创新发展中的作用不断增强，政府积极协调市场主体来主导创新方向、配置资源、选择攻关项目、组织创新行为、推进成果转化的局面正在形成。而政府服务逐渐向以提供公共服务和改善环境转变，以平台服务、资源整合及创新创业环境完善为重点。

深圳：区域创新政策体系正在逐步构建，政府的一系列创新政策更多分布在创新要素集聚和创新生态营造方面，日益弱化对市场主体创新活动的微观干预和影响。

深圳创新政策和制度环境不断完善。与中关村类似，深圳市政府在区域创新体系中扮演着积极作为的角色，尤其随着深圳国家创新型试点城市及国家自主创新示范区的批复，深圳市在创新载体建设、创新人才引进、科技金融服务、体制机制改革、企业创新能力建设、区域创新合作等方面出台一系列政策与重大举措。在产业方面，出台《关于增强自主创新能力促进高新技术产业发展的若干政策措施》；在人才方面，出台高层次人才队伍建设“1+6”文件体系，提出建设“人才特区”五大战略及“孔雀计划”等；在知识产权方面，全国率先推出《深圳市知识产权战略纲要》和《深圳市标准化战略实施纲要》及相关实施意见等；在体制机制方面，制定《深圳经济特区科技创新促进条例》《深圳经济特区技术转移促进条例》等地方法规等。特别是，2016年深圳市在促进科技创新、支持企业提升竞争力以及促进人才优先发展方面的政策支持力度空前①。

政府与市场的边界更加清晰。2018年以来，深圳陆续出台的科技政策更

① 2016年3月，深圳市出台《关于促进科技创新的若干措施》《关于支持企业提升竞争力的若干措施》和《关于促进人才优先发展的若干措施》三个方面的重大举措，支持力度空前。其中《关于促进科技创新的若干措施》共62条措施，其中47条属于新增政策，15条在原有政策基础上加大了支持力度，比如鼓励海外高层次人才创新创业团队发起设立专业性、公益性、开放性的新型研发机构，予以最高1亿元的支持。《关于支持企业提升竞争力的若干措施》共包括支持企业做大做强做优、支持企业提升创新能力等8个部分、37条措施，比如，对首次入选“世界500强”企业给予3000万元奖励，对首次入选“中国500强”企业给予1000万元奖励；市属国资发起设立规模为1500亿元的混合型并购基金，支持市属国有企业开展并购重组等等。《关于促进人才优先发展的若干措施》共有20个方面81条178个政策点，不仅加大财政支持力度，每年市级财政的用于人才工作的预算将达44亿元，新增23亿，并且在释放市场活力和发挥用人主体积极性方面有较大突破，这为高端创新要素的引入创造了有利条件。

偏向于市场失灵的科研领域，而在市场为主体的科研领域，则更多地下放和让渡管理职能，强调政府服务职能。深圳出台的《深圳市科技计划管理改革方案》（深府〔2019〕1号）中提出，将每年市级财政科技专项资金的30%以上持续投向基础研究和应用基础研究。随着科技投入重心向基础科研不断倾斜，应用型研发的财政投入资金势必有所缩减，这反映出政府科研支持的一种结构性调整和重心性调整，将市场能解决的归还于市场。同时，在市场机制发挥健全的创新领域，政府不断下放管理职能，如扩大科研自主权，下放科研立项权，以及对课题结题代替验收等思路的调整，也反映出深圳市政府正在积极向服务型政府的转型探索。

深圳对创新人才的政策支持面更广。相比于北京对高精尖人才的格外恩宠，深圳更强调创新人才的普惠性支持，政策受益对象不仅包括高精尖人才，也涵盖了专业领域科研人才和技术人才。深圳既有针对高精尖人才的“孔雀计划”，也有深圳市高层次专业人才计划、留学人员计划、产业发展与创新人才计划、博士后计划以及技能精英、鹏程工匠计划等，更有惠及各个层次的人才租房和生活补贴、来深创业补贴。深圳2018年发布的《关于深化住房制度改革加快建立多主体供给多渠道保障租购并举的住房供应与保障体系的意见》更是惠及各类收入水平的居民和专业人才群体，努力破解城市高房价带来的人才安居难问题，意见指出，从2018年起，新增居住用地中，人才住房、安居型商品房、公共租赁住房用地比例将不低于60%。

香港：“一国两制”下更大的政策自主权限，以及国家政策的大力支持，为香港赢得了独特的科技创新制度和政策优势。

“一国两制”的特殊制度提高了香港科研支持政策的灵活性。尤其是在税制方面，香港更有着内地城市无法比拟的优惠政策。为了鼓励全社会增加研发投入，香港出台了300%的税收优惠政策，即企业首200万元研发开支可获三倍的扣税，余额可获得科研开支两倍的扣税，扣税额不设上限。同时，规定企业首200万元利润税率由16.5%降至8.25%，以鼓励更多企业在香港进行研发，推动科技创新及经济发展。

香港政府财政预算案对创新的扶持力度进一步空前加大。2018年，香港政府财政预算案对科技发展的支援在2017年预留的100亿港元基础上额外预留500亿港元，用于发展落马洲河套地区“深港创新及科技园”第一期、注资创新及科技基金、建设医疗科技和人工智能及机械人科技创新平台、改善科学园设施及加强支援园内企业。

香港加入创新人才争夺战。一方面积极引进人才，出台为期三年的科技人才入境计划（先导计划），计划首年引进海外或内地人才1000名，集中在机械人技术、人工智能、网络安全、大数据、材料科学、生物科技等高科技领域和金融科技领域[①]。另一方面，加大对本土人才的培养，积极推动创新科技教育，设立了STEM教育中心支持中小学推行STEM教育，推出“博士专才库”计划，对聘用博士后专才的机构给予150万资助，通过“再工业化及科技培训计划”，资助企业人员接受高端科技培训。

此外，香港作为特区，受到国家财政大力支持。中央明确表示支持香港成为国际科技创新中心，在科研经费和政策资源上给予大力支持。近年来，国家大力支持香港建设国家级实验室，已建成16家国家重点实验室、6家国家工程技术研究中心香港分中心，截至2018年5月，香港22家国家级的科研实验室已获批人民币2200万元[②]。同时，科技部、财政部于2018年5月印发了《关于鼓励香港特别行政区、澳门特别行政区高等院校和科研机构参与中央财政科技计划（专项、基金等）组织实施的若干规定（试行）》，放开香港科研机构参与申报中央财政科技计划项目的权限，香港科研机构无须通

① 打造国际创新科技中心 香港“痛”并“奋发”着，南方都市报，2018.05.24，http://epaper.oeeee.com/epaper/A/html/2018-05/24/content_28856.htm.

② 屡有大动静！国家支持，香港发力，科技创新在香港将迎大发展！东方新闻，2018.5.19，http://mini.eastday.com/a/180519031040843.html.

过在内地办分支机构，或与内地机构联合的方式申请，科研经费可过境香港使用。

香港法治完善。香港是全国唯一推行普通法的城市，普通法在国际市场，尤其是英美市场的商业合同中应用较广，受到大部分国际市场接受，因此，香港仲裁机构在国际商业合作中的仲裁结果受到普遍认可，国际商会国际仲裁员已在香港成立分处。同时，香港执法严格公正，任何人都必须接受法律监督，出了问题都要接受法律审判。此外，香港对于知识产权和数据隐私等有着非常严格的法律制度，为保障商业和创新活动的开展提供了安全的法律环境。

创新制度比较小结：

由于体制不同，硅谷在制度环境方面拥有更多的灵活性，对企业而言得到的更多的是软环境方面的支持，政府一般不会对企业、机构和个人给予特别的政策支持。中关村的体制机制和政策创新方面在国内处于领先地位，对企业的直接支持细致入微。深圳市场机制发挥得更充分，出台的一系列创新政策在激发市场创新内在活力和加强政府外部引导之间实现了较好的平衡。香港制度环境特殊，“一国两制”的高度自治权和中央政策的特别关照，给香港创造了有利的制度环境。

中关村创新发展历程中最大特点在于不断突破体制机制障碍。依托粤港澳大湾区建设，深圳在体制机制方面可联手香港共同向国家申请政策，突破空间较大，这也将是深圳在创新发展方面可能实现的主要亮点之一。

当前深圳创新服务以政府主导的制度建设和环境营造为主，致力于减少资源要素及企业发展的外部束缚。但与硅谷、中关村相比，在推动社会主体协同创新服务方面还有一定差距，如目前区域产业联盟、协会等主体创新服务能力尚未充分发挥等。深圳应加快完善各类创新要素的流动机制与环境，引导各类创新主体间广泛深入合作。

5. 政府作用

本部分将通过对政府架构、管理模式、政府职责、角色定位等方面的分析，探讨四地在以上方面的共性特征和个性特点，挖掘四地政府在营造创新生态环境方面所发挥的作用及其背后体制机制原因。

政府架构及管理模式比较：

美国实行的三级政府架构支撑了硅谷地区的地方高度自治。美国实行联邦政府、州政府、地方政府三级政府架构，州以下的县、市、村、自治市、镇、乡、学区、特别区等都属于地方政府，形式多种多样，名称千差万别，但都高度自治，各级议员、总统、州长、市长等均由选举产生，各级政府拥有独立的管理权和政策主导权，各级政府之间不存在领导与被领导的关系，各级政府也没有类似GDP等方面的考核要求，不会为了迎合联邦政府而无条件地调整地方政策，仅需要对各级选民负责。正是这样的行政管理体制，才会在美国联邦政府完善的版权保护法律法规体系下，出现政府保护叛逆的“另类行为”。

中关村以政府派出机构的特殊身份实行市区双重领导体制。中关村目前实行“双重领导、以区为主”的领导体制，中关村管委会对各分园的整体发展规划、空间规划、产业布局、项目准入标准等重要业务实行统一领导，区政府对所属分园管委会实行全面领导，包括各园的行政管理[①]。同时，各区政府分管园区工作的副区长兼任分园管委会主任，并兼任中关村管委会副主任，日常工作中实行定期会议制度，建立统筹协调、联动推进的工作机制，实现“一区多园”的整体统筹。市、区科委作为市（区）政府组成部门，一般情况下，与中关村管委会（分园管委会）并行存在，与管委会职责存在交叉但各有侧重，同时也存在管委会与科委“合署办公”特殊的机构设计。以

① 北京市人民政府办公厅关于印发中关村科技园区管理体制改革方案的通知。

中关村核心区为例，目前，海淀园管委会与海淀区科学技术委员会合署办公，为海淀区政府统一领导协调海淀园建设管理工作和区科学技术工作的工作部门，管委会主任由海淀区常务副区长兼任。

专栏3-4：中关村“1+6”政策体系下的工作机制

2010年12月31日，中关村实施了“1+6”系列先行先试政策，并在中关村国家自主创新示范区部际协调小组领导机制下，“中关村科技创新和产业化促进中心”（简称中关村创新平台）在京成立。中关村创新平台由国家有关部门和北京市共同组建，重在进一步整合首都高等院校、科研院所、中央企业、高科技企业等创新资源，采取特事特办、跨层级联合审批模式，落实国务院同意的各项先行先试改革政策。

平台下设重大科技成果产业化项目审批联席会议办公室、科技金融工作组、人才工作组、新技术新产品政府采购和应用推广工作组、政策先行先试工作组、规划建设工作组、中关村科学城工作组和现代

服务业工作组等8个工作机构，19个国家部委相关司局和31个北京市相关部门派驻人员到平台办公，围绕重大科技成果转化和产业化项目、先行先试政策扶持等受理事项开展工作。

深圳在立法和经济管理方面拥有一定的自由度。深圳是国家经济特区和计划单列市，在立法上享有经济特区立法权和较大市的立法权，在经济上享有相当于省一级的计划决策权和经济管理权，这是深圳区别于国内众多城市的独特政治利好。首先，深圳享有特区经济立法权，在遵循宪法及法律和行政法规的基本原则前提下，制定了如企业破产条例、土地出让条例、房地产登记条例等一系列创新性法规，激活了市场活力，维护了市场经济发展秩序，为深圳赢得了市场经济发展的先机。其次，深圳是计划单列市，享受省一级的经济管理权限，拥有更加自由的经济政策制定权，可以根据经济发展实际需求制定相应政策，因此，深圳可以免除很多省政府层面的政策限制，

专心服务于本地的经济发展需要，政策的精准度更高，更能与时俱进。但深圳在法治方面的水平与内地的大城市相比并无明显优势，原深圳市委常委张思平认为，深圳的“依法行政、司法公平审判、社会法治环境、市民的法治观念、个案正义的实现等方面都存在很多问题”[①]，与香港的法治水平存在显著差距。

香港是国内行政权限最为自由的行政区之一。香港特别行政区直辖于中央政府，行政长官和行政机关的主要官员由中央人民政府任命。同时香港实行高度自治，保留行政管理权、立法权、独立的司法权、终审权以及货币发行权。在科技事业的管理方面，香港拥有自行制定科学技术政策的权利，香港立法机构可通过法律来保护科技成果、专利和发明创造，同时也可以自行确定适用于香港的各类科学、技术标准和规格，甚至在管理机构的设置方面，也有自行决定的权限。这些权限为香港带来了更为宽松和自由的政治环境，但同时，也使香港失去了由政府大力推动的科技创新和新兴产业发展的机会。香港一直秉承着自由市场的发展理念，主张政府减少对经济和创新活动的干预，回归之前，香港政府中没有科技主管部门，也没有长远的科技发展规划。回归后，香港成立了行政长官特设创新科技委员会，但该委员会主要使命是对香港科技宏观政策提出建议，最终的科技决策权仍由行政长官行使，部门作用发挥有限。2000年成立创新科技署，但这一时期香港的科技政策仍然受到金融业和工商业的钳制，发展不充分，政府对于科技创新的政策支持和财政投入都远弱于中国内地。直到2015年，香港设立了香港创新及科技局，专门统筹创科产业发展工作，其成立过程中还因为立法会泛民议员的“拉布”抗议而一再拖延。此外，香港在法例的制定上比较保守，不能根据

① 《张思平：深圳改革开放存在的主要不足和挑战——深圳与中国改革开放四十年》，爱思想，2018.7.2，http://www.aisixiang.com/data/110767.html.

新技术和新业态及时调整，也限制了科技创新和新兴产业的发展[①]。

政府架构及管理模式比较小结：

从国家行政管理体制看，硅谷所在的加州政府仅需对选民负责，拥有高度自治权，我国各级政府行使职权除了要向同级人大汇报外，还要接受上一级政府的领导，从这个角度看，中国地方政府的自主权力似乎相对要少。

但从政治架构看，美国各级政府只有政府行政权力，立法权在各级议会，法律的解释和宣判属于各级大法官，各级政府的财政预算都有受到严格监督，各方面均严格受法律约束，地方主政官员的权力运作空间并不大。相比而言，中国的省长、市长、区长、县长的权力实际要宽松不少，对财权、司法和立法的影响力要大于美国的各级政府，其在支持地方发展等方面可作为的空间并不小。

硅谷和香港之间的政治自由度方面比较接近，是四个区域中自由度最高的区域，但两者在不同的施政理念下，采取了截然不同的科技政策，致使两者在科技创新方面的差异非常大。中关村和深圳算得上是内地城市中制度创新最为大胆的地区，在政策权限的制约下，不断根据自身发展需要探索政策边界，申请政策突破、先行先试，在有限的政策自由下实现了最大化的科技政策创新。因此，不可否认，政府架构及管理模式对地区的科技创新发展有非常重要的作用，直接关系到一个地区可动用的政治资源的多寡。但同时，这种影响的方向很难判断，当一个地区掌握了足够大的政策自主权，当权者的认识、判断、能力会对地区发展带来重大影响，如果带来的是正面影响，则创新效率会非常高；而一旦带来的是负面影响，也会少很多其他力量来平衡。

---

① 马斌辉. 记忆香港：首次从科技的角度谈香港的二十年变迁 唏嘘的背后我们该思考些什么[J].《科技学人》。

政府职能和角色定位比较：

硅谷：以提供公共服务、完善法制环境为重点，当好“守夜人”。与美国其他地方政府一样，硅谷所在地的地方政府主要职能是社会治安、就业救济、卫生保健、文化教育、弱势群体、基础设施等，“守夜人”是其核心角色[①]。出于增加就业和增加财政收入的考虑，地方政府将大力发展中小企业作为发展地方经济的重要切入点。除了社区安全和教育卫生等公共服务外，美国的地方政府同样拿出相当大的精力抓本地经济发展，与我国地方政府比较类似，但不同的是，美国地方政府的主要抓手是通过完善法律法规，辅以一定的扶持政策，以维护稳定高效的经济社会运行秩序，营造公平竞争的发展环境，而且其扶持政策的重点在于公共服务平台，而不是针对个别企业或某类群体。

中关村：以统筹落实重大事项、优化软环境为重点，履行好“特派员”职责。中关村管委会作为北京市政府派出机构，按照“调研、规划、协调、督办、服务”的职能，主要负责对中关村科技园区的宏观管理，侧重于督办重大决策事项和重点工作、优化软环境及统筹重大项目，相当于市政府的“特派员”，专职促进中关村的创新发展。分园管委会作为所在区政府的派出机构，负责具体实施中关村管委会会议议定事项，推动本园的产业化、招商引资、社会服务体系建设、知识产权促进和保护、市场监管、企业服务等工作。各专业园和产业基地，如中关村生命科学园、中关村软件园、中关村永丰产业基地等，属于国有控股的公司制机构，负责规划实施、园区运营及企业服务等。

值得注意的是，一方面，中关村管委会和其他开发区管委会不同，它不具备任何政府管理职能，机构设置共有16个处，没有一项行政审批职能，行政审批依然在市级政府部门，各区县管委会也基本类似，行政管理及领导

① 袁晓江.美国洛杉矶地方政府职能探析与借鉴.行政管理改革［J］.2015（4）.

任命权都在区政府，并且其招商、人才引进、企业服务等相关职能的实现必须依托于区政府下属的招商局、人力社保局等职能部门，这就意味着不论是中关村管委会还是分园管委会都无实权，在政府机构系列中的话语权比较有限。另一方面，中关村管委会和各区科技园管委会，都无政府行政职能，也没有上下级的管理关系，导致中关村管委会难以对发展全局实现真正有效的统筹协调，各园区之间也同样存在着针对企业、人才、资金的激烈竞争。

深圳：行政与市场的边界愈发清晰，注重创新生态的营造、市场秩序的维护和新兴产业的培育，政府职能欲对标国际一流城市。深圳执政的基本宗旨是“市场为主+有为政府”，一方面，深圳与内地大多数城市相比，市场机制更为完善，市场在经济活动中的调节作用发挥得更加充分，形成了“四个90%”的独特创新基因，即90%以上的研发机构设立在企业，90%以上的研发人员集中在企业，90%以上的研发资金来源于企业，90%以上的职务发明专利出自企业，政府在创新生态的营造方面主要是搭建平台、载体，引进人才，给予研发补贴，较少直接干预企业的研发活动。但与香港特区政府相比，深圳政府对于微观经济的干预又较多，被称为“有为政府”，特别是在产业布局和发展上，深圳市政府通过政策补贴、基金投资等方式参与到了微观经济活动中来，并产生了较强的引导效应，从最早期的支柱产业，前几年的战略性新兴产业，到近两年的未来产业，紧跟国际形势，勾画出了产业更迭、发展、联动的时序图和结构图，在做产业规划的同时，深圳还设立了政府引导基金，通过母基金方式吸引社会资本共同投资新兴产业领域，截至2016年，深圳市政府引导母基金的总规模已达一千亿元，重点投向新兴产业领域。在改善营商环境方面，深圳2018年出台了政府一号文件《关于加大营商环境改革力度的若干措施》，推出了20项改革措施，旨在全面优化贸易投资环境、产业发展环境、人才发展环境、政务环境、绿色生态环境、法制环境等，拟实施最严格的知识产权保护制度，维护市场秩序。

香港：奉行最为自由的市场经济原则，政府主要发挥“守夜人”作用，近年来政府在科技创新方面加强了引导，但仍以间接作用为主。由于历史上受英国长期殖民统治，并被赋予自由港的定位，香港政府一直以来奉行不干预的经济政策，政府主要充当“守夜人”的角色，重在维持市场秩序、完善法律体系、约束垄断、修复外部效应、保障社会民生公平等领域，政府对经济的放任程度甚至高于欧美资本主义国家，这使得香港拥有最自由的贸易政策、金融政策和充分竞争的市场环境。同时，香港政府对经济的干预方式非常谨慎，通常采用与半官方行业工会共同协商，尽量追求行政目标与社会目标一致的方式来实施，尽可能降低行政力量对于社会运行方向和秩序的改变。近年来，香港政府逐渐加大了对科技创新的引导，从增加研发资源、汇聚科研人才、提供创投资金、提升科研基础设施、改进法规条例、开放政府数据、改变采购制度、改进基础教育等方面来推进香港科创环境的改善，从这些手段可以看出，香港政府仍以间接支持方式为主，主要作用于创新要素和生态，而不直接干预到作为创新主体的企业的创新创业活动，更极少做出“倾斜性”的政策安排。

政府职能和角色定位比较小结：

硅谷和香港的政府角色最为接近，以营造环境、维护秩序、发展公用事业、促进社会公平等职能为主，均采用间接干预的方式，在遵循社会规律的前提下，做好“守夜人”。因此两地的市场竞争都非常充分、经济政策自由宽松、要素流动高效便利、经济主体不断迸发新的活力。

中关村和深圳的政府，相较而言，仍然行政干预较多，且干预的方式既包括间接方式，也包括直接方式，既包括大环境的营造和公共性服务职能，也包括针对个别行业甚至企业的具体扶持，政府既是“管家”又是“保姆”。近年来两地政府均在优化政府职能，逐步厘清行政与市场的边界，交还更多管理职能于市场。不过，随着美国通过301调查与我国贸易战的开打，政府通过财政补贴、政府采购等方式支持企业的做法将面临更大的压力，两地政府的职能和角色有待进一步准确定位。

第四章

深港创新圈2.0的提出与总体战略构想

深港创新圈2.0是在国内外政治、经济、科技、产业等新形势的变化下提出的深港合作的新方法论，是在“深港创新圈1.0”阶段成果基础上，更全面、系统、深刻的升级。虽名为“深港创新圈2.0”，但围绕科技创新合作所需要破解的体制机制涉及基础设施、政府管理、社会民生、经济产业等方方面面，是一个庞大的系统性工程，因此，必须从时代背景、目标及定位、路径、战略重点等方面做出总体构想和顶层设计，以指导具体实践的开展。

第一节 深港创新圈2.0提出的背景

深港创新圈2.0提出的背景主要是国内外新形势的变化。国际上，全球人工智能、数字经济、生命经济、海洋经济等新科技与新业态正在推动科技演进和产业格局调整，各国加紧科技布局抢占制高点，竞争日益白热化。国内，国家全面实施创新驱动发展战略，大力推动“大众创业、万众创新”，出台了《粤港澳大湾区发展规划纲要》，为深港合作开拓创新提供了难得的政策契机。

一、国际视野：全球科技产业竞争呈现新格局

在当今世界，科技创新已成为提高国家竞争力、推动世界产业变革、深刻改变生产生活方式的重要实现手段，各国都在加紧布局，争取在新一轮国际竞争中取得先发优势，美国从奥巴马总统上台后连续三次推出国家创新战略，特朗普签署多项法案投资人工智能、5G、量子科学以及先进制造业等未来产业；德国连续颁布三次高技术战略，在此基础上又制定了工业4.0计划；日本、韩国以及俄罗斯、巴西、印度等新兴经济体，都在积极部署出台国家创新发展战略或规划。发达国家目前依然占据创新优势，仍掌握着全球科技顶尖人才和专利技术等多数创新资源，但中国、韩国、印度等新兴亚洲国家技术追赶迅速，特别是中美之间在互联网、新一代信息技术、人工智能等方

面的差距越来越小，亚洲经济体占全球研发投入的比例从33%升至40%[①]，全球经济和创新版图已呈现出东移的趋势。

这对我国来讲当然是难得的历史机遇，但同时也是巨大的挑战。挑战在于，在我国大多数核心技术依然受制于人的情况下，过早暴露了实力，受到了美国的遏制；挑战还在于，部分前沿技术领域，我们已步入无人区，面临极大的不确定性。当前中美在“贸易战”旗号下实质开展着科技战，美国对中国顶尖科技企业的遏制、对美出口到中国的高科技产品的限制、对中美人才交流的切断、对华裔科学家的审查等等均表明美国已将中国作为重要的竞争对手，而此时，我们的芯片、精密仪器、伺服电机等关键核心部件依然被卡脖子。少数攻入全球技术前沿的企业如华为等，又面临身处无人区，无人领航、无既定规则、无经验借鉴的不确定因素中，这都对我国新阶段科技创新构成了严峻的挑战并提出了更苛刻的要求。因此，我国在新的国际形势下，必须将科技创新放在更高战略地位，加强自主创新能力的提升。

深圳是此次中美贸易战和科技战的正面战场，中兴、华为、大疆等被制裁企业均出自这片土地，粤海街道办一战成名，变成了网红街道办。段子归段子，深圳近年来的发展成就是有目共睹的，战略性新兴产业成为城市经济主引擎，高新技术企业和独角兽企业快速诞生，PCT国际专利连年霸榜，创新创业生机勃勃，已经成为中国科技和产业创新的一面旗帜。在国际形势变化莫测的未来，深圳作为改革开放最早的城市、国家创新型城市和首个以城市为单元的国家自主创新示范区，在国家创新战略布局中要勇于担当，不断强化城市的创新基因与创新优势，充分发挥创新资源集聚优势、体制机制灵活优势，尤其是与香港紧密联系的重要战略优势，加大与香港的全方位合作，以体制机制的改革创新为核心动力，推动经济、社会、科技、产业等方

① 万钢：全球科技创新发展历程和竞争态势. 人民网，2016.03.10，http://theory.people.com.cn/n1/2016/0310/c40531-28187356.html.

面制度不断健全，与国际全面接轨，全面提升自主创新和辐射带动能力，努力服务创新型国家的建设目标。

二、国家战略：全面实施创新驱动成为新常态

从我国创新创业沿革来看，大致经历了四轮创业浪潮，第一轮是以1978年党的十一届三中全会为标志，以创办乡镇企业、城镇个体户和私营企业为特征的“草根创业”；第二轮是以1992年邓小平南巡讲话为标志，以体制内科研人员、政府部门人员下海创业为特征的“下海创业”；第三轮是2000年左右，伴随着互联网技术、风险投资以及资本市场的发展，以互联网新经济、海归留学归国创业为特征的“海归创业”；第四轮则是今天以“互联网+”、共享经济等为支撑，以大众创业、万众创新为特点的“全民创业”。

十八大以来，党中央、国务院围绕创新驱动发展战略，提出了一系列新思想、新论断、新要求，出台了《关于大力推进大众创业万众创新若干政策措施的意见》等系列政策文件，全面开启大众创业、万众创新的新时代。我国新一轮创新创业浪潮的核心在于以下几方面特征：一是人才、技术、资本等创新要素的高效、自由流动；二是以便利化、低成本、全要素、开放式创新创业服务为目标的众创空间不断涌现；三是创意、思想、梦想日益成为新经济创业的根本基石；四是以简政放权、政策松绑、行政服务为核心的政府服务全面创新。

深圳作为国家自主创新示范区，全面部署“双创”工作，政府工作报告当中明确提出“四创联动”，实施了创客深圳行动计划，出台了《关于促进创客发展的若干措施（试行）》《促进创客发展三年行动计划（2015—2017年）》等系列政策与举措。在未来粤港澳大湾区的建设背景下，深圳更要主动适应经济发展新常态，加强香港高校创新创业资源与本地良好的产业配套环境之间的有机结合，把握和顺应创新创业要素流动规律，以国际先进地区

为标杆，深入推进政府对科技和产业的服务改革，加速推进简政放权、放管结合、优化服务，完善政府监管方式，通过体制机制创新增强各类创新资源的凝聚能力和活跃程度，形成“众创深圳”的良好局面。

三、科技演进：新科技与产业革命孕育新机遇

从全球来看，新一轮科技创新和产业发展正在呈现出新的发展态势和特征：新兴学科加快发展，学科交叉融合更加深入，颠覆性技术不断涌现，信息、生物、新能源、智能制造领域不断突破和相互融合，成为产业变革最重要的技术方向；基础研究、应用研究、技术开发和产业化边界日趋模糊，带动众多学科和技术群体跃进，变革突破的能量不断积蓄；新一代信息技术向网络化、智能化、泛在化方向发展，推动产业结构向高级化演进，成为提升产业竞争力的技术基点；移动互联、云计算、智能终端快速发展，大数据呈指数级增长，催生大量新型服务与应用，等等。[①]在新一轮科技与产业革命驱动下，新产品、新业态不断出现，成为全球新一轮产业竞争的制高点与经济发展的新增长点，以Tesla（特斯拉）、Google（无人驾驶）、Uber（优步）、Airbnb（空中食宿）、WeWork等为代表的硅谷企业，正在探索以“智能硬件+工业智能云”的方式，开创人工智能时代，重新定义制造与服务的内涵与方式（图4-1）。

① 万钢：全球科技创新发展历程和竞争态势.人民网.2016.3.10，http://theory.people.com.cn/n1/2016/0310/c40531-28187356.html.

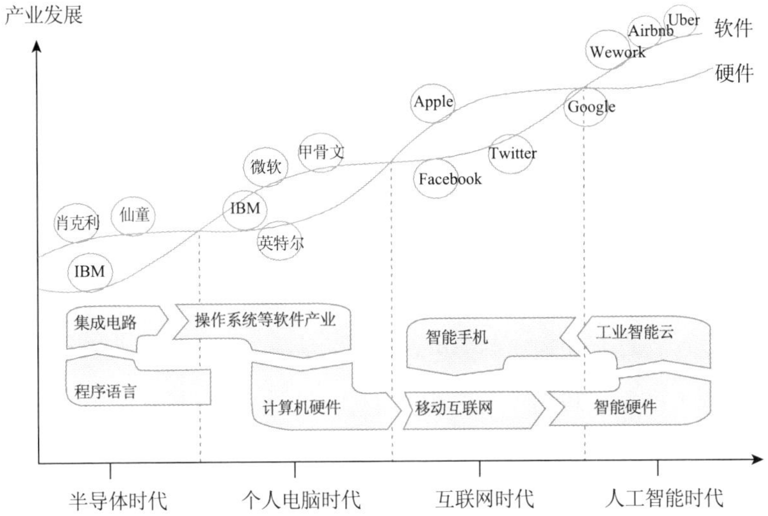

图4-1 硅谷主要产业演进历程示意图

资料来源：刘宇濠. 深圳迈向高质量发展阶段的龙岗路径［M］. 北京：新华出版社，2018：140

从科技革命发展规律看，一些引领性、标志性、颠覆性新技术的出现和集群式应用往往与生产组织变革相互交织、形成共振，促进生产效率不断提高，从而对经济社会发展产生全局性、系统性的影响。在新一轮科技与产业革命的推动下，以现代信息技术广泛嵌入和深化应用为基础，以新技术、新产品、新业态、新模式为代表的“四新经济”也逐渐成为发展新常态，蕴含了广阔的发展空间。深圳市要以“四新”的思路和理念，打造开放融合的创新创业生态环境，积极打造“深港创新圈2.0”，破除深港在科技创新合作方面的政策性和机制性障碍，推进双方创新要素的高效流动，积极与香港高等院校和科研机构等基础性科研机构合作，在前沿、新兴的颠覆性技术领域抢占先机，保持与发达国家的技术同步，同时大胆改革创新，营造“新技术、新业态、新模式、新产业”集成式创新，以新技术催生新产业，新模式引发新业态，形成“四新”交互融合的发展格局，整体提升深圳市产业发展竞争力与综合实力。

四、规划部署：粤港澳大湾区背景下的新要求

“粤港澳大湾区”城市群这一概念，由李克强总理在2017年十二届人大五次会议上正式提出，并被写入“十九大”报告和政府工作报告，提升到国家发展战略层面。2019年，国务院正式发布《粤港澳大湾区发展规划纲要》，作为大湾区建设的纲领性文件。广深港澳科技创新走廊的前身是广深科技创新走廊（广东省政府2017年9月印发《广深科技创新走廊规划》），后在粤港澳大湾区城市群发展战略中与时俱进地拓展到香港和澳门。2018年8月，粤港澳大湾区建设领导小组会议对于“广深港澳科技创新走廊”的提法和设想给予确立。

粤港澳大湾区和广深港澳科技创新走廊这两个重大区域合作战略的重要交集就是穗、深、莞、港城市之间的科技创新合作，而深港两地拥有粤港澳大湾区最有利的政治、经济、科技、金融、港口物流、跨境交流的资源及便利，当之无愧地成为区域核心引擎组合。于是，深圳与香港两地的科技创新和产业合作就不单纯是“深港创新圈”范围内的合作，而是关系到粤港澳大湾区城市群建设和广深港澳科技创新走廊建设，关系到代表国家参与全球竞争的创新集群的建设，因此，深港两地必须加强科技交流与合作，肩负起这一使命。

深圳地处两种制度交汇的最前沿，在粤港澳大湾区背景下全面深化深港合作，有利于以尽可能低的改革成本率先进行局部探索和重点突破，试验符合粤港澳区域未来发展需要的政策措施（刘涛，谷青勇，2018）。同时，粤港澳大湾区也为香港带来巨大的发展机遇，香港前特首梁振英指出：过去30多年，如果把内地的改革开放比作是香港发展的一只翅膀的话，香港现在又插上了另外一只翅膀，就是粤港澳大湾区[①]。从另一个角度来说，深港两地本

---

① 光明网. http://news.gmw.cn/2017-06/19/content_24818548.htm.

身就有不错的合作基础、旺盛的合作需求和广阔的合作空间，在国家战略和广东省战略等一系列政策支持下，可谓集天时和地利之好，应该抓住机遇，用足政策与制度红利，利用深港合作契机破除不适应发展的桎梏和规则，加速制度改革步伐，在探索中进一步打开政策空间，将两地之间的合作进一步推向纵深。

未来，深圳应在《粤港澳大湾区发展规划纲要》的总体指导下继续强化与香港之间的合作，以前海深港现代服务区和落马洲河套地区为两个核心节点，促进深圳高科技产业与香港科研基建、金融投资、现代服务业的有机结合，发挥深圳的内向市场资源与香港广阔的国际网络叠加优势，探索通过特区先行先试权限对香港国际化税制、法制及知识产权等先进经验进行吸收借鉴，为粤港澳大湾区的融合创新发展注入新的活力。

第二节　香港的独特优势研究

对于香港独特优势的研究非常多，涉及金融、教育、医疗、基建、法律、国际联系、城市治理等方方面面具体的领域，但将香港独特优势视为一个有机整体的系统性研究还是比较少的。2018年，清华大学港澳研究中心陆续举办了一系列香港独特优势讲座，邀请香港各界领军人物畅谈粤港澳大湾区和“一带一路”背景下，如何围绕国家所需，发挥香港所长。本研究从中受到很多启发，尤其是确立了对香港优势的系统性、深层性和历史性相结合的研究视角。正如香港物流与供应链多元研发中心行政总裁黄广扬先生所说，香港很多优势不是今天的人做出来的，是经历了一百多年殖民地，又回归祖国20年，慢慢演变而来的“序中有乱，乱中有序”的整套体系，它的优势难以模仿和替代，也不是说改就能改的，如果不能结合它的优势形成的独特背景和有机体系看待，而随意选择几项效仿，很容易形成“乱中无序”的局面。因此，如何结合香港优势形成的独特条件，发挥好其完整性优势而非其中某个特点，是本章节研究的重点内容。

本研究将香港的主要优势进行归纳提炼和分层，形成一个香港独特优势体系（图4-2），按照优势体现、优势核心要素、优势根源三个层次，由浅入深、由表及里地将香港的优势做一个梳理，并试图找寻他们之间的内在联系。

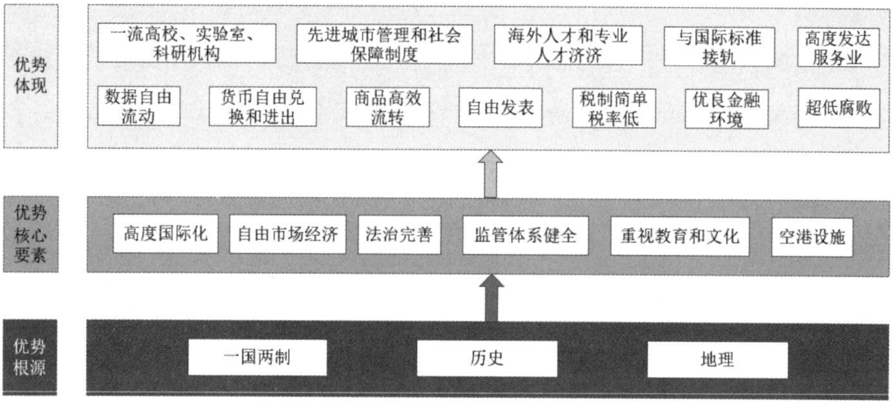

图4–2　香港独特优势体系图

一、香港独特优势的根源探析：独特优势因何而来

提到香港独特优势的形成过程，特殊的殖民地历史、天然优良港口区位、“一国两制”的制度安排等是学术界和民间公认的重要因素，这些要素是香港各项经济、社会制度的源头，铸造了香港在如今国际交流、法治建设、市场经济、航运物流、金融商贸、高校及人才等独特优势，并保持了其优势的系统性和难取代性。

从地理要素上看，香港有优越的地理环境和港口优势。香港位于我国南大门，是国外商品进入我国的重要门户，也是太平洋和印度洋上的航运要道，是联系东亚、东南亚、南亚次大陆及欧洲之间的重要航运枢纽。同时，香港维多利亚港水深港阔、不冻不淤，是世界三大天然良港[①]之一[②]。

从历史上看，在《南京条约》签订之前，英国就单方面宣布香港为“自由港”，这是英国首次实行殖民自由贸易的试点，开创了很多法规和制度上的先例。这既符合当时英国政坛对于自由贸易的狂热信念，也适应英国在中国和东亚地区贸易扩张的需要。这里的自由港主要指香港自由港向全世界商船开放[③]，即世界上所有地区的船舶都可在香港自由通航，都可以在香港投资经营航运业，都可以任意选择登记地点和悬挂船旗，香港的这一自由政策吸引了太古轮船、怡和轮船和齐昌轮船三家当时世界最大的轮船公司在当地设立了总部，并为香港发展为如今的世界十大船舶注册港奠定了基础。除自由港开放外，香港还在进出口手续、关税、贸易和投资管制、货币兑换等方面实行全球最自由的政策，吸引全球的商船、货品、资金、服务等资源集聚，成为全球商品集散和转口贸易的中心，带动了仓储、商贸、银行、保险等行业的兴起，催生香港出口导向型的制造业萌芽，以及物流、金融、仲裁等服务业兴盛，为香港的产业提供了启航的平台，更为香港在经济制度、社会制度和法律制度等更深层次的制度奠定了基调。

前面讲到，香港自由港向全世界商船开放，任何人都可以到香港投资经营航运业，无国籍门槛、无投资方式和规模限制、无差别对待、无监管干预，企业有自由投资和经营的权利，政府基本不参与微观市场活动。这种公平、开放、自由的市场理念源于英国工业革命后的自由主义思潮，在香港自由港发展实践中得到了有效性验证，并在香港其他经济领域蔓延扩散，为香港铺垫了自由市场经济制度的基石。当自由市场经济变成了一种信仰和制度，便很难随政局形势变动而动摇和改变。二战后，英国曾多次要求香港政

---

① 世界三大天然良港是指香港的维多利亚港、美国的旧金山湾及巴西的里约热内卢港的合称。

② 高成华.香港经济制度变迁对经济发展影响研究［J］.武汉大学，2010年。

③ 香港的自由港政策：从“我行我素”到自由贸易典范，中国周刊，2013.11.27，https://cul.qq.com/a/20131127/015915.htm.

府加强管制，改善纺织等工厂工人的工作环境，提高工人福利待遇，而港英当局依旧坚持小政府和不管制，不执行英国指令。20世纪60年代，在以郭伯伟为代表的自由放任经济流派官员主政后，香港的财政和货币政策一步步独立于英国本土，始终保持大市场和小政府的经济理念，经济自由享誉全球。

英国在对香港进行殖民统治期间，除了带来自由资本主义经济制度，还有一项重大贡献，就是法治。香港首任检察长休姆认为，“香港华人最大的特权是公平享受英国法律[①]”，这里并不是说香港华人与英国人实行同样的法律，事实上，在涉及中国人的习惯方面（如婚姻和继承），香港在一段不算短的时期内保留了《大清律例》中部分法规[②]，但即使这样，香港引入的英国近现代法律体系要远比晚清时期的律例先进。港英时期，香港从英国获得了立法权，建立了总督和立法局等立法机构，制定了仿英国下院的立法程序，确立了以英语为主导的法律语言，形成了程序中心主义和法官立法等法律制度的核心价值体系，构建了现今香港法律制度的雏形。香港的法官和律师均接受英式法学教育，形成了典型的判例法式的法律思维与工作方式，使香港司法与英美等国完全接轨。直到现在，香港依然拥有最国际化的本地法院，外国法官比例非常高、本土法官比例很低。更为潜移默化的影响是，香港从英国学习到通过立法授权约束政府行为的意义，连英国殖民统治香港都需要颁布《英皇制诰》《皇室训令》来为自己作出法律授权，香港仿效英国，通过制定非常完善的法例和法律来对政府和所有公务人员的权力作出授权，形成了亚洲第一、全球领先的法治水平[③]，为香港国际重要地位的形成提供了最底层、最根源的制度基础。

① 香港不应忘记，微信公众号“星球研究所（ID：gonglulvxing）”，http://m.sohu.com/a/155247229_532736.

② 董茂云等.香港特别行政区法院研究［M］.商务印书馆，2010.03.01.

③ 董茂云：《香港特别行政区的法制特色》第三节《港英时期的香港法制特点》，载《复旦学报》，1997年第5期，http://m.dajianet.com/?app=m&controller=book&action=show&bookid=1295871&sectionid=648037&read_type=1.

香港回归后，“一国两制”很好地保障了香港政治制度、经济制度、法律制度、社会制度、文化制度、国际交往等方面的相对独立性与延续性，香港依然实行资本主义制度，保留着最自由和成熟的市场经济体系，仍是全球重要的自由贸易港和金融中心、WTO的单独关税区，保持原有的法律制度并享有独立的司法权和终审权，保障居民原有的基本权利和自由制度等等。可以说正是“一国两制”这一伟大的制度创新使得香港的特色和优势完好地保留了下来，因此“一国两制”也是香港独特优势的一个根源性因素。此外，“一国两制”除了继承保留香港原有优势之外，还赋予了香港一些新的优势，“一国两制”拉近了内地与香港之间的距离，使香港有广阔内地做腹地，拓展了香港的纵深；同时又保证了内地与香港之间的优势“势差”，使香港的比较优势独一无二；更从战略上使香港有了国家做靠山，抵挡国际冲击、维持经济社会稳定的能力大为提升（金融危机期间，国家击退港元国际金融炒家便是力证之一），同时，使香港融入国家“一带一路”倡议和“粤港澳大湾区”等重大战略，拓展更广阔的发展空间，迎来繁荣稳定发展的新机遇。

二、香港独特优势的核心体现：独特优势要素表现

在前文分析完香港历史、地理和制度等独特优势产生的根源基础之上，接下来对香港独特优势的要素和表现做一个分析，这里之所以将要素与表现合在一起分析（图4-2的上面两层），是因为两者对外表现出来的是一个整体，很难拆分，如要素层的“高度国际化”主要体现为表现层的“海外人才济济”“与国际标准接轨”等形式，“自由市场经济”主要体现为表现层的“货币自由兑换和进出”“商品高效流转”“数据自由流动”等，因此在这个部分将要素和表现一并分析。

（一）香港高度国际化的优势

国际化是香港区别于粤港澳大湾区内地9市的重大标志，不少人认为这是香港在粤港澳大湾区建设中能发挥的最大价值所在。香港的高度国际化主要表现在文化、语言、制度和标准上与国际接轨，在要素上实现人、财、物、信息等无障碍国际交流。

文化上，香港城市大学媒体与传播系副主任何舟曾说，“香港是一个基本上独立于大陆主流文化形态以外的、传统中国文化加上西方文化的一个结合体”①，实际上远不止中国和西方，香港弹丸之地聚集着佛教、基督教、天主教、伊斯兰教和道教等各大宗教，是全球文化汇聚和碰撞的中心，是当之无愧的国际文化枢纽。

语言自不必多说，香港很长一段时间以英语为官方语言，到现在香港人还习惯在一段话中夹杂几句英语。英语在香港的使用非常广泛，大学以英语为主授课，在法律、保险等工作中仍作为主要语言使用。

制度和标准上，依照《基本法》，香港加入了大部分不以国家为会员的国际组织，市场经济制度、税收制度、法律制度、监管制度、隐私保护制度、社会治理和保障制度等也基本与西方发达国家接轨。市场经济制度在下面一条独特优势中会具体阐述。税收制度上，香港实行以直接税为主的简单税制，与欧美国家接轨，税率比大多数欧美国家更低；法律制度上，香港实行英美法系的判例法，法律简明易懂，有先例可循，国际普遍认同和接受。这里还有一个比较有趣的现象，香港议员选出后要宣誓，宣誓内容如果日后查出是假的，要承担法律责任，这种做法可以减少政府形式上的查证，提高效率，与美国较为类似。监管制度上，香港建立了与国际联合反腐的常态机制，制定跨区域引渡协议及司法互助，对维护国际反腐清廉的政治环境做出

① 郭镇之.文化认同与国际传播——对华香港城市大学媒体与传播系副主任、副教授何舟［J］.新锐访谈. 2015（2）：100.

重要贡献，深受国际信赖。香港的金融监管制度也誉满全球，香港证监会对上市企业监管非常严格，上市企业的会计准则、信息披露制度、调查和惩罚制度均与国际接轨，银行监管也采用事前风险防范为核心的国际监管标准，投资者保障机制比较完善，因此香港集聚了大量的国际资本，是融资最为便利的城市。隐私保护制度上，香港制定了亚洲最完善、对标欧盟的隐私保护法律，数据安全保障能力与国际接轨。社会治理和保障制度上，香港借鉴了一系列国外社会福利制度的经验，邀请国外专家来做社会服务培训，已形成了一套成熟的社工制度、专业操守及服务标准。此外，香港还在交通疏导、流行病防疫、排污和雨水处理等方面吸收了国际先进的理念，规划和部署均与国际标准接轨。

除了上述制度和标准上与国际的对接，香港的国际化还有一个更直观的表现，那就是人才、资金、商品、信息等无障碍的国际流通。香港是我国外籍人才进出最便利的城市，对大多数发达国家和地区都有免签待遇，免签停留期限由7天至180天不等，大多数发达国家和地区也给予持香港特区护照持有人免签或落地签的待遇，人才进出非常自由。香港也是我国外籍人口占比最高的城市，2016年外籍人口占比高达8%，来自全球各地，尤其是2006年开始实行“优才计划”以来，香港引入了欧美国家大量的金融人才。不单高端人才，香港对外籍劳工也给予本地雇员同等权益保障，两年前在香港工作的外籍家庭佣工已接近38万人，很好地弥补了香港用工的短缺，提高了社会福利水平。香港金融市场全面开放，不限制各种货币资金的出入和兑换，外汇管理制度40多年前就撤销了，黄金进出口禁令也在30多年前撤销，推动全球资金在香港汇聚，成为国际重要的金融中心。2017年底，香港金融管理局认可的银行191家，资产总额22.70万亿港元，香港交易所挂牌上市的公司2118家，股票总市值全球第六、亚洲第三，经香港银行处理的人民币贸易结算总额为39265亿元，是全球规模最大的离岸人民币业务枢纽、融资及资产管理中心。国际商品自由流通更不必多说，香港作为全球最自由贸易港，对绝大多数商品均免征关税，很少对商品进出做出管制，并且商品进出口香港非常便捷高效，进出口货物所有人或其代理人只需填写交验单据，不需经过事先批准，报关证件很少，因此香港各国商品云集，物美价廉，成为国内最负盛名的“购物天堂”。在信息流通方面，香港访问全球信息都非常畅通，政府的网络审查仅包括电脑犯罪、色情与侵犯版权等方面内容，大学师生可以自由浏览谷歌学术（Google Scholar）等重要学术网站，获得与世界同步的科技信息资源。

（二）香港自由市场经济的优势

前面讲到，香港成为英属殖民地适逢西方自由经济盛行时期，香港被作为殖民地与宗主国间新型关系的探索，被给予充分自由，这种自由甚至不因英国统治后期的政治风向转左而发生改变。当前，香港依然是全球最自由的经济体，连续25年荣膺“全球最自由经济体”榜首，政府不直接干预微观经济，税率处在全球最低水平，香港主体税收之一利得税的税率分别为16.5%（适用于有限公司）和15%（适用于非有限公司），低于世界上大多数国家和地区。根据世界银行《2014营商环境报告》，香港企业应税总额占利润的比重为22.9%，低于东亚及太平洋地区经济体（34.5%），也低于经合组织经济体（41.3%）[①]。

同时，香港没有商贸限制、行业或国籍的投资限制、自由营商限制，香港基本没有行业禁止私人和外来投资者参与，也没有控股比例限制，没有立法规定各行业进入条件，内资外资、大小企业均等享有公平竞争权利，没有特殊优惠或歧视，企业的一切活动按照市场经济规则运行，接受市场调节和检验，优胜劣汰。

这种经济高度的开放性，加剧了香港企业间的竞争，所以香港所有的机

① 自贸港的未来：香港、新加坡“自由贸易港”政策梳理，华尔街见闻（上海），http://money.163.com/17/1023/09/D1E1ENUE002580S6.html.

构，不论公营的还是私营的，都很注重效率，非常拼命，因为香港的土地和空间价格非常昂贵，如果不能实现高周转，一定被淘汰。经常到香港的人会发现，很多餐厅、店铺不停在换，原因就是租金太高，只有有钱赚才能留下来，没钱赚就马上被淘汰。物流业也一样，必须要不断地往价值链高端环节迁移，不然无法生存。而空间的拘束，也使得香港人更喜欢与外部合作，先天具有与别人做生意的意识，这种空间的不利因素反而成为香港高效、高端发展的一种原动力。试想一下，如果香港政府出手，补贴土地和写字楼租金，或是给予某些行业定向补贴，香港的土地空间将承受超负荷压力，行业周转率下降，中低附加值产业依然可生存，高端转型的动力不足，甚至在政府的定向补贴下，有可能导致优汰劣胜的扭曲结果。

对内地来讲，在现行制度下，自由市场是香港最值得借鉴的经验，因为即便内地自由开放程度最高的城市也难以望其项背。上海自贸区已经是国内对标国际最高水平开放的区域，但在自由度、开放度、监管程度、法治完善程度等方面依然与香港有较大差距，上海自贸区内企业税负显著高于香港，企业经营范围依然受限，负面清单所列项目依然较多，对境外资本投资领域和专业没有完全放开，法制体系也相较香港有较大差距。值得一提的是，受制于内地户籍制度，劳动力在内地不同区域间流动的自由性还比不上内地到香港流动的自由性，按照香港特区《基本法》规定，内地居民在香港连续居住7年以上便可拥有香港永久性居民身份证，享受和香港本土居民同等的权利和义务，而目前国内北京、上海等大城市落户门槛非常高，即使连续工作满7年，也未必能落户，因为连续缴纳7年社保仅是落户积分的其中一项指标，还有稳定住所、教育背景、创新创业、荣誉表彰等一系列复合性的指标，也就是说，同样内地的非京沪人，分别到北京、上海和香港工作，最终融入城市的程度完全不可同日而语。

这也是小到深港创新圈，大到粤港澳大湾区，与国内其他城市群相比最大优势所在，如何充分运用好香港的独特优势，对粤港澳大湾区和深圳来讲至关重要。

（三）香港法治完善的优势

香港政府为企业提供便利的营商环境和健全的法制环境，确保运行规则的公平、有效和顺畅。香港的条例和附属立法有1000余件，其中经济法规约占45%，为自由竞争提供了秩序和准则，香港法律法规的完善程度使得在香港从事任何经济活动都可以找到法律依据，并受到法律的监督①。

香港是我国唯一实行判例法的地区，法律判决有先例可循，又以英文为通用法律语言，那么国内和国外企业订立合同时，就有先例可参考，大概知道如果日后打官司，法官会如何判决、胜算几成，因此海外企业与内地企业签订合同更倾向于将香港作为仲裁或诉讼地。香港一直提出，希望可以成为粤港澳大湾区和“一带一路”的国际仲裁中心，且这一地位也得到了国家支持，被写入粤港澳大湾区规划纲要之中。同时，香港还融入了多条本地的法例作为补充，吸收了不同区域法系中的精髓，可以做到既与国际接轨，也符合香港本地的社会生活习惯，这是法律得以落实的重要基础。

还有更为重要的一点，香港“法治”理念深入人心，公民依法办事，政府依法施政，行政、司法和立法高度独立，社会普遍相信公平正义。财讯传媒集团常务副总裁邵颖波在《香港的法治精神》一文中谈到了自己观察到的各种小事中反映出的香港人法治精神，“公交车不怕不投或少投蒙混过关，不惧怕签订的合同得不到执行，不怕司机在发生交通事故后逃逸，不怕警察在单独办案时伤害当事人……”，并评论道“法治的精神已经深深植入香港人生活中，就像空气一样，虽然看不见，却在每一分钟里发挥着作用”。

具体到科技创新方面，受英国殖民统治影响，香港知识产权保护起步比较早，很多专利制度沿用了1977年《英国专利法》的规定，既关注发明人个

① 自贸港的未来：香港、新加坡“自由贸易港”政策梳理，华尔街见闻（上海），http://money.163.com/17/1023/09/D1E1ENUE002580S6.html.

人的权益保护，也关注专利带来的社会公共利益的影响。如规定专利权人在保护期限内需不断申请续展专利保护期，未按规定续展将导致专利失效，同时又规定，专利失效后，发明人还可在18个月内申请恢复权利，一方面加强在专利保护期内权利人的利益保护，更好地激励发明创造，另一方面又推进经济价值不大的专利更快进入共有领域，促进科技成果的社会化共享[①]。并且香港专利保护几乎适用所有现行国际相关条约，因此，可以说香港知识产权保护的法制建设与国际密切接轨。

（四）香港监管体系健全的优势

香港的监管体系包含很多方面的内容，如反腐监管、经济监管、财政和金融管理、企业监管、食药品监管、卫生管理等，这里主要从反腐监管的角度来讲香港的优势，一是因为反腐是市场经济运行的一项基本性的监管制度，所有市场主体，包括政府、公营单位、私营单位和个人均需遵守的基本准则，其他领域的监管也建立在该项监管基础之上；二是因为香港在反腐监管领域的经验丰富，在世界范围内都是绝对领先的第一梯队，所以从这个角度来讲，对深港、粤港澳大湾区、整个内地，都有一定的经验借鉴意义。

香港对贪腐的零容忍使得其廉洁度在全球排行第15位，超越大多数发达国家，这很大程度上要归功于廉政公署。20世纪70年代，香港还是全世界贪腐现象最严重的地区之一，连当时英国派来的警察也被“腐化”成贪污集团的首脑；政府建的26层公屋全是豆腐渣工程，全部需要拆掉重建；的士司机每个月只要买“表贴”贴在车玻璃上就可以闯红灯、违法停车而不受惩罚；甚至起火打电话给消防人员，消防人员要问“有水有水，没水没水”，“水”在粤语中有“钱”的意思，意思是“你不给钱，我就不开水龙头”。当时香港的贪腐程度甚至高于内地落后地区，老百姓怨声载道，游行抗议。后来英

① 向凌、黄瑶.香港的专利权限制制度对内地相关立法的启示——以内地《专利法》的再次修改为视角［J］.政治与法律.2008（9）：156-157.

国殖民者在香港设立了廉政公署，为香港带来了翻天覆地的变化。

香港廉政公署专员由中央任命，具有很强的独立性，直接向行政长官负责。前香港廉政公署副专员郭文纬曾在一次讲座中说，自己做了六年半的副专员，从来没有接到过财政司司长、保安司司长打电话询问或干预案件，曾有一个人大代表让行政长官停止调查他，后来被判坐牢两年。

不与其他部门的官员走得太近，那么香港廉政公署跟谁走得近呢？答案是老百姓，香港廉政公署将老百姓作为最重要的合作伙伴，独创24小时举报中心，对举报者有非常健全的保护机制，因此，实名举报率很高，达到70%-75%，说明老百姓对于香港廉政公署有非常强的信任感。反观内地，实名举报率上升缓慢，目前仅有10%，客观上反映出老百姓对纪检部门工作的信任度还不够高，对纪检部门给予举报者个人信息的保护、举报信息的认真对待、纪检部门内部人员的清廉缺乏足够信任，对调查结果的满意度还有待提高。

香港廉政公署建立了非常严苛的内部廉政制度，内部还有一个调查小组，对人员的身份背景和品格审查非常严格，曾经廉政公署有一位女同事借口手痛来骗取病假，被内部调查小组跟踪发现，不但被辞退，还被检控，最终被法院判决坐牢15个月①，因为法院认为廉政公署人员应当是廉政模范，这样的事件严重影响市民对廉政公署的信心，足以看出香港廉政公署内部廉政制度的严苛。为了保障内部的清廉，廉政公署在组织制度上进行了一些创新，设立独立监管委员会，由行政长官委派社会有名望的人士，如律师、议员等组成，监督廉政公署的工作，内部调查小组每做完一个调查，都要出具一个完整的调查报告，独立监管委员会提出质询和意见，直到案件调查结果令人满意为止。没有制衡的权利是腐败滋生的土壤，正是在这样相互制衡的

① 前香港廉政公署副专员郭文纬于2018年10月9日在清华大学深圳研究生院“香港独特优势”系列讲座上的发言。

制度设计下，廉政公署内部没有了腐败的机会，也没有偷懒渎职的机会，每件举报必须被立案调查，每起腐败无论大小必须受到惩罚，公职人员受贿哪怕100块都要坐牢半年以上。因此才能赢得人民的信任，把香港由一个极度腐败的城市变成高度廉洁的城市。

（五）香港重视教育和文化的优势

香港全社会对教育的重视程度都非常高，不仅政府每年拨付相当大比例的财政资金投入教育，香港的私人、企业、商会、教会组织等社会各界也各尽所能地为教育做出一些投入。所以香港的教育组织形式非常多样化，有政府兴办的公立学校、民办官助的资助学校①、纯个人兴办的私立学校、国外机构兴办的国际学校、宗教团体兴办的公益学校等多种类型。政府给予各类学校高度的自主性和包容性，很少干预学校具体的教学活动和内容，香港教育统筹局为学校提供教育大纲，各学校自行选择教科书和教学方法，学术自由和灵活性得到了较好的保障。

香港政府是教育投入的重要主体之一，在教育投入上增长很快，自2012年以来，教育经常开支在5年间累计增加近30%，占政府经常开支的20%以上，尤其是自2017年起，香港实行从幼儿园阶段一直持续到高中阶段的15年制免费教育，还设有阅读津贴、优质教育基金等资助，鼓励学校提高教学质量。

香港全社会都非常重视教育，积极投资办学，既有一大批市场化经营的纯私立学校，也有一部分由慈善机构、教会组织、企业热心创办的不以营利为目的的资助学校，政府会给予一定的开办费用和适当津贴补助，社会各界

---

① 注：资助学校（aided schools）包括津贴小学、津贴中学和津贴特殊学校，由社会团体（宗教团体、商会、慈善组织、同乡会等）创办，由政府按照班级数目提供全额资助，为中小学生提供免费教育。在资助学校读书的学生，从小学一年级到中学六年级免除全部学费，由政府给予学校补贴。除此以外，学校运营所需要的其他经常性经费（如教师工资）和非经常性经费（如建筑等）也由政府提供。

也会给予热心捐助，是对公立学校的一个有益补充。

在教学上，香港非常注重应用型、技能型的人才培养，很多学校设有供学生进行手工操作实践的场所，设置有与世界知名图书馆和数据库联网的系统平台，培养学生信息检索、自主研究的能力。特别值得一提的是，香港近年来大力推动STEM（科学、技术、工程、数学）教育，2017年，香港教育部门为每一个公办中学提供了20万港币用于支持STEM活动的开展。香港中小学校里STEM活动开展得非常丰富，App Inventor、3D打印、双能电动车、镭射切割、降落伞、鱼菜共生、宠物射频识别器等无奇不有，孩子们不仅学习理论知识，还要自己动手设计产品，在这个过程中，将物理、化学、生物、自动化等知识融会贯通，并将知识从书本中迁移到生活中，真正做到活学活用，培养了孩子发明创造的乐趣，提高了学生解决问题的能力。反观内地教育，总是将鼓励创新创业挂在嘴边，但鼓励的对象基本都是大学生以上的年龄人群，这就造成了“学”不足以“致用”。真正培育有创新创业精神和能力的人才，必须从基础教育阶段开始，从孩子兴趣和思维塑造阶段开始。

香港的高等教育质量更加闻名世界，弹丸之地有5所高校名列世界Top 100之内，而且其中3所还是20世纪70年代后新建的年轻大学。在建立之初，这些高校就瞄准国际一流大学，定位和起点都非常高，也非常国际化，校长和教师都是在全球范围内高薪选拔招聘，香港科技大学海外教授比重高达90%，各高校都与世界一流大学和学科带头人保持紧密交流合作，确保师生能接收到世界最前沿的科研信息，很多学院与海外学校联合办学，如浸会大学与美国俄亥俄大学合办副学士及学士学位课程，树仁学院与美国阿拉巴马大学合办社会工作硕士课程，理工学院与伦敦东北理工学院合办文理学士课程等，因此，香港高校的学生非常具有国际视野。此外，香港积极推进平民教育运动，大力推广成人教育，使劳动者素质普遍得到了较大的提升，香港人也日益形成了终生学习的理念和习惯①。

（六）香港空港设施的优势

很多专家学者已经不将空港设施作为香港的核心优势了，因为随着内地开放水平的不断提高和基础设施的加速改善，香港的空港设施已经谈不上有多么显著的优势了。但我们要系统性审视香港的独特优势，找到香港独特优势的形成过程和要素间的相互作用，仍然绕不开这一项优势。

香港机场最大的优势是国际化，香港机场的国际航线和班次远比内地丰富，如香港每天有8班直飞伦敦的航班，9班直飞洛杉矶的航班，近30班直飞东京的航班。不仅班次多，还有很多家国际航空公司的服务可供选择，香港机场有超过220个航点，入驻的全球航空公司超过120家②，因此，在各家航空公司激烈竞争下，香港的国际航空机票票价通常比内地同等线路和时间更便宜，服务也更好，因此许多内地旅客选择从香港机场出发。粤港澳大湾区内的居民前去香港机场更便捷，香港国际机场有每日百余次往返珠三角多个口岸的客运码头，吸引了珠三角大量客源，据香港机场统计，2015年由珠三角来港机场飞往全球的旅客近500万人③。

近年来，随着周边城市机场的加快建设，香港国际航线的优势正在被国内其他城市追赶，广州白云机场仅在2018年世界航线发展大会上就签约欧美航线14条，加速在香港优势的欧美航线领域的争夺，预计到2020年，白云机场的欧美航线将达50条④，深圳的国际航线将达到48条，虽然仍不及香港

---

① 高成华.香港经济制度变迁对经济发展影响研究［J］.武汉大学，2010年5月。

② 香港国际化优势引领湾区建世界级机场群.中国临空经济网.2019.03.02，http://www.ae-cn.com/content.asp?id=8621&channel=3&classid=11.

③ 【深度】角力国际航线 珠三角机场硝烟再起.香港商报.2016.10.07，http://news.carnoc.com/list/370/370945.html.

④ 白云机场三期扩建 穗港打造枢纽”双核心”.香港大公网.2018.09.17，http://news.carnoc.com/list/462/462349.html.

一半，但在主要国际航线的覆盖率上将相差不多，香港国际航线优势将进一步弱化。同时，珠三角高新技术产业的不断壮大将带动内地机场的货运量增长，亦对香港航空货运业构成巨大挑战。

或许在硬件的改进、空间的拓展和航线的开辟上，香港航空业很难避免要被广州和深圳赶超，但在航空业长期繁荣条件下经年累月积累的管理效率、人才、服务等经验性条件方面，香港的优势依然无可比拟。

香港机场是世界上最繁忙、运作效率最高的航空港之一，很大程度上要归功于立法创新和运作模式创新。在立法上，香港制订的《航空货运转运（促进）条例》首次将“航空转运货物”免除进出口管制，转运货物无须再按照起初先进口、再出口的程序来处理，使得香港机场能够高效地进行整板整箱机坪直转和在货运站内拼箱操作，大大提高了香港机场航空货运的转运比例，奠定了香港作为国际航空货运的枢纽地位。在运作上，香港货运安保采用管制代理人制度（RAR），该制度采取诚信原则，对经过认证的货物基本免除安检直接放行（在货站内安检率为1%），由于香港绝大多数航空货运公司都参加了该项制度，因此从整体来看，香港货物安检效率非常高①。

人才和服务方面，香港机场管理局已成立国际航空学院，提供90多个课程培养航空领域的专业人才，政府拨款1亿港元成立“海运及空运人才培训基金”，后又向基金注资两亿港元，为从业者提供专业培训课程和考试费用返还，为海运和航空业公司提供学生实习酬金返还，为青年学生提供部分课程学费退还和奖学金支持等，以吸引更多人投身海运和航空业，拟将香港打造成粤港澳大湾区甚至“一带一路”的民航培训中心和专业人才库。香港在航空服务方面非常善于观察和创新，比如在机场建立贵金属储存库，为客户贵金属提供可靠的保管与结算服务；设置家庭值机柜台服务，方便有小孩出行的家庭便利值机；提供丰富的飞机餐种类，如素食餐、婴儿食品、医疗餐

① 杨文涛.香港机场航空货运持续发展的启示［J］.上海空港，2013（16）.

饮等，还有航空公司与米其林餐厅合作，将香港特色美食提供给各地旅客。

综上所述，香港仍然是全球非常重要的空港枢纽，也是粤港澳大湾区和“一带一路”重要的专业人才培育基地，具有不可取代的独特优势。

现有文献对于香港在港口方面优势的研究不少，因为港口是香港繁荣兴盛的一个发端，是最早形成并一以贯之的优势，因此在这里，本研究不再赘述香港港口基建的优势，而更多从香港港口的国际连接、监管规则、服务水平等方面来分析，香港港口在货柜吞吐量持续萎缩的情况下，还有哪些内地短期无法赶超的独特优势。

首先，香港是当之无愧的中外“超级联络人”，其港口串联和集聚的国际资源非常丰富。香港港口每周超300次班轮航行至全球470个目的地，吸引了国际巨头船东、船务公司汇聚，拥有全球十分之一商船船队的所有权或管理权，是亚洲第一大国际船舶融资中心、世界第四大船舶注册地。

其次，在港口物流专业服务领域，香港与国际通用规则接轨，在船舶买卖及租赁、航运代理、航运保险、海事法律服务等方面优势明显，聚集了全球800余家海运相关服务公司，使香港与国际市场贸易伙伴无缝对接。

此外，香港在供应链、转口贸易等方面先进的管理水平，以及国际物流经验丰富的专业人才也是其比较优势体现。

第三节　深港创新圈2.0总体战略构想

本节围绕深港创新圈2.0这一概念和提出初衷，搭建一套涵盖总体目标、核心思路、具体路径、战略重点和战略定位等关键思路的战略构想体系，作为策略建议的顶层设计。

一、为什么提出深港创新圈2.0

本研究认为，以CEPA及其补充协议为标志的深港合作框架和范畴属于“深港创新圈1.0”阶段，该阶段主要围绕贸易自由化、投资便利化、加强金融合作、保护知识产权等方面展开的合作，主要以政策上的修订为主，且政策修订缺乏系统性、全面性。这一阶段在体制机制、组织模式、利益协同等深层次上的改革创新不足，没能解决限制要素流动和合作交流的核心问题，导致两地深化合作、协同创新的潜力依然未能充分发挥，在制度、法律上缺乏衔接，在科技、产业上缺乏合作，在文化、情感上缺乏认同，这些问题已经严重限制了双方进一步的深入合作，把合作始终限于1.0阶段的水平。

“深港创新圈2.0”概念的提出是基于“深港创新圈1.0”概念之上，结合最新的国际湾区发展形势、国家重大战略、经济社会发展新需求，围绕“深港创新圈1.0”合作中未能解决的核心问题而提出的，相较“深港创新圈1.0”，“深港创新圈2.0”在双方合作的全面性、系统性、深刻性、突破性方面均有巨大提升，这种提升不仅是量的提升，更是质的飞跃。尤其是深港科技创新领域的合作，有利于香港各种独特优势更好释放出来，以科技创新破解困扰香港发展的深层次问题，巩固和提升其国际竞争力。如果实践成功，将全面推动深港两地共建世界级科技产业创新中心，成为我国“科技创新的发动机”，继而推动粤港澳大湾区建成具有全球要素资源配置能力和影响力的世界级科技湾区。

二、深港创新圈2.0体系是什么

如前所述，“深港创新圈2.0”是在“深港创新圈1.0”基础上的进一步升华版，将在系统性、全面性、深刻性和突破性方面有全面改进。

在系统性方面，“深港创新圈2.0”有总体目标、核心思路、具体路径、战略重点，点线面结合。总体目标是让深圳和香港充分发挥各自的比较优势，加强合作，共同打造世界级科技产业创新中心，以及国内改革创新的先行示范区。核心思路是将“一国两制”产生的合作鸿沟变为合作优势，发挥香港“超级联系人”作用，加快深圳以香港为桥梁与国际经济社会接轨，从更深层次破解区域合作桎梏，推动要素自由流动。具体路径是一方面以体制机制革新拉近双方距离，增进双方认同，稳固双方合作基础；另一方面以区域协调机制改革满足双方利益和需求，增进双方合作的意愿和积极性，拓展双方合作领域。战略重点是一要“高举高打”，将深港两地合作重要性纳入粤港澳大湾区建设这一国家战略框架中，争取更多国家层面的支持和赋权；二要“借力使力”，打破规划、计划的思维方式，调动市场主体积极性，事实上，在双方合作历史中，冲破制度和政策障碍的主力就是市场主体，在“深港创新圈2.0”阶段，应继续以市场为主导，将科技创新、产业合作、经济结构调整等交给市场，政府主要负责造环境、指方向、给政策、促改革；三是“利益捆绑”，通过差异化定位和合理的城市分工，形成“你中有我，我中有你”的紧密合作关系，实现互利共赢；四是要“解放思想”，探索官员容错制度，从实际出发、从需求出发、从目标出发，大胆探索，主动谋划，在体制、机制、政策上不断改革创新。

在全面性方面，“深港创新圈2.0”不仅停留在科技和产业的合作方面，还将拓展到更广泛的合作领域，探索出更丰富的政策工具，为科技和产业的发展营造卓越的创新生态环境。一是双方前一阶段合作基础上，“深港创新圈2.0”将全面推动双方在生态环保、教育、医疗卫生、公共管理、公共服务、社会保障、食品安全等社会治理和民生领域的深入合作。二是“深港创新圈2.0”将推动双方在基础设施、创新创业、人才交流、金融服务、贸易服务、出入境事务、社会组织培育等政策上的协调沟通，构建各具特色、相互衔接、搭配协同的组合型政策体系[①]。三是“深港创新圈2.0”还将从创新链、产业链、资金链、服务链、人才链上一条龙式地全面加强双方合作，形成高端人才、研发创新、科技金融、开放生态、先进制造等创新资源要素的全方位支撑。

在深刻性方面，“深港创新圈2.0”不仅停留在浅层的区域合作表象问题层面，而是通过对问题层次的树形分析，抽丝剥茧找到最为根本和核心的问题，并据此提出解决方案。本研究认为，深港创新圈合作中所反映出来的资源流动问题、合作效率问题、定位分工问题、理解互信问题等表象问题，归根结底是体制、机制、政策、文化、官员魄力和人均经济势差等深层次问题，而决定其差异性和融合难度的最为核心的深层次问题是“一国两制”下的政治制度、社会制度、经济制度、税收制度、法律制度、文化制度等差异造成的沟通鸿沟，这些问题如得不到解决，深港合作将停留在第一阶段无法继续深入开展，因此，进入到“深港创新圈2.0”阶段，必须解决最核心最深层次的问题，而随着这些问题的解决，深港合作必将进入更加广阔、顺利、快速的全新发展阶段，带来更多的可能性和想象空间。

在突破性方面，“深港创新圈2.0”将是深圳新时期体制、机制、制度、政策突破性最强，甚至称得上新一轮改革开放的纲领性、全局性重大改革，如能把握机遇推动变革，将会实现经济和社会重大转型升级。基于前面“深刻性方面”提到的深层次改革内容，“深港创新圈2.0”要实现深圳与香港两种不同的社会经济制度、税收制度、法律制度和文化制度之间的衔接、互恰，必须要做出体制机制和政策制度上的重大改革。那么何以判断现在是“深港创新圈2.0”全面启动改革的最佳时期？一方面，国家政策大礼包已到，乘着粤港澳大湾区城市群建设的东风，一系列改革更易扬帆起航。事实上，深港两地之间的改革说到底，还是以深圳自我改革为主，向香港所代表

① 马化腾等.粤港澳大湾区——数字化革命开启中国湾区时代［M］.中信出版集团。

的国际化制度靠拢接轨，而深圳的改革某种意义上又代表国家探索的方向，因此必须得到国家充分的授权。适逢粤港澳大湾区城市群建设上升到国家战略，深圳在这一框架下开展与香港的合作可以争取到更多国家层面的支持和赋权，把握到改革的“天时”。另一方面，两地近年来在体制机制和政策上的一系列大胆探索，如前海深港现代服务业合作区和落马洲河套“港深创新及科技园”，正在逐步成型或在小范围内取得成效，证明了改革的有效性，积累了可复制推广的经验，为全面改革突破争取到了“地利”。此外，随着广深港高铁的开通运营，“一地两检”的正式启动，深港科研人员和创业人员跨境交流的进一步通畅，两地政府高层间的频繁互访，两地的政府和民间交流日益频繁活跃，为改革积攒了“人和”。因此，“深港创新圈2.0”阶段将充分发挥“天时、地利、人和”优势，在“一国两制”的基础上，坚守一国之本，善用两制之利，大胆改革突破，争取在科技创新、人才交流、行政管理、社会发展、城市管理、土地空间等领域进行更多的制度创新，这也注定了该阶段是充满探索性、开创性的投石问路，将在曲折中摸索前进。

三、深港创新圈2.0的战略定位

香港特别行政区、深圳经济特区是中国两个弥足珍贵的“特区”，两种制度在如此临近的空间里切磋互鉴，在全球也绝无仅有。如今，深港两地的合作被纳入国家“粤港澳大湾区”城市群发展的战略高度，深港两地的经济发展、产业发展和科技创新已经不再局限于城市本身，对外，被国家作为拉动区域发展的引擎、引领国际合作的先锋、代表国家参与全球发达湾区竞争的绝对主力；对内，则作为全面深化改革、创新制度、探索内地与香港进一步深化合作、试探政策和机制突破边界的试验田和先头兵。

（一）全球科技创新活力区

深港创新圈汇聚了全球顶尖的高校资源和高科技企业资源，在源头性基础研发、市场化技术开发、科技型人才培养、高科技项目孵化、科技创新生态体系等方面有大量的资源积淀和巨大的发展潜力。

如香港高校在信息技术、电机及电子工程、智能制造、生物科技与医疗健康、环境与可持续发展等领域强大的学术和科研实力，以及在办学理念与机制、教师队伍、课程设置、教学管理等方面的鲜明国际化特色，为深港创新圈奠定了基础科研和人才培养的强大基础。

深圳不断进行机制创新，在联合办学、特色学院及新型科研机构方面取得了快速发展，形成了一批富有活力、贴近市场的创新主体。更重要的是，深圳在战略性新兴产业（新一代信息技术、生物、新能源、新材料、节能环保、文化创意、互联网）、未来产业（海洋、生命健康、航空航天、军工、智能穿戴、机器人、智能制造装备）等高新技术产业领域保持快速发展势头，高新技术产业规模全国领先，培育出华为、腾讯、大疆、比亚迪、大族激光、中广核、迈瑞、华大基因等一大批国际知名企业和无数细分产业的领军企业，在面向市场的科技创新、成果转化、应用领域占据了明显优势。

因此，深港创新圈2.0将着力打造深港跨境科研、教育共同体，将香港在科技创新前端的基础研发、国际化人才培养优势与深圳在科技创新后端的技术开发、成果转化应用等优势相结合，形成一条完整的、贯通的、闭环的全创新链条优势，成为全球科技创新最有条件、最具活力的区域。

（二）世界级新兴与高端产业核心区

深港两地分别拥有世界级的高科技产业和高端服务产业，深港两地的深入合作，必将深港创新圈打造成为世界级的新兴和高端产业的核心区，共同构成粤港澳大湾区建设最大的发动机。

深圳在高科技产业发展方面的一个独特优势是具有全球最优的硬件配套能力，如今深圳已成为硬件生态环境发展最为完善的城市之一，人称“硬件硅谷”。

其一，拥有最发达的硬件制造能力和软硬件集成供应体系，不仅涵盖了前端元器件和基础模块生产到中端的系统集成的整个硬件制造环节，而且聚集了大批上游的创意设计商和下游的解决方案提供商，具备了最为齐全的硬件生产配套能力，可以为硬件创业者提供所有需要的材料和要素。

其二，硬件制造产业链运作效率高、成本低，硬件配套齐全、分工精细、分布集中。一个产品从研发到生产原型只需2-3天时间，平均产品原型制作成本仅3万至5万美元左右，因此不管是效率还是成本上，深圳都将产品研发配套环境做到了世界顶尖水平。

其三，硬件创新创业环境也在逐步完善，目前已集聚了全国领先的创客空间、智能硬件孵化器、创投基金、智能硬件人才等资源，已成为智能硬件创新创业的中心。

同时，深圳是国内战略性新兴产业规模最大、集聚性最强的城市，新兴产业对GDP增长贡献率提高至53%左右，先进制造业占工业比重超过75%，5G、石墨烯太赫兹芯片、无人机、柔性显示等技术处于全球领先水平①。

香港在高新技术产业领域虽发展较缓，高新技术产业对其经济增长的贡献率远不及深圳和硅谷，但作为其优势产业的金融业、商贸业与科技服务业，可以通过与深圳合作的方式形成优势互补。

香港是全球金融中心，拥有与世界资本市场无缝接轨的成熟的金融市场，深圳可与香港对接人民币离岸中心等职能，将深港创新圈建成人民币跨境资本流动中心②，可利用香港成熟的资本市场加大科技金融创新力度，为深圳高科技企业的资金管理、资产风险管理、发行债券、上市融资等需求提供多样化的解决方案，并开展科技银行、科技保险等科技金融创新试点。同时，结合深圳信息技术产业发达的优势，推动区块链、大数据等技术在金融

① 2017年深圳市政府工作报告。

② 卢文彬.湾区经济：探索与实践［M］.社会科学文献出版社，2018.04.01.

领域的深度应用，大力发展金融科技[①]。未来两地可进一步破除资本流通障碍，加强制度的衔接，整合各自多层次的资本市场，加强功能的相互错位，促进资本要素在两地间自由流动。深圳以香港为跳板推动本土高科技企业拓展海外市场，吸收海外资本，香港以深圳为支撑开拓内地高新技术产业资源与国际资本对接渠道，双方实现互利共赢，共同打造世界级金融中心。

香港还是全球高端现代服务业的高地，拥有大批专业领域执证人才，具有丰富的国际业务办理经验，随着前海深港现代服务业合作区建设的不断推进，未来深圳与香港在法律、财务、管理、咨询等高端服务业领域将进一步深化合作，共建深港高端服务业高地。

此外，应充分发挥深圳数字经济（包括互联网、物联网、云计算、大数据、人工智能等）规模大、技术领先的优势，与香港完善的数字资产交易法律及金融制度优势相结合，双方联手打造深港数字化经济核心区，把握数字产业价值链高端和核心环节，引领符合时代趋势的数字化革命，推进数字化技术在产业发展、城市治理、民生领域的深度应用融合。

（三）国际科技合作的窗口区

深圳是我国内地改革开放最早的地区，也是参与国际合作最活跃的城市之一，具有高度外向型的经济结构，进出口总值连续25年居全国内地大中城市之首，与美国、欧盟、韩国、澳大利亚等多数发达国家和地区建立了广泛的经贸合作，尤其是随着“一带一路”倡议的实施，深圳开通了至明斯克的首条中欧班列，沿线国家的进出口额大增近两成[②]，成为“一带一路”外贸进出口的内地窗口。

除了外贸领域，深圳在科技创新和产业发展方面也不断丰富国际合作的

---

① 港澳委员畅谈深港澳金融合作：联合打造世界科技金融之都，南方网，2018年1月16日，http://kb.southcn.com/content/2018-01/16/content_180379403.htm.

② 深圳市2018年政府工作报告。

渠道。目前深圳已建立起城市与城市、城市与国外知名大学、城市与国际科研组织的科技合作机制，下阶段拟增设与以色列、加拿大、芬兰、澳大利亚、MIT等联合资助项目，不断丰富国际科技合作研发和国际科技合作交流。同时，深圳通过各种高层次人才奖励计划引进了5家诺贝尔奖实验室，并在旧金山、波士顿、西雅图、伦敦、伊夫林、多伦多、特拉维夫-海法、斯德哥尔摩等8个国际一流的创新城市设立了海外创新中心，腾讯、华为等一批企业在海外设立了异地研发或孵化中心，实现深圳与海外创新及产业资源的有效整合和对接。

深圳在进出口、科技创新和产业领域的对外合作称得上内地城市中较为深入和成功的，但无论从合作的广度、深度还是背后的机制和制度，深圳无疑远落后于香港。

由于历史、体制和文化等原因，香港本就是国际化程度最高的城市之一，东西方文化合璧、全球跨国公司集聚、各国移民混居，拥有与国际接轨的法律制度、政治制度、经济制度、社会制度和文化氛围，拥有国际先进水准的教育、医疗、社会保障体系，拥有国际最高自由度的金融、财税、贸易制度，以及最四通八达的港口、机场、国际通信体系等国际要素流动的基础设施，根据麦肯锡全球研究院2014年互联互通指数①测算，香港的互联互通数值仅次于德国，排名全球第2，互联互通数值在100%以上②。因此香港不需刻意融入国际合作，因为其本身就是一个国际化的微缩区域，全面浸入在国际化氛围中。更难得的是，香港在地理位置上、民族认同上、政治归属上又毫无疑问地属于中国，因此便起到了一头连接中国，一头连接世界的纽带和桥梁作用，因此香港无疑是中国连接“一带一路”国家和世界发达国家的最

① 互联互通指数（Connectedness Index）：由麦肯锡全球研究院在1995年发布，是一项反映跨境经济流强度的指标，测算方法是对全球131个经济体的经济活动中，跨境的商品、服务、金融、人力和数据流动进行数值测算，然后计量出该数值在GDP中所占的比重。

② 封小云. 粤港澳区域经济发展战略研究［M］. 广州：暨南大学出版社，2017.

佳窗口。

因此，深港创新圈2.0必须充分发挥香港国际化的优势，全面融合深圳在科技创新、产业合作、外贸进出口等领域的国际化优势，以及香港的高端服务、文化、体制和基建等国际化优势，拼船出海，在国际化人才共同培养、产业与技术合作、市场开发与贸易、科技产业园区建设、国际金融服务、基础设施援建等方面全面开展国际化合作探索，携手打造国际合作的窗口区。

（四）"一国两制"下内地与香港关系的探索区与缓冲区

早先阶段，香港与内地相比，无论是在经济规模、产业结构、人均收入，还是在基础设施、对外合作、营商环境上，都具有绝对的、全面的优势。但随着内地的改革开放和市场化不断深入推进，香港相对于内地的优势开始逐渐弱化，甚至在部分领域被反超：香港GDP被北京、上海反超，经济增速被天津、重庆、南京、杭州、成都、武汉等二线城市反超，中产住户占比也被上海和北京反超……尤其是在高新技术产业领域，香港在ICT（信息与通信技术）产业中没有一家有国际影响力的科技型企业和独角兽企业，新兴的高科技产业规模占GDP的比重微乎其微，R&D占GDP的比例仅0.7%左右（2015年数据），是全球最低水平，虽有一批国际领先的高校和科研院所，但由于本土高科技企业和产业的缺乏，使得科技源头创新无法得到转化应用，科技创新未能形成可持续扩大的循环闭环。

但是香港如今仍保留着较多的软性优势，如成熟的市场经济机制、完善的法律与法制、发达的高端服务业、开放包容的国际多元文化环境、良好的职业操守和社会效率、高效低阻的资源流动通道等。这些软性优势多基于香港的独特基因条件，内地其他城市很难移植复制，因此构成了香港相对于内地而言的独特核心优势。

在"一带一路""粤港澳大湾区"等区域合作发展战略、中美贸易战背后反映出的全球化倒退的隐忧、中国经济进入L型拐点、内地与香港经济实力对比倒置等背景下，如何在“一国两制”下，发挥出内地与香港更好的协同性和互补性，一方面利用内地科创大潮加速香港经济发展，维持香港繁荣稳定，另一方面借鉴香港制度开启内地新一轮的改革开放，更大程度上释放经济要素活力，改善民生，是一个非常重要的破题方向和探索方向，是国家战略层面上的重大考虑。

深圳作为在区位、合作历史、科技及产业互补性、经济体量、开放性、移民特性、市场机制等方面与香港最为接近和密切的内地城市，是最有条件和希望开启“一国两制”下内地与香港合作模式创新的地区，因此，深港创新圈2.0建设阶段将成为我国新时期下内地与香港关系的重要探索。

（五）深化改革开放和制度创新的先行区

如前所述，深港创新圈合作2.0将着重解决两地合作中深层次的体制、机制、政策上的藩篱，必将引领新一轮的改革开放和制度创新浪潮。

深港创新圈1.0阶段，深港合作取得了巨大成就，但由于受到“两制”下不同的经济制度、社会制度、法律制度、文化理念及生活方式影响，两地在产业合作、民间往来、创新创业等方面仍存在不少隔阂。那么究竟是深圳向香港看齐，学习香港的制度机制，主动与国际经济社会融合，还是香港与深圳接轨，两地找到一种折中的办法？

本研究认为，最好的答案是两法皆用，各有侧重。

一方面，在深圳优势明显的科技创新型产业发展领域，深圳政府所发挥的积极引导的职能功不可没，包括对科技创新的大力扶持、对新兴产业的前瞻规划、对社会资源的调度引导等，这些是值得香港借鉴的经验，香港政府应调整对经济的完全不干预态度，采取更加积极的手段支持引导科技创新和区域合作，将香港因特殊政策和制度所带来的优势转变为依靠科技实力和产业链支配地位的一种内生性的、可持续的核心优势，优化香港的发展质量。

另一方面，应正视深圳及内地由于体制机制、执政理念、发展阶段、增长模式、经济结构等方面的影响，在公平竞争、法制环境、生态环境、教育、医疗卫生、食品安全、公共服务、社会保障、社会治理、廉政高效、政策公开透明等方面与香港存在的巨大差距，以深港创新圈2.0建设为契机，引领新一轮改革开放，主动向香港学习，推进体制和机制向香港并轨，将香港的制度优势异地移植，以香港带动深圳乃至粤港澳大湾区尽快纳入世界经济、社会、文化体系之中。

总的来说，深圳与香港都需要进行一系列重大改革突破，而深圳及其所代表的内地城市，需要进行更大力度、更广范围、更深层次的改革，并且这种改革需要中央层面的授权，需要执政者刮骨疗伤的勇气和敢于冲破阻力的魄力。这也恰是国家赋予深圳和香港不可推卸的特殊使命，作为我国的经济特区和特别行政区，二者分别拥有“一国两制”下的最高制度创新权限，是粤港澳大湾区内制度创新、先行先试的先锋地，因此，无论从现实需要及前景、改革条件及契机，还是从政治任务及使命来讲，深港创新圈2.0必将成为全国深化改革开放和制度创新的先行区。

第五章

打造深港创新圈2.0的策略与建议

深圳与香港拥有粤港澳大湾区最有利的政治、经济、科技、金融、港口物流、跨境交流的资源及便利，未来深港两地若真正实现优势互补、分工协作、错位发展，完全可以承担起粤港澳大湾区主引擎的功能。

在政治领域，二者分别是我国的经济特区和特别行政区，是粤港澳大湾区内制度创新、先行先试的先锋地。在经济领域，深圳和香港的经济总量占整个粤港澳大湾区四成左右，人均GDP领跑粤港澳大湾区其他地区。在科技领域，深圳和香港分别拥有粤港澳大湾区内最发达的应用技术和基础研究创新资源，硬件和软件创新生态环境最完善。在金融服务领域，深圳和香港分别是全国和全球的金融中心，二者共同位列“全球金融中心指数（GFCI）”亚太区的前十五位，金融业资产规模、创新开放水平和体系建设均处于粤港澳大湾区内领先水平。港口物流领域，深圳和香港拥有粤港澳大湾区内吞吐量最大的港口，集装箱港口吞吐量常年位列全球前五。在交流领域，两地间是中国内地与国际资源交流的地缘交接处，形成了全世界密度最大的跨境交流。

因此，深港创新圈2.0建设将在合作范畴的广度上和合作层次的深度上为粤港澳大湾区这一国家战略的实现打下坚实基础。

第一节　以体制机制改革创新破解两地合作难题

体制机制是制约深港合作深度和广度的深层次因素，是深港创新圈2.0阶段相较1.0阶段的最显著差异和最根本改进，也是其他领域合作事项得以深入推进的基础性条件。

一、选准目标定位推进体制机制改革创新

根据第一章科技产业创新中心理论的定义，深圳和香港要打造世界级科技产业创新中心，首先要成为各类创新和产业要素的高度集聚地，其次要具有一定的源头创新能力，不断向外辐射和溢出。那么如何才能形成大量源头创新成果，并源源不断向外辐射，对外引领，真正成为所谓的“中心”呢？

首先，源头创新即颠覆性创新，具有五大特征（杨卫、郑永和、董超，2017）①：一是思想驱动，二是对现有认知进行颠覆，三是初期难以达成共识，四是成败概率不定，风险性高，五是学科交叉，协同创新明显。要成为世界级科技产业创新中心必须要具备包容这五大特征的基本条件。

其次，必须通过与外界的紧密联系，实现其技术的辐射和引领。这点并不难理解，“中心”城市是一个局部相对于整体的概念，因此，必须将其置于全球科技革命与产业创新的链环中，才能发挥其效用。所以这一点就要求“中心”城市必须具备自由畅通的国际合作渠道和创新要素流通渠道。

① 杨卫、郑永和、董超.如何评审具有颠覆性创新的基础研究［J］.《中国科学基金》2017（4）：314.

那么按照以上标准来检验，深圳是否具备了“科技、产业创新中心”的基本条件呢？我们逐条对比来看。目前深圳的教育体制不利于人才创新思维的培养，未形成具有批判性思维、敢于挑战学术权威的言论充分自由环境，科研评价认定体制缺乏非共识和自由裁量考虑，宽容失败仍停留在口号而未体现在政府和社会风险投资等实际行动的支持上，高校学科间缺乏交叉融合，仍未形成充分自由开放的国际合作关系。很显然，目前深圳在这六个方面条件都不充分。

为何在国内跻身创新一流圈层、有“中国硅谷”美誉之称的深圳还不具备成为国际科技、产业创新中心的条件？虽然深圳近年来不断加大对科技创新的扶持力度，全社会科研投入占GDP比重已经追赶上发达国家，对新兴产业的培育力度不断加大，对一流人才等创新资源不惜重金大力引进，PCT专利数量跻身全球前列，也涌现出了一批国际领先的高科技公司，但这些都没有触动到核心和本质，上述问题的共同症结在于体制机制创新力度不足，未能与国际主流社会顺畅接轨，未能有效发挥深圳作为改革开放先行先试试验田和“一国两制”全面合作先行区的路径探索和经验总结作用。而在粤港澳大湾区背景下，一些制约区域合作发展的体制机制障碍将有望通过新的制度优势来解决，新加坡国立大学教授郑永年（2018）认为，粤港澳三地虽然是“两制”，但我们是“一国”，有中央政府从中协调。换言之，大湾区应该成为“中国内部的欧盟”，既对标欧盟的高标准、好做法，又避免欧盟缺乏协调产生的弊病。

深港要联手打造世界级科技产业创新中心，不能只停留在外面修枝剪叶的程度，必须要从体制机制的层面破解制约科技创新和产业发展的深层次问题，做好创新土壤的改良，这也是改革开放走过四十年，即将迈入新阶段的要求，是贯彻习近平总书记关于改革开放“接力跑[①]”“迎难而上[②]”及中国发展“世界观[③]”等新理论新指导的具体实践。因此，在深港创新圈2.0阶段，深圳必须要联手香港共同开创一些体制性和机制性的突破，才能承担起新时期的使命，实质性地朝世界级科技产业创新中心迈进一步。

二、体制机制改革的重点方向和路径选择

为实现世界级科技产业创新中心这一目标，在深港创新圈2.0阶段，深圳应与香港联手，进一步完善科技与产业资源的互通与流动机制、市场互相开放与准入机制、创新资源要素市场化机制、粤港澳大湾区框架下两地之间协调合作机制、税收及司法体制对接机制以及国际开放合作机制等，由浅入深、由易到难，分步骤、分阶段地全面推进顶层设计的改革创新。

深圳市政府在研究河套地区“深港科技创新合作区”相关政策设计时，曾基于两地合作之间现存的问题，以及未来合作的目标，提出过一个“深港科技创新合作区开发建设面临的主要障碍及破解建议清单”（表5-1），清单中共列举出双方合作九大障碍，分别是：协调推进机制尚不健全，人、财、物流动不畅，税收过重弱化对高端机构和人才的吸聚力，市场准入限制较

---

① 据中国新闻网2018年12月20日发表的文章《庆祝改革开放 习近平传递稳健“中国预期”》，“习近平还以‘接力跑’为喻，对改革开放作出动员，‘一棒接着一棒跑下去，每一代人都要为下一代人跑出一个好成绩’。”

② 据中国新闻网2018年12月20日发表的文章《庆祝改革开放 习近平传递稳健“中国预期”》，“习近平形象地描述为‘我们现在所处的，是一个船到中流浪更急、人到半山路更陡的时候，是一个愈进愈难、愈进愈险而又不进则退、非进不可的时候。’既是对当前中国改革开放的清醒认知，也是明确回应外界：中国改革开放不会倒退，只会迎难而上，现在、将来都将持续推进。”

③ 据中国新闻网2018年12月20日发表的文章《庆祝改革开放 习近平传递稳健“中国预期”》，“习近平在庆祝大会讲话中说，改革开放40年的实践启示我们：开放带来进步，封闭必然落后。他强调，必须坚持扩大开放，不断推动共建人类命运共同体。中国的发展离不开世界，世界的繁荣也需要中国。这可看作对中国与世界相互依存、相向而行的‘世界观’的再次重申。”

多，司法制度衔接存在障碍，创新资源市场化能力亟待加强，信息互联互通水平较低，可开发利用的土地空间严重不足，交通瓶颈较为突出，其中前七条都属于体制机制的问题。清单还针对这些现存的障碍，从国家层面、广东省、深圳市及香港方面分别提出了若干建议，较系统而细致地为落马洲河套“深港科技创新合作区”的建设确立了改革方向，对合作区之外的更大范围内的深港创新圈建设也有一定的启示意义。

表5–1　深港科技创新合作区开发建设面临的主要障碍及破解建议清单①

障碍点	破解政策建议			
	国家层面	省级层面	深圳市层面	香港方面
1.协调推进机制尚不健全	1.将合作区建设提升至国家战略，明确建设和发展定位；2.国务院下设建设协调领导小组，建立部际联席会议；3.支持国家级科研机构在合作区设立分院、分所，建设科研平台。	1.在省级规划中明确合作区的发展定位、发展目标等；2.相应成立合作区建设协调推进机构。	1.成立由市委市政府主要领导挂帅的合作区建设领导小组；2.设立合作区管理局；3.编制合作区专项规划，包括产业规划和空间规划。	1.相应成立专责小组和管理机构；2.依据国家相关规划，编制河套A区）专项规划》，包括产业规划和空间规划。
2.人、财、物流动不畅	1.设立专用口岸，实行单边验放和24小时通关模式；2.设立合作区外汇管理机构，对区内机构一定限额以下资金跨境流动实行单位承诺申报、信息备案管理制度；3.针对科研物资进出口，实行“两关一次通”模式。	向深圳市下放入驻合作区的企事业单位人员、机构交通车辆出入境审批权和制证权。	1.建设“二线关”围栏设施，对合作区实行封闭管理；2.对内地入区人员实行“特别通行证”管理制度；3.运用智能通关技术提高“特别通行证”持有人员、车辆出区验放效率。	1.相应设立专用口岸，实行单边验放和24小时通关模式，只管入境（河套A）、不管出境（河套A）；2.运用智能通关技术，提高“特别通行证”持有人员、车辆入境验放效率。
3.税收过重弱化对高端机构和人才的吸聚力	1.在合作区推行特殊关税管理制度；2.对区内进驻机构采购自用的科研物质实行零关税；3.对区内进驻机构和境外就业创业人员参照香港税法征税。		1.设立国地税合一的税务管理机构；2.如未能争取国家税收优惠，采取地方税收留成部分奖补区内机构和境外就业创业人员。	

① 摘自深圳市《河套地区“深港科技创新合作区”的规划建设思路及相关政策建议》。

续表

障碍点	破解政策建议			
	国家层面	省级层面	深圳市层面	香港方面
4.市场准入限制较多	1.制定区内企业准入正面管理清单；2.准许清单内外资（港资）在区内设独资机构；3.下放医疗器械和药品进口注册审批权；4.率先推行深港执业互认，实行香港执业资格备案管理制度。		1.在区内设立独立的市场监管机构、食品药品监管机构；2.与港方签署市场监管信息交换协议、金融机构并表监管协议等，加强联合监管。	
5.司法制度衔接存在障碍	1.支持合作区创建中国司法体制创新特区；2.由全国人大授权深圳市人大制定出台合作区条例；3.支持在区内设立深圳知识产权法庭；4.准许合作区可选择执行内地、香港的商事法律。		1.在合作区设立知识产权法庭；2.组建由香港和深圳法官组成的商事案件联合仲裁庭；4.探索实施最严格的知识产权保护机制，实行刑事和民事并处制度。	1.与深圳签署一般商事案件联合审理和法律适用协议；2.与深圳签署知识产权法律适用和保护协议。
6.创新资源市场化能力亟待加强	1.支持合作区探索科技企业股权、知识产权、创新金融产品交易市场化体制机制；2.探索国际大科技计划项目市场化招投标体制机制。		1.设立跨境知识产权交易所、创新金融衍生产品交易所等；2.设立国际大科技计划项目全球招投标平台。	在区内设立以人民币计价的“深港创新板”市场。
7.信息互联互通水平较低	1.建设合作区至香港的直达国际数据专用通道；2.准许区内人士使用国外社区交流软件；3.推动建立深港海关信息一体化管理平台。		建立完善信息安全技术保障体系。	
8.可开发利用的土地空间严重不足	准许将皇岗口岸拆迁改造为合作区专用口岸。	协调解决广深高速福田保税区段回购事宜。	1.加快皇岗口岸拆迁改造、广深高速回购；2.合作区深圳区域内的土地全部国有化，住宅用地全部由政府建设国际人才公寓。	

续表

障碍点	破解政策建议			
	国家层面	省级层面	深圳市层面	香港方面
9.交通瓶颈较为突出		1.推进穗深港高铁通车；2.将珠三角城际快速轨道交通延至皇岗口岸。	1.加快广深高速福田保税区段市政化改造；2.规划建设市区内至皇岗口岸的直达地铁。	

（一）科技与产业资源的互通与流动机制

1. 建立起人才自由流动的机制。

人才的自由流动是科技与产业其他要素流动的载体，因此，笔者认为，解决限制人才自由流动障碍的迫切性要高于其他要素。实际上，由于经济发展水平和阶段的不同，深港两地在工资水平、社会福利、公共资源等方面存在较大的差距，因此，要实现两地人才的完全自由流动，短时期内并不现实。我们这里所指的促进人才自由流动，更多的是指破除一些人为限制人才流动的政策和机制，而把人才流动的自主性交还给市场机制调节下的人才本身。在两地人才流动的政策和机制障碍中，税务、教育、医疗等在后面章节中会有具体讲述，此处着重讲居留制度、执业互认和社保。

创造便利两地人才自由流动，有利于香港和外籍人才在深留居的制度环境。深圳市发展和改革委员会区域经济处处长卢文彬在《湾区经济：探索与实践》一书中提出，深圳与香港应共同向国家申请政策支持，在技术移民、国际人才资格准入负面清单等方面先行先试。对在深圳从事高科技创新创业的香港人才和外籍人才给予积分制的永久居留许可，使其在创业、就业、社会福利、购房等方面享受与深圳户籍市民同等待遇。同时，对有特殊或紧急需求人士，如参展商、国际学术研讨会、外籍学者在大学短期授课等受邀人员往返深港两地，探索实行有效期（如一个星期）内免签政策。

加强两地专业人才互认和免试执业。深港两地要积极推进专业人才资历和证书互认，可先从推行国际职业资格互认开始，允许具有国际职业资格的香港金融、会计、医护、建筑、设计、教育等专业人才在深圳备案执业。近年来内地尤其是深圳的人才在某些专业领域素质水平与香港差异大为缩小，因此，双方可借鉴欧盟资格认证框架的模式，在长期内，建立两地人才资历、学历、证书之间的转化参考标准，实现资格互认，待标准体系应用于实践中得到有效验证后，慢慢推广至粤港澳大湾区，形成国际化标准体系和粤港澳大湾区转化标准体系双轨制人才对接机制。此外，还可以借鉴“欧盟劳动力流动计划”，双方共同设立一个促进劳动力流动的非政府组织，整合和发布两地各行业就业需求，并为人才提供技能、语言、文化、政策等培训和资格认证等服务。

破解人员流动的社保障碍。允许在深圳工作的香港员工，其个人和公司为其缴纳的社保供款在离境时全数取回，或按照香港居民现有的“强积金”方式缴纳社保，即企业与个人强制缴存的退休“强积金”直接划入个人账号，不参与内地社会统筹，完全归自己个人所有。引入香港私人财富投资管理机构，为两地人才提供收益更稳健、运作更安全、服务更多元、模式更灵活的补充养老金方案和医疗保险方案。

2. 建立起科研物资和资金高效流通的机制。

由于深圳和香港的关税制度、口岸管理制度、外汇管理制度存在重大差异，两地之间的科研仪器设备和资金流通一直存在较大障碍，如内地政府拨款的科研经费不能过境香港使用，香港科研人员必须在深圳使用科研经费，完成科研项目。另一方面，香港是全球自由贸易港，绝大多数进口商品不征收关税，并且绝大多数科研物资可自由进入，不实行进口管制，这与内地较高的进口关税和较严格的进出口管制形成强烈反差，很多香港高校、科研机构、研发型企业在深圳开展科研活动，面临科研物资费用昂贵、物资受管制而短缺等问题，直接影响到科研活动的开展。2017年6月，24位在港两院院士在给习近平主席的信中反映了上述问题，得到主席高度重视，国家科技部、财政部等中央部委出台了《财政部海关总署国家税务总局关于“十三五”期间支持科技创新进口税收政策的通知》《财政部海关总署国家税务总局关于公布进口科学研究、科技开发和教学用品免税清单的通知》，相关十部门联合印发了《财政部教育部国家发展和改革委员会科技部工业和信息化部民政部商务部海关总署国家税务总局国家新闻出版广电总局关于支持科技创新进口税收政策管理办法的通知》等多项措施①，基本解决了国家科研经费过境香港使用问题和香港科研物资免关税入境等问题。但是，科研物资进口流程仍然较为烦琐，进口管制仍然较为严格，不利于深港合作的进一步深化。

因此，在深港创新圈2.0阶段，深圳要进一步简化科研物资通关的流程，对深圳区域符合国家部委免税条件的各类主体，其自用研发物资，可探索实行单位事先承诺申报、海关核发“通关单”以及“两关一次通”模式，提高通关效率。此外，在进口科研物资管制方面，探索清单式管理方式，对标发达国家管理措施，建立检验检疫风险分类监管制度，对于科研用低风险的动植物及制品进一步放开管制。

在资金的流通方面，双方有着现实的合作需求，但受制于目前的货币流通体系和金融监管体系，资金流动不畅，香港未能充分发挥其全球金融中心的作用。目前，包括深圳在内的内地区域信贷成本高企，尤其是在近两年国内普遍实施的“去杠杆”政策之下，企业（尤其是民企和中小微企业）通过直接融资和间接融资的限制非常严格，融资成本和门槛不断提高，而融资金额却不断降低，深圳虽有较为完备的金融体系，但在国内经济转型的大环境下，企业生存艰难、债务违约风险高企，风险投资和私募股权投资税收高昂、退出困难，企业上市标准不断提高、一级市场直接募资困难，银行信贷

① 海关总署明确十三五科技创新进口税政策，ZAKER，2017.08.18，http://www.myzaker.com/article/599582361bc8e00311000000/.

收紧、产品缺乏创新，整个融资体系正在经受重大考验。而与此同时，香港具有最开放、最丰富的金融机构和产品体系，最便利和最低廉的融资体系，最完善和最稳定的金融监管体系，这一独特优势与深圳需求形成了巨大的互补效应，未来，深圳应向国家争取政策，开放双方资金双向流通，鼓励深圳的企业到香港上市、发行债券、借贷，降低企业的融资成本。

3. 建立起科研材料、产品和技术低成本流通的机制。

香港的科研材料、技术和产品绝大多数已实现全球无障碍采购，且在特别前沿的技术领域研究受限较少，而深圳科研材料、技术和产品的采购则限制较多，且前沿方向的研究与国际合作受到一些限定，这都使得深港两地之间的科研合作难以在相同条件下开展。

因此，深圳应与香港联手向国家积极申请政策，在落马洲河套、前海等深港合作的重点合作区域内争取复制海南博鳌乐城国际医疗旅行先行区的部分政策，如特许医疗、特许研究、特许经营、特许国际交流等，拉近深圳与香港科研条件的人为差距。

一是积极推动深圳与香港试点合作区的深圳区域放宽进口科研材料、技术和产品的准入限制，以生物医药行业为例，准许已在国外依法上市、还未获得我国注册批准的药品按照新药注册特殊审批管理规定的要求实行特殊审批，对于临床急需进口的少量药品可经药品监督管理部门批准后进口等。

二是放宽技术研究方向和国际合作的开展的限定，向国家申请支持国际组织在深圳设立分支机构，鼓励深港联合举办大型国际会议，充分与香港资源嫁接，仍以生物技术为例，以香港生物科研平台为纽带推进深港澳与国际联合开展骨髓移植、干细胞临床研究与运用等高门槛科研合作。

（二）市场互相开放机制

市场互相开放准入是资源自由流动的前提条件，是粤港澳大湾区城市群建立的必要基础，也是深港共建世界级科技产业创新中心的合作基石。深圳和香港作为粤港澳大湾区内的两个主要城市，双方互相开放市场是粤港澳大湾区内实现自由贸易、深圳走向更高程度的国际化的第一步，也是发挥香港自由贸易制度优势和经验借鉴，提升我国改革开放新阶段对外开放水平的重要实践。

充分发挥香港自由贸易和对外开放优势，更加积极主动助力国家全面开放，这是中央在改革开放40周年之际对香港的希望①；进一步开放市场，允许更多领域，特别是香港高度发达的现代服务业进入深圳市场开展经营活动，这也是改革开放四十周年之际，中央对深圳提出“全面对外开放”的新要求。

在2000年加入世贸组织时，我国就允诺加快服务业开放，但时至今日，服务业对外开放水平仍然不高。深圳市体制改革研究会会长南岭认为②，目前“湾区9市③服务业平均水平不到50%”，而港澳“90%以上是服务经济”，香港的服务业国际化程度高、专业化水准高，与深圳可形成很好的互补。下一步，深圳应全面推进金融、现代物流、教育、医疗、文化传媒、法律服务等现代服务业对外开放，放宽现代服务贸易的准入范围，降低港资和外资投资门槛，全面提升对外开放水平。

在上述问题的解决方案上，多位专家学者曾提出粤港澳大湾区资源自由流动的设计方案，提出在长期内将深圳保税区、自贸区、合作区政策全面整合并在全域范围内复制推广，将深圳打造成为与香港一样的全域自贸区的设想。张思平在《“一国两制”与大湾区系列之四：移关合区，让大湾区成为最大自贸区》一文中提出，按照香港自由港模式，将粤港澳大湾区建成货

① 根据《中央对粤港澳大湾区的五大战略定位及香港澳门广州深圳的功能定位》一文中对国务院港澳事务办公室主任张晓明的专访，习近平总书记在会见香港澳门各界庆祝国家改革开放40周年访问团时提出了四点殷切希望：一是更加积极主动助力国家全面开放。

② 引自南岭在清华大学港澳研究中心主办的“粤港澳大湾区与‘一国两制’”学术研讨会上发表的题为《开放大湾区：“通”达天下，“通”向未来》讲话。

③ 指内地的广州、深圳、珠海、佛山、中山、东莞、肇庆、江门、惠州九市。

物、服务自由贸易的全国最大的国际化自由贸易区的设想，在大湾区内实施香港货物贸易和服务贸易及投资自由化制度，使大湾区内地九个城市与港澳形成类似“欧元区”的共同市场。暨南大学经济学院教授封小云认为，目前香港与内地贸易规则的不统一必定形成双方市场进入障碍，“香港准入规则由专业协会制定，内地则由政府专业主管部门制定”[①]，香港服务业市场准入资格主要针对提供专业服务的人员，既包括机构，也包括个人，而内地服务业市场准入资格则更关注于服务机构的资质，不包括专业人员，限制了很多香港服务机构的进入。因此，双方应建立多层次参与的共同的贸易规则制定体系，由独立的服务行业协会制定市场进入资质和服务标准，实现双方贸易规则统一。

在前海蛇口自贸区经验总结的基础上，下一步，深圳应向国家争取政策，将自贸区扩展到全市范围，进一步降低深圳与香港之间的关税差异，实现商品货物自由流通。在市场化认证较为成熟的领域（如建筑规划），实行行业协会开展专业资格认证及市场准入条件制定的模式，采用香港专业服务业的准入标准，实现两地准入标准的一致，将准入资格认定的对象由机构改为个人，放宽对香港专业服务人员的准入限制。进一步取消或简化歧视性和限制性的措施，如取消港资金融机构进入深圳市场的股权、业务范围等限制，取消法律、会计行业的法律实体、进入资质等限制，全面推行负面清单管理方式，形成清晰透明的市场开放规则和港资国民待遇。

（三）粤港澳大框架下两地之间协调合作机制

1. 管理体制机制创新

建立多层次的深港合作协调促进机制。在政府层面，深港两地可在粤港澳大湾区建设领导小组的框架下建立常态化的协作机制，如建立深港科技顾

① 封小云.粤港澳区域经济发展战略研究［M］.暨南大学出版社。

问制度，聘请香港籍人士担任深圳政府部门的科技顾问等，加强两地政策协同。两地政府间合作，主要解决两地顶层规划的统筹衔接、重大项目的落实安排、重大设施平台的共建、重大发展基金的联合设立、社会民生和公共事务领域的合作、一带一路战略的具体落实推进等全局性、重大性、公益性合作项目的推进问题。具体做法上，如两地可以联手牵头构建“粤港澳大湾区指数”，使之成为评价、检测粤港澳大湾区发展现状的重要方式和手段。同时，两地可利用各自信息化和数据资讯优势，打造信息化资源共享交换平台，实现创新资源数据的集成与共享，科技领域技术标准互认，支持香港建立信息中心，依照香港标准制定深圳本地的信息保护制度，以实现与香港的全球科技信息资源之间共享。此外，两地政府在制定各自发展规划时，应注重在基础设施、科技创新、产业发展等方面的衔接。

除政府外，企业、咨询机构、行业协会、联盟、非政府组织等民间机构也是多层次深港合作机制的重要构成部分，甚至是推动合作的第一主体和先驱力量。日本“东京-横滨-筑波”科技创新带的区域性规划体系主要是由智库居中协调衔接，政府把民间机构作为谋划区域统筹发展的重要力量。《粤港澳大湾区发展规划纲要》中也明确提出，充分发挥行业协会、智库、联盟的纽带作用，支持工商企业界、学术界等各类市场主体共同参与粤港澳大湾区建设发展。因此，在深港合作中，应当鼓励民间机构采用松散的非政府组织模式，承接适当的政府行业服务管理职能，深港两地可设立若干跨行政区域的非政府组织或专门委员会，解决一些区域内的公共问题，并在深港创新圈2.0建设阶段进行系统性的长期发展规划，以保证两地科技产业合作长期稳定发展。同时，大力支持两地企业界、学术界、科研界自发的交流合作，可探索双方共同设立产业合作基金和科研项目基金，撬动双方合作的积极性，并从政策和体制的角度破除交流障碍，为双方民间机构交流合作创造良好的环境。

2. 税收体制对接机制

深港两地税收体制差异造成一定程度上的要素成本扭曲和重复征管纳税，限制了创新和产业资源的流动，造成税收监管效率低下。因此，尽快推动税收体制对接，是推动“深港创新圈2.0”建设的基础性条件，也是粤港澳大湾区真正实现协同发展的重要前置性条件。

税收体制是中央和地方政府筹集财政收入和进行经济活动管理的重要载体，我国的税收权限高度集中在中央，是受到国家税收法律、行政法规规范管理的，因此，深圳要实现与香港之间在税收体制上的对接，必须要申请中央的充分支持，在当前粤港澳大湾区战略背景下，向中央争取一定的税收政策地方制定权，从而加强税收对本地经济的调节能力，努力消除深港两地之间的税制摩擦，积极推动深港两地税收体制的对接。同时，由于税收本身是一种收入再分配的调节机制，税收的改革将会一定程度上改变目前社会财富分配方式，为避免短时间内大范围的过激冲击，深圳可采取试点方式，以落马洲河套地区、前海地区等为试点开展一系列税制改革创新，待得到社会验证后再逐渐铺开至更大范围。此外，由于香港高度自治，深圳与香港的税制在税种、管辖权、征管体制、总体税负等方面均存在很大差异，短期内实现完全对接难度大，因此，推动两者的对接，可先从较紧迫、易解决的领域入手，逐渐由易到难过渡，处理好短期和长期的关系，如短期内降低税率，中期内简化税种、划分管辖权，长期内实现征管体制对接。

具体来讲，在短期内，深圳应积极向国家申请政策，在落马洲河套、前海等试点地区重点开展如下探索：

积极向国家申请地税的自主处置权。目前个税收入部分，中央和地方按照60∶40的比例来分享，深圳可争取全国人大授权，将地方分享的40%的个税部分用于支持科技创新和经济发展活动，如人才激励、税收补贴等，这也是在不影响中央税收前提下，赋予地方政府更多制度创新权限，激活地方创新活力的办法，是深港两地税制实现统一的必要条件。

改革香港居民在试点区域纳税方式。对在试点区域内就业的香港及外籍居民纳税方式，积极联合香港特区政府向中央申请突破性政策，免除其境外投资所得在深圳地区的纳税申报，统一按照香港税制对居民境外投资所得来计税[①]。解除香港人才一年在内地工作时间超183天按照内地税率缴纳个税的限制，使香港人才可以安心在内地从事科研活动。同时，深圳可探索对香港及海外人才在内地缴税与香港缴税的差额部分进行财政补贴，减轻香港人才来深圳工作的担忧。

实行试点区域内深港双方平等普惠的纳税制度。对进驻试点区域内的深港两地的企业、科研机构、服务机构、高校等创新主体，统一参照香港的税法进行征税管理，差额部分由地税补贴。

加大科技创新活动税收抵扣减免力度。对企业新增的科研费用部分给予差别化的更高比例的税收抵扣；实行企业和科研机构自用科研用品进口零关税；对资助科技创新活动的慈善捐赠实行全额抵扣，对个人和企业的捐赠支出实行所得税前全额抵扣政策。

在中期内，深圳可在试点区域，以及试点外的其他全市范围重点开展如下探索：

简化税种。当前香港主体税种12个，内地税种19个，作为内地重要税种之一的增值税在香港并不存在，这就导致在深圳的港资企业比在本土多缴纳相当一部分税种。上面提到的短期举措中有一条是在试点区域内统一按照香港税制纳税，中期内随着深港合作的不断加强，该举措势必要进一步放宽至更多区域乃至深圳全域范围。因此，该阶段深圳税制改革思路要逐步由特事特办的“治标法”向更加普适的“治本法”转变，要再次发挥先行先试和特区立法权优势，向国家争取税收政策地方制定权，通过立法方式确立简化税

① 香港利得税征收实行单一的所得来源地原则，来源于香港境外的所得无须纳税，而内地所得税实行居民管辖权及所得来源地管辖权双重标准原则。

种，尤其是间接税税种，最终实现与香港主体税种的对接。

划清税收管辖权，避免重复征税和漏税。深港之间的实体税法存在差异，如在所得税方面，内地实行居住地和所得来源地双重管辖权，香港实行所得来源地单一管辖权，这样容易导致同一税源同时满足内地和香港双重管辖规定，尽管我国已出台了《内地与香港特别行政区关于对所得避免双重征税和防止偷漏税的安排》，但仅适用于个别税种。因此，在这一阶段，深港双方应进一步明确各自税收征管权限，并通过信息化手段加强合作，完善对同一税源境外已纳税额部分的抵免制度，有效防止重复征税和偷漏税情况发生。

在长期内，深圳必须深度融入粤港澳大湾区建设，以粤港澳大湾区的高度争取国家更高层面的赋权，与粤港澳大湾区内其他城市合作重点开展如下探索：

统一粤港澳大湾区关税水平，减少税收造成的资源分布不均衡，提高资源利用效率，提升人民福祉。香港是全球知名的自由贸易港，对进出港区的大部分货物免征关税[①]，而深圳与香港之间，甚至深圳的自贸区与非自贸区之间关税政策差别较大，香港和前海蛇口自贸区税收优势明显，这将不利于创新、产业和投资的均衡分布，同时更不利于深港深度合作和粤港澳大湾区城市群战略的实施。因此，深圳应与粤港澳大湾区其他城市联手，向国家积极申请政策支持，向香港的关税水平看齐，使深圳和大湾区内城市能以更低成本进口国际先进生产要素和科技成果，提高创新和产业要素的聚集效应，同时也使湾区人民享受更优质、丰富、便宜的进口商品及服务。

建立起粤港澳大湾区统一的税收征管协作机构。由于内地与香港的税收征管体制、管理机构设置以及涉税争议解决程序等各不相同、相对独立，双方税务管理的合作存在一定障碍。因此，深港双方可牵头成立粤港澳大湾区

---

① 根据《香港特别行政区基本法》第一百一十四条规定，香港特别行政区保持自由港地位，除法律另有规定外，不征收关税。目前香港征收关税的项目极少，仅烟草、酒类、化妆品、甲醇等。

统一的税收征管协作机构，联合解决跨境经营的纳税者的涉税争议问题。

3. 司法体制对接机制

深港司法体制的对接是一个国家层面的难题，背后是整个中国大陆地区与香港之间在法律体系、司法机构、司法理念、审判方式等方面的重大差异，这就导致深港两地法院同时享有管辖权的商事纠纷易出现冲突，造成两地商事纠纷解决成本高昂、执行困难，不利于两地商贸和经济合作的进一步密切和深化。在“深港创新圈1.0”阶段，两地签署过一些司法协作安排的文件，但涉及两地民间商事主体纠纷的更大范围内的司法协作依然较少，政策坚冰有待进一步突破，这也是粤港澳大湾区战略背景下国家赋予深港合作的使命和机遇，是“深港创新圈2.0”阶段的一项重点工作内容。

《粤港澳大湾区发展规划纲要》中，涉及深港司法对接的方向主要有三个：一是推动香港法律服务在深圳的进一步开放①；二是加强深港司法协作，共建纠纷解决机制②；三是使香港成为深圳企业走向“一带一路”国际市场的国际法律服务中心和国际商事争议解决中心③。不难看出，国家对深港司法合作上的突破寄予厚望，不仅希望进一步推进两地民间商贸合作，还希望可借此巩固和提升香港在亚太地区的仲裁地位，进而服务于粤港澳大湾区联合拓展“一带一路”国际市场的国家战略。因此，深港未来必须联手，围绕国

① 《粤港澳大湾区发展规划纲要》中提出“推动对港澳在金融、教育、法律及争议解决……等领域实施特别开放措施，研究进一步取消或放宽对港澳投资者的资质要求、持股比例、行业准入等限制”。

② 《粤港澳大湾区发展规划纲要》中提出“加强粤港澳司法交流与协作，推动建立共商、共建、共享的多元化纠纷解决机制，为粤港澳大湾区建设提供优质、高效、便捷的司法服务和保障，着力打造法治化营商环境。完善国际商事纠纷解决机制，建设国际仲裁中心，支持粤港澳仲裁及调解机构交流合作，为粤港澳经济贸易提供仲裁及调解服务”。

③ 《粤港澳大湾区发展规划纲要》中提出“加强法律事务合作。合理运用经济特区立法权，加快构建适应开放型经济发展的法律体系，加强深港司法合作交流。加快法律服务业发展，鼓励支持法律服务机构为“一带一路”建设和内地企业走出去提供服务，深化粤港澳合伙联营律师事务所试点，研究港澳律师在珠三角九市执业资质和业务范围问题，构建多元化争议解决机制，联动香港打造国际法律服务中心和国际商事争议解决中心”。

家上述重点方向，主动谋划一些创新性的司法合作，充分打开国家的政策空间，为新时期“一国两制”之下内地与香港的合作探索更多经验。

结合《粤港澳大湾区发展规划纲要》的要求，以及目前两地商贸合作实践中的核心问题和诉求，笔者认为下一阶段两地应联手重点突破的司法合作内容主要有以下三个方面。

第一，进一步降低香港法律服务业进入深圳的门槛。目前国内一线城市中，深圳是外国律所驻华代表处最少的城市，据深圳市司法局党委书记、局长蒋溪林介绍，“外国律所驻华代表处上海有118家，北京有88家，广州有7家，而深圳只有1家[①]”，而国内律所中能独立办理涉外仲裁及诉讼的律师不到200人，这与深圳常年保持国内出口额之冠的国际贸易体量极不相称，因此，过去深圳大量企业到香港寻求涉外法律服务。“深港创新圈2.0阶段”，深圳应进一步响应国家号召，降低香港法律服务业进入门槛，把香港优质的国际化法律服务引进来，让本土企业能够“足不出户”地享受跨境法律便利服务。具体做法如推进深港法律职业资格互认，允许香港律所5年以上执业经验的律师免考直接获得内地法律职业资格证书；简化或取消深港联营律师事务所设立的逐层审批；进一步放宽对香港投资者的持股比例要求，允许港商在深圳设立独资律师事务所；允许香港在深圳设立调解、仲裁等多元化纠纷解决机构；在深圳拟设立的涉外法律服务研究院及国际律师学院中，采用聘任制等形式引进一批香港资深的国际仲裁和贸易审判人才，提升深圳法律服务业的国际化水平。

第二，建立深港多层次、全方位司法协作机制。在解决粤港澳跨境纠纷方面，ADR（Alternative Dispute Resolution）即替代纠纷解决方式[②]是一个很

① 深圳要成为大湾区法律服务高地，南方日报，2018.08.31，http://www.myzaker.com/article/5b88fe3e77ac640a5e57d946.

② 诉讼外若干纠纷解决方式的总称，包括仲裁、谈判、调解等。

好的协作途径，应充分发挥粤港澳商事调解联盟[①]和深圳国际仲裁院[②]的作用，进一步扩大仲裁的适用范围，进一步推进深港双方相互承认和执行仲裁裁决。中国盈科律师事务所合伙人律师邓智荣认为[③]，应当允许自贸区按照深港两地区域法律求同存异的原则，为达到最大化合作目标而制定自己区域的法律法规，参照国际条约模式互动交流，并可探索“香港国际仲裁中心与深圳国际仲裁院以联营方式共同成为自贸区商事争议解决骨干”。

第三，合作推动香港成为“一带一路”国际法律服务中心和国际商事争议解决中心。“一带一路”沿线涉及64个国家，分属不同法系，深圳本土企业很难熟悉各国法律法规的情况下，走出去的法律风险非常高，需要将中国大陆法系与香港英美法系经验相结合，并依托香港在国际贸易、金融投资、企业收并购、知识产权、基建、劳资等涉外专业法律服务方面的经验，更安全合规地拓展“一带一路”国际合作业务。同时，双方的协作发展也能使香港共享深圳产业发展的红利，帮助香港在与新加坡的亚太仲裁市场一哥的地位角逐中胜出。双方可依托“一带一路”法律服务联合会、深圳国际仲裁院、粤港澳商事调解联盟、前海法庭等一系列现有平台进一步理顺机制，拓展合作空间，也可联手打造一些新的法律协作平台，将协作区域拓展到前海以外的深圳全域范围，将深圳打造成为大湾区法律服务高地，将香港打造成为“一带一路”国际法律服务中心和国际商事争议解决中心。

---

① 成立于2013年，由深圳国际仲裁院以该院调解中心为平台，联合深圳证券期货业纠纷调解中心、香港中国企业协会商事调解委员会、香港国际仲裁中心香港调解会等粤港澳地区十二家主要商事调解机构共同创立。

② 又名华南国际经济贸易仲裁委员会，1983年在深圳设立，理事会理事有三分之一以上来自境外，仲裁员三分之一以上来自境外49个国家和地区，建立起“商会调解+仲裁”、“展会调解+仲裁”和“香港调解+SCIA仲裁”的专业化争议解决业务体系，为境内外当事人提供多元化的争议解决服务。

③ 邓智荣.粤港澳共融 实现创新区域发展［M］. 香港城市大学出版社，2017:311-321.

第二节 以高等教育为纽带推进科技与产业合作

一、深港两地高校教育合作的基础与方向

深港两地在高等教育的水平和理念上有较为明显的差距。深圳高等教育资源严重缺乏，普通高等院校仅12所，在我国大城市中处于末位。近年来，深圳市已通过合作办学或开展项目合作的方式聚集了28所国内外一流高校，10所特色学院签约落户，在办学机制上也更灵活多样，如南方科技大学率先建立理事会治理机制，首创高考综合评价招生模式（高考成绩+能力测试+高中阶段成绩）。目前深圳各区都在积极引进与本地资源相匹配的知名高校及特色学院，掀起了高等教育竞相发展、全面迸发、百花齐放的风潮，有望快速弥补深圳基础科研和创新人才的不足。但是，受制于体制、理念、国际要素流动等限制，深圳的高校总体基础研究实力仍然落后于北京、上海、香港等城市，培养的人才也无法满足本土企业的需求，限制了深圳的源头创新突破，尽管香港与深圳在高校方面开展了一些合作，香港科技大学、香港中文大学、香港城市大学、香港理工大学、香港大学、香港浸会大学六所知名港校入驻了深圳虚拟大学园，但入驻高校在深开展基础研究的规模远小于其香港本部，且同时承担着成果转化、创业企业孵化和人才在职培养等任务，在基础研究方面缺少充足的人力和财力投入。香港中文大学在深圳龙岗区设立了分校区，主要开展基础研究和本硕博的人才培养，但研究成果与本地企业之间没有形成很好的转化机制，实验设施共享、校企联合研发、高校科研人员到企业兼职等方面均没有多大突破，培养的人才也有相当大一部分选择出国进修。

香港的高校拥有与国际接轨的办学理念与机制、教师队伍、课程设置、

教学管理经验，总体实力更高一筹，有五所大学进入QS 2017世界大学排名的前100名，在信息技术、电机及电子工程、智能制造、生物科技与医疗健康、金融与大数据技术、新材料、智慧城市、环境与可持续发展、海洋科技等领域研究实力国际领先，拥有一批在国际专业领域声望斐然的优秀教授、学者，以及有较强影响力的实验室。但这些在国际学术领域有影响力的学者和实验室普遍规模较小，政府资助不稳定，且由于香港缺乏高新技术产业支撑，高校基础科研得不到产业转化，科技人才无法在香港就业，反过来影响高校的生源质量和实验室的持续运营。香港科技大学电子与计算机工程学系教授李泽湘在《打造世界的“新硅谷”》一文中指出，香港高校现有的机制在智能时代下显得有所不足，“大学依然以单科专业培养作为主要的教学模式，教授搞研发都以论文专利作为最终目标，造成很多专利只停留在学术的层面上，无法发挥它们的价值”。李泽湘在对美国波士顿附近的富兰克林欧林工程学院、斯坦福大学的D设计学院、麻省理工学院的媒体实验室等高校的创新型组织进行研究后提出，这种以问题为导向，鼓励多学科融合的课程设计是未来社会对高等教育的新需求。

而这一趋势，也正是深港两地以高校教育为纽带的科技创新合作的优势互补所在之处，因此两地未来高等教育领域的合作重点应该是发挥香港办学体制、理念、学术自律、国际创新资源的优势，继续巩固香港在全球源头创新领域的堡垒，同时结合深圳高新技术产业的实际应用需求，引导与实践相结合的应用技术创新，共同开启高等教育的探索性改革，促进大湾区教育的国际化和现代化。

二、深港两地高校教育合作的策略与路径

（一）联合创建新型高等教育模式，开启教育改革

利用香港灵活的办学机制，在落马洲河套地区设置一所集科研、转化和

人才培养于一体的纯自主招生模式的新型理工类高校，将人才培养模式从传统的学院派的理论型人才培养向企业家、工程师式的项目实践派转变，在解决复杂的科研项目过程中跨学科组建科研团队，完成覆盖研发、设计与制造的技术方案商业化实现流程。深圳高科技企业的企业家、工程师可以参与到高校教学活动中，结合实践经验给予学生指导。深圳的企业可通过学费补贴等方式委托高校进行订单化人才培养。

吸引香港乃至全球顶尖的高校在深圳开办分校或设立特色学院，通过线上与线下相结合的更灵活的方式，为深圳本地企业提供高科技专业培训课程。同时，放开香港职业培训机构在深圳设立和经营的限制，积极引进一批顶级的香港职业培训机构在深圳设立分支机构或者培训总部，为深圳本地人才提供执业技能培训服务。

（二）鼓励两地产学研间建立更加灵活的科技合作组织与模式

近年来，香港高校与深圳高科技企业已经联合共建了一些实验室，比如香港科技大学的杨强教授与腾讯公司共同成立了微信-香港科技大学人工智能联合实验室，华为与香港科技大学共同成立了华为诺亚方舟实验室，取得了较好的效果。但目前合作的案例和涉及的学科较少，参与到合作中的高校和企业数量不多，且以大企业为主，中小企业鲜有机会参与其中，当然，联合共建实验室本身对于企业的科研实力有一定要求，与合作的高校之间也要基本相当，这样就把高科技中小企业排斥在外了。如何让更多的中小企业参与到产学研合作中，需要在合作的机制和平台上更加灵活化、丰富化，深圳龙岗区在这方面做过一些尝试。

龙岗天安数码城是一家以高新技术中小企业为主要租户的园区，正在代表园区内体量较大的医疗器械产业领域的中小企业，与香港中文大学（深圳）的诺贝尔医学实验室计划共建医疗手术机器人实验室，预计很快建成。这种借鉴共享经济思想把中小科技企业联合起来，以产业园区作为平台与高校合作建设研发载体的方式正是高校与企业间多元化合作模式的一种探索。

除此之外，可探索打造高校与产业合作的生态系统平台，探索将高校基础科研设施、成果、科研人员等资源放入生态系统平台，企业可在此生态系统平台上开发产品及应用服务，并将所得收入与高校创新系统平台进行一定比例分成，通过这种方式，将科研成本的收回从产权交易阶段向后端的商业化阶段推移，有效降低了知识产权应用的难度，加大研发创新与市场化结合的频率，并且有效扩大了知识产权的应用范围、实际效用，也反过来提高了知识产权的收益，通过价值贡献和分享，将高校和大中小科技型企业的创新力量拧成一股绳。同时，还有另外一种思路，借鉴日本“超大规模集成电路研发联盟”、美国“半导体制造技术战略联盟”的技术联盟思路，由政府牵头，打造联合高校、科研院所、企业、非营利机构在内的科技创新联盟，按照各自特长分工协作，联合研发创新，共享知识产权，这种做法的好处是可以集中全国的科研力量专攻某些国家战略领域，取得国际领先地位。

（三）引导香港高校的创新创业项目在深圳落地

香港高校的科技创新创业活动非常丰富，而且具有较高的水准，如香港科技大学的“百万金奖”国际创业大赛和“无人机与智能机器人创新创业大赛”活动，依托香港科技大学自身完整的创新创业生态体系，以及深港两地优秀的创投、创业导师、孵化及产业资源，培育了众多优秀的创业者和高潜力的科技企业，其中，极视角等近十个团队已成功获得投资，并获得快速成长。

但香港创业环境并不利于创新创业团队的发展，香港用地空间的可拓展性不足，房价和租金成本高昂，创业成本高居全球第二，再加上香港本地缺乏创新产业环境和投资高科技创业企业的风险资本，因此与做创业后端的孵化加速环节相比，香港更适合做前端的创新创业人才培养和项目库建设，其定位更适合作为培养和输送创新资源的源头。

将深港两地青年创业大本营设置在深圳是一个比较合适的解决方案。深圳应加强对香港高校创新创业大赛优胜团队的支持和引进力度，深圳企业可通过冠名、赞助等方式为创新创业团队提供奖金支持，或者将企业正在构思的项目交给创新创业团队操练，为创新创业团队提供企业家和工程师等导师资源支持。此外，深圳政府应该构筑环境，想方设法吸引和留住这些优胜团队，包括提供孵化加速空间，一揽子政策对接、技术对接、市场对接、资金对接等服务，低成本的人才居住空间，以及人才出入境最便捷、居留服务最优质、执业创业最宽松、生活最舒适的创新创业环境。

第三节　以产业优势互补推进重点领域联动发展

一、深港产业合作的着力点与方向选择

政府在考虑两地的产业合作问题时，一定要将企业和市场的选择放在第一位，因为他们才是推动产业合作的主体，必须调动他们的积极性，解决他们合作中的问题。相反，政府人为规划的产业合作，如果与企业和市场选择相悖，必定停留在纸面无法落实。

因此在两地的产业合作中，如何处理好政府引导与市场选择的关系，如何在克制住政府干涉市场的冲动同时，合理发挥政府的引导和支持作用，如何划分政府与市场的职责边界，精准找到政府该做的事，做好市场的助攻，弥补市场的失灵，这才是双方政府应该关注的问题。目前看来，这也是一个较难突破的问题。由于两地的经济制度、发展理念不同，深圳及所代表的内地城市依然是市场与行政手段双轨制并行的经济运行模式，“规划”“计划”“纲要”等政府动作对市场影响很大，而香港则是全球最自由的市场经济主体，政府在经济领域奉行“不干预”政策，香港人比较反对“被规

划”“被计划”，因此双方政府在引导产业合作过程中，必须先要在理念和思路上达成共识，才可能有下一步更精准、更深入、更有效的合作。

首先要明确，双方政府在产业合作中的着力点，应放在市场失灵的地方，比如基础研究投入不足、信息不对称、要素流通不畅、环保及就业压力、区域整体战略实现等通过市场无法解决的社会问题方面。其次，把产业合作方向选择的主动权交还给市场，政府因势利导，做好辅助支持和资源整合，同时，结合市场以外因素，在充分调研的基础上，做适当补充。

具体来讲，在方向选择上，企业和市场的不断探索和实践其实已经做出了选择，其逻辑非常简单，就是资源互补、互惠互利，政府也要遵从这一基本规律，同时发挥自身更广阔的视野、更长远的眼光、更全局的战略等长处，结合产业及其背后的技术本身的发展前景、该产业领域对本地产业结构优化和转型升级的带动性和辐射性，以及是否能够解决本地发展中存在的问题等考量，对市场选择的产业领域做一些补充；在环境营造上，政府要从促进双方产业要素互联互通、自由流动、交换共享等方面出发，重在搭建通道和设施平台、建立沟通协调机制、整合与开放资源、加大资助扶持和公共服务等，比如罗范椒芬提出建设香港科学园大湾区分部，鼓励香港科学园与地产商合作，输出管理模式，引进香港本土或国外初创企业，将香港研究成果在大湾区内转化。还提出设立大湾区统一资讯平台，将粤港澳大湾区各城市优惠政策进行集中汇总和发布。此处才是政府发挥作用的重点。

按照以上思路，深港两地主要合作的产业领域应该包括但不限于新一代信息技术、人工智能、机器人等智能制造装备、生物与健康、新能源、新材料等高新技术产业，金融、物流、贸易、国际财会与法务等高端专业化服务业，以及节能环保、地质灾害防治等公共治理领域。

从近几年深港创新圈资助的产业项目来看，香港与深圳的产业界、学术界在生物与健康产业、新一代信息技术产业、高端装备制造产业、新能源、新材料等领域已经有了一定的合作基础，尤其是在生物制药、医疗器械、医疗服务、集成电路、机器人等细分产业领域，开展了一系列产学研联合技术攻关。这些领域恰恰也是市场潜力巨大、对区域产业技术升级至关重要的领域，未来深港两地要继续巩固这些领域的发展，同时结合最新市场趋势和技术演进，积极布局一些新兴产业和业态。

二、深港各产业领域合作的前景与愿景

（一）数字经济

互联网、云计算、物联网、大数据等新一代信息技术领域是数字经济的重要组成、发展基石，也是开启数字化革命的先锋战场。2017年世界知识产权组织关于全球100个创新中心的研究中，深圳和香港地区数字通讯领域专利发现集中度高达41.2%，是全球数字通信技术最为密集的创新区。

由此可见，数字经济不仅是当今国际科技和产业变革的先导领域，也是深港两地在全球最具优势的合作领域，未来，两地应进一步加强合作，巩固优势，可将深圳国内领先的数字技术优势，与香港和国际接轨的数字法规与金融环境优势、电讯收费低廉优势、数据易于获取的优势相结合，双方共同设立一个互联互通的大数据平台，平台的数据资源向深港两地，甚至粤港澳大湾区的城市政府、企业开放，鼓励企业从数据中开发应用程序。同时，共同在符合数字经济企业发展需求的数据开放、税收、政策扶持、投融资等环境方面开展探索尝试，加快构建智慧城市生态，掌握“一带一路”数字价值链核心环节。

（二）人工智能

在人工智能领域，要将深圳完备的电子硬件基础优势与香港高校科研优势结合起来。深圳拥有最发达的硬件制造能力和软硬件集成供应体系，完整的产业链可以让AI产品快速落地，同时作为信息消费强市，深圳在医疗、教

育、城市管理、交通管理等领域的AI行业应用水平走在全国前列。再次，深圳作为拥抱新兴产业最积极的城市，集聚了全国领先的创客空间、智能硬件孵化器、创投基金、智能硬件人才等资源，已成为智能硬件创新创业的中心。据《2017中国人工智能产业报告》显示，全国人工智能创业公司中，有15.5%位于深圳，在全球人工智能企业数量排名榜位居第八[①]。

同时，香港拥有一大批人工智能领域的国际著名学者和研究机构，包括国际人工智能协会（AAAI）、国际人工智能联合会（IJCAI）理事会主席杨强，计算机视觉国际期刊（IJCV）首位华人主编、商汤科技联合创始人汤晓鸥，香港中文大学工程学院副院长黄锦辉，香港大学的李安国教授、俞益州教授，香港应用科技研究院的杨美基博士等，这些教授建立了在这个领域有一定影响力的实验室，如微信与香港科技大学人工智能联合实验室、香港科技大学华为诺亚方舟实验室、香港中文大学多媒体实验室、香港科技大学大数据生物智能实验室等[②]。从这里不难看出，其实深港两地已经开展了企业与高校之间的产学研合作，并且与以往香港发挥科研优势、深圳发挥制造优势不同的是，在这个新兴行业，两地研发各有所长，高校和企业间的联合研发将成为这个产业的新型合作模式。未来，双方将进一步发挥比较优势，通过联合技术攻关、联合培养人才等多种形式，在计算机视觉、自然语言处理和机器学习、智能产品及系统、芯片传感器、人工智能软件等人工智能核心技术和产品领域开展深度合作，同时积极推动其在金融、物流、家居、娱乐影音、文化创意、自动驾驶等方面应用，不断催生新的业态。

（三）机器人、智能装备

在机器人及智能装备领域，深港必须依靠积累优势联手拿下这一行业话

---

① 加强与香港合作、产学研融合深圳积极打造人工智能产业的全球高地，东方财富网，2018.07.10，http://baijiahao.baidu.com/s?id=1605555456706015469&wfr=spider&for=pc.

② 马化腾等.粤港澳大湾区数字化革命开启中国湾区时代［M］.中信出版集团。

语权。李泽湘在《打造世界的“新硅谷”》一文中提出，“芯片技术推动了计算机、互联网以及移动互联网技术的发展，每一个应用的发展又都带来了人类科技的新变革，下一个重要的应用将会在机器人、物联网和各类智能系统领域出现”，“香港的工业化，并不是回归以前的制造装备和技术，而是靠工业机器人、智能制造来实现”，这句话同样适用于深圳的转型升级。

香港在机器人领域拥有李泽湘、王煜、刘云辉、孙东、李有福、田之楠等一批在国际上有影响力的科研带头人，还有一些香港名校实验室，如香港科大机器人研究所、香港中文大学天石机器人研究所、香港城市大学机器人与自动化研究中心和香港大学高端机器人实验室等，在机器人和智能制造领域具有雄厚的科研实力。

深圳在数控和智能装备领域拥有一批国内外领先的企业，在数控产品领域，已攻克控制器、伺服驱动等机器人关键零部件领域，机器人本体、系统集成等产业链环节发展良好，3C、物流等行业应用的工业机器人，以及AGV（自动导引运输车）、无人机、家庭机器人等服务机器人异军突起，涌现出了固高、优必选、勇艺达、雷柏科技、麦格米特、汇川、泰达机器人、雷赛智能等一大批优势企业。在智能装备领域，深圳是国际制造门类最全的城市，从动力系统的直线电机、矩阵电机等到传输运动系统的自动化模组、丝杠等，再到控制系统如伺服、步进以及人机界面等，技术均领先全国并已达到世界先进水平，产值规模已达千亿元[①]，其中固高、华数、福士等100余家机器人制造企业生产的工业机器人正被全球各地自动化生产企业广泛应用。

同时也必须看到，深圳在减速器等机器人产业的核心器件领域仍然较为薄弱，必须和香港共同加强研发，弥补核心技术和核心器件的不足，共同推

① 2017深圳机器人产业发展白皮书，深圳市经济贸易和信息化委员会、中国科学院深圳先进技术研究院、深圳市机器人协会共同编写。

动机器人和智能系统在制造业领域的应用，并向家庭服务、医疗、教育、娱乐、物流、农业、应急等方面不断拓展和普及应用，共同打造机器人和智能装备产业的研发设计、核心部件研制、系统集成及应用中心。

（四）生物医药、生命健康

在生物医药与生命健康产业领域，双方可探索共建国际生物医药产业基地，在生命信息、基因、干细胞、免疫细胞、精准治疗等细分领域开展合作，联合向国家申请设立华南区新药审批中心、国家医疗器械技术审评分中心。双方可在深圳选择一块合作试验区域，开展基因检测等新型医学检测技术应用推广试点、细胞产品优先审批通道筹建试点、免疫细胞治疗技术临床应用和示范推广试点等，试行国际通行的药品、医药器械的监管审批制度，申请特定医疗机构临床急需进口药品审批政策试点，推行医疗器械注册人制度，实现医疗器械产品注册和生产许可的两分离，逐步放开境外资本在先行区设立独资医疗机构等合作。

（五）节能环保

如果说前面的产业合作更多依靠市场力量完成，那么节能环保领域的合作则是需要双方政府达成共识、建立合作机制、加强引导来推动的。其一，深圳与香港仅一河之隔，拥有共同的大气、水源与环境，深港两地具有不少跨境生态线，有共同保护的合作需求；其二，深圳与香港拥有密切联系、高度交换的生产要素资源及随之而来的污染物，排污与治污难分你我，目前大量粤港两地牌照汽车和货柜车在深圳市内行驶，随着港珠澳大桥正式通车、莲塘/香园围口岸即将开通，两地间的要素流动将更频繁，加剧生态环境的影响，这些由双方共同产生的污染必然要由双方共同治理；其三，深圳与香港在新能源、节能环保等技术和产业领域均具有一定的实力，也具有可持续发展的理念，能够联手开展生态环境的治理和保护。

因此，深圳与香港在节能环保领域，可以加强中长期生态规划的协调与对接，在两地边界区域建立联合生态灾害预警、应急处理机制，共同开展大气、水污染和垃圾处理等治理行动，在两地边境共建一些生态环境自然保护区，利用产学研合作开发各种节能环保技术和产品。全国政协委员黄扬略提出①，深港两地可探索共建生态环境资源账户，摸清“家底”，作为规划布局和项目立项的重要依据，以提高生态环境资源的利用效率和效益。

（六）服务业领域

在科技服务业领域，双方可探索在落马洲河套地区共同开辟一块国际科技服务业集聚区，这里的科技服务业区别于前海的金融、物流、商贸等现代服务业，而主要聚焦在研发设计、技术咨询、科技推广、技术贸易、检验检测、技术认证等与科技创新活动紧密相关的服务领域，在该区域全面放开资本管制，复制香港的职业认定制度、税收制度，建立与国际接轨的完整的执业资格制度体系，大力汇聚全球科技服务业人才。

在金融、物流、商贸等现代服务业领域，全面加强香港现代服务业专业化的人才、与国际接轨的模式、自由开放的资源等优势与深圳的科技创新、外向型产业优势之间的合作，共同推动政策监管、商业模式、技术产品的创新。在金融业领域，共同探索将区块链技术应用于金融产品的创新，抓住国家可能推出数字货币的契机，巩固全国乃至全球金融中心的地位，共同探索更好地服务科技型中小企业的普惠性科技金融产品，进一步丰富多层次金融产品市场；在贸易领域，深圳应积极争取国家政策支持，将香港自由港和贸易自由的制度移植过来，在全域范围内实现货物贸易、服务贸易及投资的自由化政策，与国际惯例接轨。香港在法律、审计、工程等领域均有与国际接轨的严谨的监管机制和国际事务经验丰富的专业化人才，可以为深圳企业走向国际市场提供商务咨询、协议、纠纷调解、投融资等专业化的服务支持，

① 黄扬略.粤港澳共融——实现创新区域发展［M］.香港城市大学出版社，2017：219-227.

为参与“一带一路”合作的企业提供海外并购服务。同时，香港可协助深圳企业在跨境电商方面建立国际通行的贸易规则，争取成为全球跨境电商贸易规则的制定者之一。再者，深圳应把服务贸易开放的口子再开大些，推进深港间金融、保险、物流、电信、文化、代理、国际采购、产品认证等服务贸易市场的一体化；在物流领域[①]，深圳应当以前海深港合作区为平台，对标香港，进行现代物流业制度、政策、标准、服务等一系列改革，研究和开展深港在物流保税、企业审批、海关监管等制度领域，在财政税收、人才引进等政策领域，在设施标准、技术标准、流程标准等标准领域，以及在航运金融、航运贸易及衍生服务的合作等领域，全面加强与香港的对接，提升深圳的物流服务水平。双方在“一带一路”沿线共建一批物流总部园、临港临空物流总部基地，支持两地物流企业在海外构建节点和网络，打造深港国际物流总部企业集群。

第四节　以基础设施互联互通促进两地资源整合

推动深港两地港口、机场、轨道、口岸、通信设施等跨境交流设施的互联互通、资源整合和分工协作，全面加强便于两地人员、货物、技术、资金、信息等要素流通的通关基础设施、物流基础设施、信息基础设施等建设。

一、港口合作

港口是湾区经济的特质，也是湾区得以发展和连接的基石，深港两地分

① 内容参考《深港物流合作——全面推进深港物流深度合作》，摘自深圳市交委与腾讯、香港商报联合策划的香港回归20周年特别策划《湾区中的深港展望下一个20年》。

别拥有全球吞吐量第三和第五的两大世界级港口资源，是粤港澳大湾区与其他国际湾区相比的重要优势，是海上丝绸之路的重要枢纽港口，因此，两地港口合作既是湾区经济安身立命之所，也是参与国际合作和竞争的利器，是“粤港澳大湾区”和“一带一路”双重国家战略背景下对深港合作提出的非常重要的一项任务。

深圳港口在成本、发展空间、接近货源等方面相较香港具有一定优势，而香港则在航线覆盖面、航班密度、管理和服务水平、口岸条件、金融和商贸环境等方面胜过深圳，因此，双方均具有对方难以取代的核心竞争力，适宜分工协作，错位发展。

为了进一步发挥深圳与香港港口的联合优势，更好的发挥深圳作为香港内向的跳板功能，帮助香港开拓珠三角乃至内地的广阔腹地，以解除香港近年来面临的航运枢纽地位不保的危机。同时，继续发挥香港作为海外市场的窗口功能，充分发挥香港港口物流高效、国际化的管理和服务优势，更好地服务于深圳及内地的出口贸易，深港应探索进一步扩大深圳与香港自由贸易区的范围，将目前限于前海蛇口的自贸片区拓展到深圳全域范围，探索在深圳所有的港口实行与香港相同的制度规则和管理方法，加强两地港口相关部门的信息化系统对接，或者直接新建一套合并共用的基于信息化技术的管理服务系统，两地实现信息共享和联合关检，允许两地货物和服务在深港全域范围内自由流动。加快推进深圳太子湾邮轮母港与香港港口之间开展邮轮游艇自由行，开发“一程多站”旅游线路产品。

同时，加强深港两地港口由物流运输向航运配套服务升级，香港应充分发挥自身与国际接轨的金融、法律、财会等专业服务优势，积极发展船舶融资、货币结算、海事保险、船舶代理、船舶管理、海事物流仲裁等相关高附加值服务，深圳可进一步开放香港海事服务业进入条件，积极引进香港高端服务人才和企业，开拓自身港口的高端服务业务，同时，按照优势互补原则，与香港港口业务进行错位发展，发挥两地的协同效应。

此外，深港两地港口可共同加强与“一带一路”沿线东盟国家之间的基础设施互联互通，不断完善港口码头的基础设施，开拓更多班轮航线，进一步提高国际中转比例，打通更多战略通道，建成亚太地区最重要的多式联运中心和供应链管理中心。同时，深港两地可利用各自优势资源，加强向“一带一路”沿线国家的技术和服务输出。香港以输出高端港口服务为主，向沿线国家提供船舶融资、船舶管理、海事保险、航材航油贸易、国际海事仲裁等相关高附加值服务；深圳以输出技术为主，加强大数据、人工智能、区块链等信息化技术在“一带一路”沿线国家的应用，推进区域性港航大数据标准化和开放共享平台建设，争取全球港航业数字化转型升级的话语权，巩固深港作为海上丝绸之路枢纽港的地位。

二、机场合作

粤港澳大湾区内有广州、深圳、香港三座大型国际机场，密度之高全球绝无仅有，年旅客吞吐量高达1.85亿人次，位居国际四大湾区之首，这为深港两地创造了便利的国内外交流合作条件。同时，深港两地机场在航线和客群方面也存在着比较显著的差异化分工，如深圳机场的国内航线网络、频率和价格占优，香港机场的国际航线网络占优，因此，双方通过加强机场的合作，可弥补深圳亚洲以外国际航线的不足，以及香港国内航线的不足，共同打造国内外航线最密集的国际航空枢纽。事实上，两地早些年已经联合开展了“经深飞”“经港飞”业务，在航空资源方面开展了一些合作，都为下一步的深入合作打下了良好基础。

然而，深港近年来在航空领域没有形成协作理念，导致两地空港合作不进反退，在未来的合作中，如何更好地发挥各自的比较优势，通过分工协作的方式实现共赢，将是一个更为重要的发展策略。

要加强两地机场之间的协同，首先要加强两地机场设施之间的互联互通。目前深圳仅有蛇口、福永两个口岸开通了跨境快船转驳服务，通过船舶直达香港国际机场，此外，还可通过陆地口岸乘坐巴士或者地铁达到香港国际机场，但这种方式需要在深圳和香港两地间换乘，耗时较长。未来深圳与香港应该拓宽机场连接的渠道，加快恢复梅沙和南澳两个水路口岸，开通其至香港国际机场的跨境快船转驳服务，增加深圳东部地区与香港机场的合作。同时，加快建设连接深港两地机场的轨道交通连接，包括地铁、道路、公交场站等交通系统，探索陆路口岸开辟至香港机场的单独过关通道，与目的地为香港境内其他地点的旅客分流，提高通关效率，同时对目的地为香港国际机场的旅客，凭机票信息仅验证护照过关，不需港澳通行证二次验证，绕开一周一行限制。香港机场可考虑在客流量较大的深圳口岸设立值机亭，提供快速值机和行李托运服务，这样可保证行李仅过境而不流入香港本地，避免两边海关对行李物品的重复查验。开通各陆地口岸至香港国际机场的机场巴士快线，上车站点直接设置在口岸内，过关即乘，无须其他交通工具接驳。

此外，还要充分发挥两地各自的比较优势，比如香港在空港高附加值服务业方面的优势。近年来随着国内经济发展，航空服务需求也快速上涨，因此，加强深港两地航空服务业之间的高价值业务合作是实现自身转型升级、与周边其他机场取得差异化竞争优势的一条道路。香港在飞机维修、托管及租赁业务、航空培训、机场综合运营及保障、通用航空飞行运营等空港服务业领域具有相对优势，尤其是飞机维修业，在国际上都有非常明显的领先优势。因此，深港两地的合作中，香港应加强向深圳输送技术、人才、管理模式和方法，深圳应借粤港澳大湾区战略契机，向国家积极申请参与国家低空空域改革试点，大力培育通用航空市场，推动深港两地跨境直升机点到点服务，发展以销售、培训、金融服务为重点的通用航空现代服务业。深港两地可探索在深汕特别合作区筹建空运人才培训基地和飞机维修基地，加快培养优秀技术人才。

三、轨道合作

在轨道方面，卢文彬认为，深港未来应协调推进深港西部城际轨道建设，调整港深西部快轨功能，形成兼顾机场联络线和城际服务功能的轨道线路。西部快速铁路方案原先出现在香港政府《施政报告》中，最初设想是连接香港和深圳两个机场，为两个机场的转机旅客服务，但后来基于成本与效益考虑，方案被暂时搁置。随着前海自贸区的加快建设和香港大屿山片区的开发，深港西部快速轨道又被纳入自贸区规划中，轨道线路较之前有所扩展，既包括原先设定的连接两个机场的主线，又新拓展出来两条线，分别是连接前海与新界洪水桥跨界支线、连接新界屯门南及北大屿山的香港本地支线”[①]（图5-1），该轨道线将在深港两地各设立2个站点，届时从深圳机场至香港机场仅需30分钟。“一国两制”研究中心研究总监方舟认为，深港西部快速轨道的香港段还可继续向西南延伸，途径东大屿山填海区再连接港岛的中环或上环，连通整个港岛，深圳段可向北与广东在建的穗莞深城际铁路在深圳机场连接，由此形成连通广州、深圳、香港三大机场，广州、东莞、深圳、香港四大城市的珠三角城际铁路，将其辐射作用扩大到珠三角城际范围。

① 前海规划建四条城轨 一小时直通港穗莞惠珠，大公网，2017.11.17，http://china.takungpao.com/guangdong/2017-11/3516112.html.

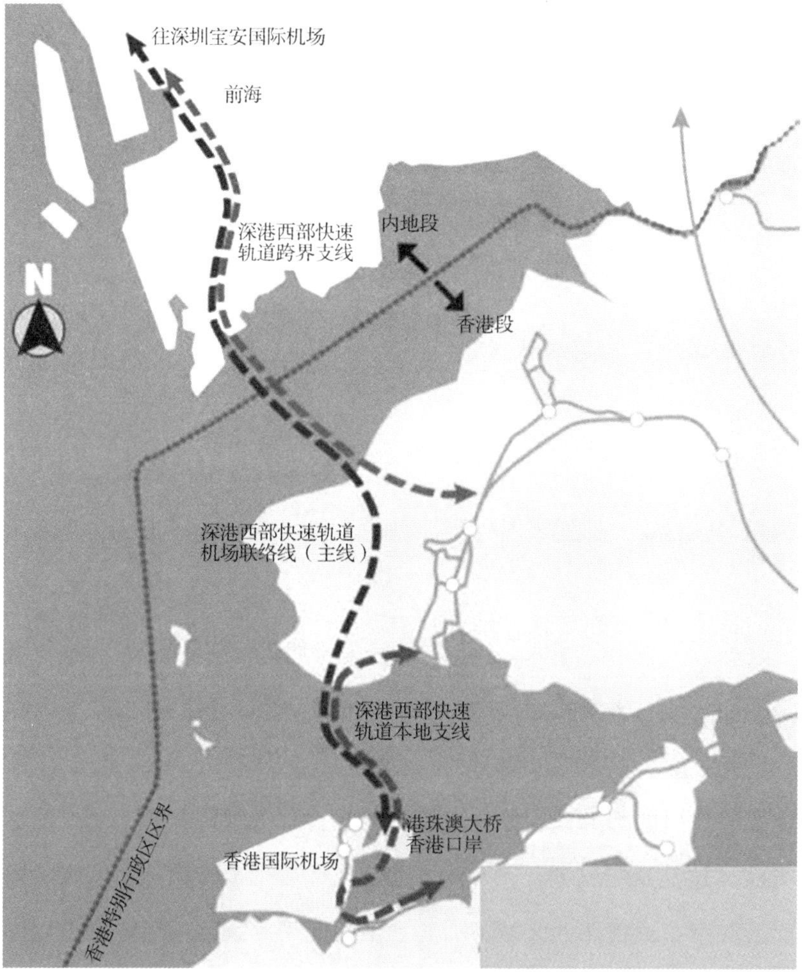

图5–1 深港西部快轨方案

图片来源：南都网

除了东西部轨道的建设之外，还应加强现有高铁设施的联通，方舟认为，未来还可考虑将广深港高铁段延伸至罗湖，与现有广深铁路连接起来，这样广深和谐号动车将可使用广深港高铁段专用轨道，不需要再与目前香港境内的东铁线共轨，一方面列车运行提速，提高了罗湖口岸至香港中心区的实效，另一方面将香港内部通勤地铁与跨境轨道列车分离，缓解东铁线的载客压力。

同时，在两地口岸之间的轨道连接方面也可大有作为，目前深圳仅有罗湖口岸和福田口岸与香港口岸实现了地铁接驳，分别对接港铁的罗湖站和落马洲站。方舟认为，未来两地之间还有两个口岸具有地铁接驳的基础和可能性，分别是东部的莲塘/香园围口岸和西部的深圳湾口岸。前者的基础主要在于，香港计划在新界北的打鼓岭地区建设一个数十万人口规模的市镇，拟将东铁线和西铁线延伸至此，而这一片区刚好与深圳莲塘/香园围口岸位置相对，应该尽早实现与深圳莲塘口岸之间的地铁接驳；后者的基础主要在于，深圳已经规划将地铁13号线延伸到深圳湾口岸，香港方面也考虑在西铁线的洪水桥站预留站位，与深圳湾口岸接驳。此外，目前深圳正在开展西丽枢纽至香港东大屿的高铁项目研究，若建成，将成为广深港高铁的一条重要补充线路。因此，深圳与香港之间应该做好两地轨道建设规划的衔接，在具备基础的地区预留好轨道接驳站点，实现两地更多区域间的便捷联通。

四、口岸合作

据媒体援引的香港规划署数据统计，2017年每天近40万人次在深港两地之间奔波，这几乎相当于一个Ⅰ型小城市[①]的常住人口数量，是我国国内跨境生活最频繁、最密切的区域。而与之不相匹配的是，两地间目前口岸数量较少、分布不均衡、连接设施不齐全、通关效率不高，这些交通上的问题已经成为影响深港两地合作交流的一个重要的限制性因素。

目前深圳与香港之间的8个口岸[②]，较为集中地分布在深圳西部和中部地区（中西地区合计7个），东部地区仅有沙头角1个陆运口岸。深港两边的口

---

① 国务院印发的《关于调整城市规模划分标准的通知》中明确，城区常住人口50万以下的城市为小城市，其中20万以上50万以下的城市为Ⅰ型小城市。

② 8个口岸是指：蛇口码头、福永码头2个水路口岸，以及罗湖、福田、皇岗、深圳湾、文锦渡、沙头角6个陆路口岸。

岸连接交通线及交通工具也主要分布在深圳中西部口岸。两地间水路口岸较少，目前仅蛇口和福永两个。通关效率不高，目前仅深圳湾口岸实行了“一地两检”，而且并没有真正实现“一地两检”的高效，仅皇岗口岸实现了24小时通关服务。

下一步，深圳应该利用粤港澳大湾区建设契机，积极申请国家立项重大边境项目建设，启动前海口岸、梅沙口岸、南澳口岸等深港客运水路口岸建设，联通香港与深圳东部的沿线海岸，实现深圳旅客通过水路可直达香港赤鱲角机场口岸码头，扩大两地机场的辐射带动作用。进一步完善两地口岸间的轨道、道路、公交场站、船舶等设施，建设立体化、多元化的交通换乘体系，同时进一步增加24小时通关口岸数量，实现两地跨境交通设施与本地境内交通设施的快速便捷接驳，并提升通关容量。

简化人员货物通关手续。在两地所有口岸全面铺开真正的“一地两检”，目前深圳湾口岸的“一地两检”并没有完全实现同一地点的集中查验，旅客仍然需要两边检验关口各排一次队，通关效率仍然较低。下一步在所有口岸全面铺开的“一地两检”中，应当实现深圳与香港海关边检人员同台查验，旅客仅需排一次队，盖两边章，即可完成出境与入境手续的办理，简化查验手续，减少排队时间，将旅客体验的“两检”合并为“一检”。同时，可探索备案人员、车辆直接过关的流程，对于在两边边检部门事先备案、资料入网的人员和车辆，可利用人脸识别技术、RFID、GPS等先进的技术手段取代现行的港澳通行证验证加指纹识别过关的手段，实现“无感”通关，大大提高通行效率。适时恢复“一签多行”，降低“一签多行”签注费用，将港澳通行证的有效期限延长至与护照相当。更远的将来，随着粤港澳大湾区城市群合作不断紧密，深港间的通关可后撤至粤港澳大湾区与内地其他城市边界，真正实现粤港澳大湾区内各要素的自由流通。

五、通信设施合作

前面产业合作方向部分曾分析过，深港两地分别具有信息通信技术上的优势，以及信息数据的大体量、低成本及广开放优势，适合联手发展数字经济，当然这一合作基于一项基本前提，就是能够实现信息、数据的自由、低成本交流和共享。由于信息安全及通信垄断等原因，深圳在国际信息通道上受到较大限制，其中包括无法使用国际互联网主要信息获取渠道——Facebook、Twitter、Google等主流社交和搜索应用，因此在国际数据获取上存在明显短板，对掌握数字经济话语权极为不利。同时，由于国内通信垄断等原因，深圳与包括香港在内的其他地区之间通讯资费非常昂贵，大大提高了数字经济发展成本，限制了信息数据的自由流通。因此，两地要携手打造全球数字经济的领头者，必须首先破解深圳地区的通信问题，将前海自贸区内的通信制度全面推开至深圳全域范围，继而在第二阶段推广至整个粤港澳大湾区范围。

具体说来，要开放网络空间，以监察代替禁止。在保障信息安全的前提下，开辟深圳与香港之间的直达国际数据专用通道，准许深圳企业、学校、科研机构、社会组织和个人在实名认证前提下使用Facebook、Twitter、Google等国际互联网流行应用。打破国内移动运营商垄断，放开香港移动通信运营商在深圳的经营权，在深圳提供高质量、高灵活度、多选择性的国际信息通信服务。取消深圳对香港移动电话和数据网络的漫游费，降低深圳国际通信资费标准，实现深港两地通信资费水平的同城化。

第五节　以前海合作平台建设发挥引领带动作用

一、前海创新合作平台的制度创新与存在的问题

前海深港现代服务业合作区在2010年8月得到国务院正式批复同意设立，作为中央送给深圳的30岁生日大礼，是深圳与香港之间第一个明确的、规格最高的合作区域，同时，也是各项制度突破和创新程度最高的区域。

所谓规格最高，前海深港现代服务业合作区是国家赋予地位最高的城市片区，设立之初即被授予计划单列市管理权限（与深圳平等）[①]，且“实行比经济特区更加特殊的先行先试政策”，而根据2018年国务院印发的《进一步深化中国（广东）自由贸易试验区改革开放方案》，以及广东省政府办公厅印发的《深化中国（广东）自由贸易试验区制度创新实施意见》，前海即将被赋予省级经济管理权限，有媒体分析认为，前海将有望享有省级政策制定权、规划和项目审批权、对外经济合作权、金融和税收等宏观经济调控权，部分事务可直接对国家中央部委负责，而不经省政府批准[②]，规格可谓所有合作区中最高。

所谓制度突破力度最大，前海在2010年获批深港现代服务业合作区的地位基础上，又于2015年获得前海蛇口自贸片区的批复，集双重政策叠加优势于一身，承担着国家法治示范区、人才管理改革试验区等14项国家先行先试

① 深圳前海获计划单列市管理权限 近期披露规划，腾讯财经，2010.10.26，https://finance.qq.com/a/20101027/000077.htm.

② 孙不熟.南沙前海横琴再升级，广深珠“母以子贵”［J］.特区经济.2018（9）.

的使命，在法治建设、监管方式、人才管理、体制机制等方面进行的一系列走在全国前列的突破性尝试意义更为深远。截至2018年10月，前海累计推出了364项制度创新成果，全国首创或领先的制度达133项，有28项在全国得到复制推广①，在“2017—2018年度中国自由贸易试验区制度创新指数”②中总体排名第一。

笔者认为，前海的制度创新意义比其产业合作的意义更为重大，更能解决深港合作中遇到的深层次问题，并且能总结出一些可复制推广的经验，对于粤港澳大湾区乃至全国范围都具有一定的借鉴意义，是新一轮改革开放的重要探索实践。因此，本研究将前海地区一些走在国家前列的、具有开创性意义的制度创新做一下梳理和总结，同时，在此基础上，分析下一步有可能继续优化的方向，将是一件有价值的事情。《前海金融城邮报》在2017年8月份发布了一个专题，对前海蛇口自贸片区的制度创新成果进行了盘点，本研究从中选取与深港合作相关的一部分主要制度创新举措做一个分析（表5-2）。

表5–2　前海合作区关于深港合作的部分制度创新

序号	创新举措	范畴
1	率先开展跨境金融（境外人民币贷款、发债、资金池、股权投资、资产转让）、设立港资控股合资基金公司	金融创新
2	设立“内港通”助港企拓内地市场	监管与服务
3	外资投资“一口受理”两天注册	监管与服务
4	成立深港国际区块链孵化器	创新环境营造
5	设立深港青年梦工厂	创新环境营造
6	“双15%”税收优惠新模式	人才引进
7	允许拥有香港执业资格的专业人士直接执业	人才引进

① 《前海：曾经的那片海，如今美丽蝶变》，深圳特区报，2018.10.24，http://sztqb.sznews.com/PC/content/201810/24/content_488366.html.

② 由中山大学自贸区综合研究院发布。

续表

序号	创新举措	范畴
8	率先取消港澳居民就业证	人才引进
9	前海互通行、同城话费资费的“前海卡”、香港手机用户直接进入前海公共WIFI	深港交流便利化
10	深港陆空联运改革	交通便利化
11	关检自贸通	贸易便利化
12	全国首创庭前会议制度，成立前海香港商会商事调解中心，首创“港籍调解”与“港籍陪审”制度	法治创新
13	探索涉港案件当事人转交送达制度	法治创新
14	深圳知识产权法庭和深圳金融法庭正式揭牌办公	法治创新
15	成立前海廉政监督局，构建纪检、监察、检察、公安和审计“五位一体”廉政监督新机制	法治创新

由上述不完全创新实践可见，前海在深港交流、交通和贸易便利化，以及金融、监管服务、创新环境营造、人才引进等方面均有一些开创性举措，尤为难能可贵的是，在法治和体制机制方面，也借鉴香港经验有所创新，实现与国际通用规则的接轨，开创了国内先河，起到了真正意义上的先行先试作用。前海的制度创新为其现阶段的招商引资起到了一定的支撑作用，截至2018年9月，片区注册企业已达17.37万家，几乎每年翻一倍，税收更是以年均170%的增速迅速增长①。

但前海合作区目前仍未发挥出对港资企业的强势吸引作用，片区香港要素聚集还不算多，港企数量占比不高。截至2016年底，在前海注册的企业中，港资背景企业数量仅占比不足4%②，增加值和纳税额占比仅五分之一，以出让给港企不少于三分之一的用地来对比，港企的规模、数量和效益还未充分发挥出来。重要原因之一，是现阶段的创新不足以消除港资企业在前海

① 前海：一张白纸画出最美最好的图画，深圳商报，2017.10. 20，http://szsb.sznews.com/PC/content/201710/20/c203286.html.

② 吴燕妮. 以自贸区法治创新推进深港深度合作［J］.开放导报，2017（4）.

发展的疑虑和障碍，目前涉及体制机制的创新还不能覆盖深港合作的所有领域，而且层次仍不够深，特别是涉及法制层面、文化层面和政治层面的协调、合作与交流创新更少，还有相当部分的制度创新停留在规划层面，尚未落实到具体实践之中，导致“大门已开，小门未开”“玻璃门”“弹簧门”的问题依然存在，以律师事务所联营制度为例，前海在专业服务领域的开放方面依然会对机构主体的资格确认、牌照及经营等方面做出法律法规限制，使香港专业服务机构无法在深圳正常开展活动。又如，深港两地金融监管理念和制度、金融市场环境、法律法规方面的差异较大，导致香港金融机构缺乏在前海运作的稳定预期和合规标准，难以取得业务牌照。

因此，在新的阶段，前海还需进一步争取到更多的经济层面以外的赋权，以释放更多的政策和制度创新空间，作为进一步吸引港企的增长点。

二、前海创新合作平台有待突破的重点方向选择

根据《前海深港现代服务业合作区总体发展规划》，前海的定位为深港合作先导区、体制机制创新区、现代服务业集聚区、结构调整引领区。因此，前海下一阶段应继续在金融、商贸、物流等现代服务业领域进一步扩大开放，推动产业创新。同时，争取国家在经济权限以外的更多授权，借鉴香港的法治规则和市场规则，探索将前海打造为以深圳为代表的内地规则及以香港所使用的国际化规则之间的磨合、碰撞、接轨、共洽之地，破除制约深港合作的深层次体制机制坚冰，让香港的企业、资本、人才敢于并且愿意来前海发展，推动两地间深度融合。

在金融方面，前海可充分发挥跨境资本流动优势，与香港共建人民币跨境流动中心。

香港是离岸人民币国际化的桥头堡，是全球人民币业务的枢纽（香港人民币结算量占全球约76%），同时也是国际金融中心，是唯一可实现“不可

能三角”[①]的城市（图5-2），应充分发挥香港的这一特殊优势，加强前海与香港人民币离岸中心职能的对接，联合设立“一带一路”股权交易所，争取亚投行和金砖银行设立深港业务部，打通离岸金融服务与人民币国际化的战略通道，成为人民币国际化的缓冲区与试验区。双方在债券、首次公开募股等资本市场方面探索进一步互联互通，联手在大湾区设立国际大宗商品和金银期货交易市场，利用香港金融中心地位，提供配套融资服务。同时，在金融科技领域应加强创新，运用互联网、区块链、大数据、网络安全技术加速大湾区金融服务融合发展。卢文彬认为，深港应积极争取“一行三会”[②]在前海设立合署办事处，授权前海更多开创性试点，为前海创造一个适度宽松的金融监管环境。

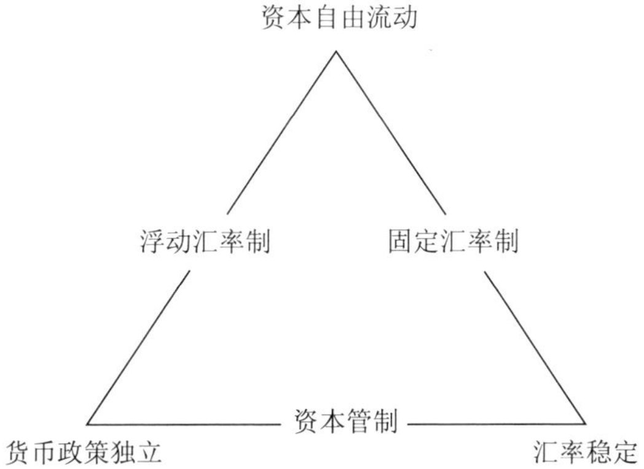

图5-2 不可能三角

资料来源：银天下·森德研究所：不可能三角之谜——汇率制度的选择.

在服务贸易自由化方面，落实国务院《进一步深化中国（广东）自由贸易试验区改革开放方案》要求，完善外商投资准入前国民待遇加负面清单管

① “不可能三角”（impossible trinity），也称“不可能三角”原理，由美国经济学家保罗·克鲁格曼提出，意思是一个国家无法同时实现资本自由流动、汇率稳定和保持货币政策独立性三个目标。

② 指央行、银监会、证监会、保监会。

理制度，大幅度放宽服务业对外开放和市场准入，构建事中事后监管制度。进一步完善前海的制度环境，实现法制、财税、监管等制度与香港和国际惯例的全面接轨，吸引金融、物流、贸易、法律、会计、咨询、设计等专业化服务企业在前海设立国际业务总部和服务网点。进一步推动深港职业资格互认试点，允许在前海工作的香港专业服务人才免试获得内地从业资格。全面采用香港的制度、标准、模式，推行前海企业按照国际会计准则（IAS）和国际财务报告准则（IFRS）编制会计报表制度。

制度和法治进步才是破解深港合作瓶颈的最核心要素。在制度方面，前海有很多项领先全国的首创性政策，设想很好，只可惜难以落地，至今未能推进下去，因此下一阶段，前海应锁定方向，首先要解决的是把这些未能落地的政策进一步推行下去，在实际推进过程中的问题需要通过新一轮体制机制的创新来实现，以此来确定新一轮创新的方向和重点，保持制度创新的连续性。在法治方面，前海借鉴香港经验而设立的全国第一家法定机构①“前海管理局”目前的定位和职能尚不清晰，未能体现出其灵活高效的优势，应通过立法进一步明确前海管理局的定位和职能，理顺其与两地政府部门之间的衔接，减少其他政府部门干预，更好地保持其独立性。

此外，还有一个体制机制之外的重要因素，深刻影响着前海对香港企业的吸引力和辐射力，这就是区域范围。前海只有14平方公里的土地，即使将集约化程度提升到最高，体量也十分有限，仅为上海自贸区面积的近1/10，更何况习总书记在2018年11月5日首届中国国际进口博览会开幕式的演讲中宣布，上海自贸区将进一步增设新片区，范围进一步扩大，这将是继2014年

① 香港法定机构众多，如香港贸易发展局、香港旅游发展局、香港金融管理局等。据香港前任商务及经济发展局副局长梁敬国解释，法定机构是根据法律成立，提供部分政府功能，但运作更为灵活的机构，其内部设理事会，人员组成也较为多元，包括政府官员、商会代表、民间代表等，能够广泛反映民意并凝聚智慧。

第一次扩容[①]之后的第二次扩容。如今，前海作为自贸区已经运行三年有余，吸引了一批香港企业入驻，也在金融、人才、法治等方面积累了一批创新经验，因此应当借鉴上海自贸区经验，大规模扩容，以进一步发挥其辐射带动作用。目前，深圳正在积极推动前海扩容，拟争取国家批准，将广东自由贸易试验区蛇口区块、宝安中心区、大铲港湾区、大空港区地块共同打造为前海核心区，按照上述新增片区面积测算，若得到国家批准，前海核心区有望从目前的14平方公里大幅扩展至77平方公里[②]。

第六节　以河套地区开发树立深港科技创新旗帜

一、合作基础和前期规划进展

深港双方于2017年1月签署了《关于港深推进落马洲河套地区共同发展的合作备忘录》，此后，相关规划编制工作正式启动。深圳方面编制了《深港科技创新特别合作区发展规划（2018—2035年）》总体规划，各部门分别编制了合作区的科技产业规划、空间规划、交通规划、配套设施规划等。

上述规划明确了落马洲河套地区是深圳与香港间第一个定位为科技创新为主导的特别合作区，并对该片区发展的总体思路、重大工程和政策保障等具体内容进行了详细规划。根据前期规划，双方将在河套地区共同建设港深创新及科技园，并推动其成为科技创新的高端新引擎。为更好地推动深港开

① 据《第一财经日报》2014年12月27日的文章《四大自贸区示意图曝光，上海自贸区扩容》，2014年上海自贸区面积从28.78平方公里扩大到120.72平方公里，浦东金桥开发片区、张江高科技片区和陆家嘴金融片区被纳入其中。

② 前海核心区或扩容至77平方公里，金羊网，2018.06.13，http://news.ycwb.com/2018-06/13/content_30028824.htm.

展实质性的合作，深港双方可联手在落马洲河套地区组建国家级国际科技研发中心，充分发挥深港各自的优势，探索“深港+”国际科技创新合作模式，树立跨境科技创新合作的典型范例，使之成为可借鉴、可复制、可推广的模式，为后续粤港澳大湾区的合作打好基础。

深港双方在资源、环境等方面，具有高度互补性。香港科技创新资源丰富，拥有众多著名高校、世界一流学者，源头创新能力强，与国际市场紧密联系。深圳硬件制造产业链完整，有一批技术开发实力强劲的高科技企业，又连接内地市场的广阔腹地，双方合作将有利于构建覆盖从源头创新到市场应用的完整创新产业闭环。在环境营造方面，香港的法制、税制、教育资源、语言环境更容易吸引国际化的精英人才。深圳有众多已经成长为世界级的科技企业，比如华为、腾讯等，为进一步提升全球竞争力和拓展国外市场，都非常积极地吸引大量海内外科技精英，包括外籍专业人才。通过设立国际研发基地，一方面有助于香港引进内地优质企业设立研发中心；另一方面，有助于深圳企业吸引更多海内外的精英人才，拓展国际化战略，更多地与“一带一路”沿线国家及发达国家之间开展科技交流、产业合作、投融资、经贸等合作。

二、未来创新合作方向的选择

深圳在粤港澳大湾区战略背景下与香港开展的新一轮深化合作中，应与香港联合向国家申请政策，争取更多国家级政策、优质资源在区域内布局。

两地可联合向国家发改委申请，建设国家级国际科技研发中心。统筹国家科学技术研发的战略需求和目标，在关键技术领域开展联合技术攻关，发起国际性科学计划和工程，吸引海外的顶尖科学家和团队参与。在河套地区新建一批国家级实验室、国家工程技术研究中心，加强港深高等院校产学研联动。利用香港灵活的办学机制，在此地区设置一所全新模式的理工类高校。支持深圳企业将研发中心或实验室设立在河套地区，以香港的国际化服务平台资源为纽带，延伸及拓展“研发—设计—生产—销售”产业链中的有关环节，将深圳的科技创新影响力投射到“一带一路”和更广阔的国际平台。在合作区内打造深港青年人才聚集创新中心，成为探索香港青年到内地就业工作的缓冲站。此外，香港可以作为内地的国际认证中心，帮助深港两地的科研成果、产品、技术标准等获得国际认证和认可。

深圳可借鉴台湾工研院的经验，联合香港、广州、东莞等城市共同设立粤港澳大湾区协同创新研究院。研究院落地河套地区，采用香港的法律制度、税收制度、出入境制度、国际化环境，同时结合粤港澳大湾区城市群的产业和民生应用需求，共同激发出一个机制灵活、多元化、充满活力的创新联合体，打造成为世界性的创新高地。深圳一头连接香港，一头连接广州、东莞等内地地区，在此合作中，有机会成为国际与内地科技合作的连接者，发挥引领作用。

具体在落马洲河套地区的产业合作方面，双方可在新一代信息技术、节能环保、人工智能等新兴的、前沿的领域开展一系列科技研发和成果转化合作，并在生物医药、科技服务业领域开展一些制度突破性更大的合作。

在生物医药产业领域，根据深圳市政府内参《河套地区“深港科技创新合作区”的规划建设思路及相关政策建议》研究，双方可探索在落马洲河套地区共建国际生物医药产业基地，创新生物医药特殊监管机制，探索试行国际通行的药品、医药器械监管审批制度，建设转化医学中心，稳妥开展干细胞、免疫细胞、新疗法的临床试验和示范推广，建立相关技术规范和准入标准，实现生物医药科技突破型发展。双方可探索建立中医药国际化推广应用服务平台，牵头组织实施一批中医药国际科技合作计划，大力推动中医药走出去。

在科技服务业领域，可探索在落马洲河套地区建设国际科技服务业集聚区，这里的科技服务业区别于前海的金融、物流等现代服务业，与科技研发的联系更加密切，是科技创新不可缺少的重要环节。探索在该区域内启动新一轮的科技服务业扩大开放先行先试，建立与国际接轨的执业资格制度体系，汇聚全球科技服务业人才，大力发展研发设计、技术咨询、科技推广、技术贸易、检验检测等科技服务业。试点境外科技创新类非政府组织在该区域内设立代表机构，试点境外组织或个人在区内发起设立科技创新类民办非企业单位。两地联合设立落马洲河套地区性科技银行和深港高新技术产业投资引导基金，加强区块链技术与金融创新的结合，推动科技与金融的进一步融合。推动深港双方共建国际科技成果转化和技术转移平台，将香港完善的知识产权保护制度和国际化专业人才与深圳成熟的知识产权保险、融资、估值体系相结合，完善检索、竞价、交易、结算、咨询等功能，推动知识产权跨境交易便利化。此外，还可探索在落马洲河套地区打造粤港澳大湾区的知识产权联合法庭或国际仲裁机构，建设区域间联合、与国际接轨的知识产权争端解决机制。

三、制度和政策的突破点选择

深圳市政协河套地区课题组在报告中提出一个观点，即落马洲河套地区不仅是科技创新为主导的试验区，更是“‘一国两制’要素跨境流动特别示范区”。因此，该地区可打造为离岸创新特区，借鉴国际其他成熟跨境合作区的经验，对接香港及国际通行惯例，在人员出入境、科研物资流动、职业资格准入、金融科技监管等方面，按照离岸创新模式试行一批新制度、新规则，成熟后向全市推广①，完善人员、商品、资金等要素自由流动的相关配套措施，打破两地要素自由流动障碍，减少制度软环境落差，增强合作的利益契合度。

---

① 中国社会科学网. http://www.cssn.cn/index/skpl/201901/t20190124_4816529.shtml.

在河套地区设立相关签证的绿色通道，为海内外科研工作人员提供便利的出入境服务；取消跨境科研拨款的限制，方便专项资金顺畅流通；简化科研物资通关程序，对深圳区域的机构进口的自用研发物品，实行机构事先承诺申报、海关核发“通关单”以及“两关一次通”模式；向在此落户的研发中心提供研发设备、实验器材方面的相关税务优惠，对区内机构进口自用的科研设备免征关税；建立相关商业、住房配套，为科研人员的生活提供便利；允许具有港澳职业资格的专业人才在深圳区域应聘执业；在区内实行人民币、港币自由兑换结算；争取在该区域内实行国际通行规则的民商事法律制度；争取全国人大授权立法，由深圳市人大根据授权制定出台落马洲河套地区深圳片区的相关法规条例，对深港科技创新合作中涉及的人货通关、关税减免、检验检疫、跨境资金流动、资格互认、司法协同等进行具体规定。

第七节　以谋划“香港城”拓展东北部发展腹地

一、立足中央要求、香港所需，超前谋划布局“香港城”

在粤港澳大湾区城市群中，香港的地位和作用举足轻重，要积极发挥香港因素，立足中央要求、湾区所向、香港所需，实现深圳所能，把握各方利益诉求，找准合作切入点。对中央而言，就是要维护香港长期繁荣稳定，促进人心回归，并发挥香港独特优势，在国家新一轮扩大开放新格局中做出贡献。对湾区而言，就是要落实粤港澳大湾区规划部署，打造充满活力的世界级城市群、具有全球影响力的国际科技创新中心、“一带一路”建设的重要支撑、内地与港澳深度合作示范区、宜居宜业宜游的优质生活圈。对香港而言，近年来产业结构单一、土地空间不足、居民住房紧张、毕业生就业岗位不足等现实问题突出，急需寻找新的土地空间和发展腹地。对深圳而言，要在新时期、新形势下，在粤港澳大湾区中发挥核心引擎功能，主动服务和对接香港需求，加强与香港的深度合作，在西部、中部、东部全面布局深港“合作高地”和发展腹地，克服产业空间、创新成本、高端创新资源不足等自身短板，实现更高水平的创新驱动与高质量发展。

目前，深圳在西部的前海、中部的河套地区分别布局了国家层面支持发展的以金融和现代服务业、科技创新为核心的深港合作领域，东部地区缺乏政府层面的系统布局，未来可考虑依托深汕特别合作区这一重要空间载体，规划建设一个类香港的“香港城”，作为深港合作的东部发展腹地，打造成深港特色化的“产城融合示范区”及粤港澳大湾区的“雄安新区”，形成“西有前海、中有河套、东有深汕”的深港三大空间合作格局。

二、坚持深圳所能、香港所愿，香港主导建设“香港城”

将深港合作的粤港澳大湾区东部发展腹地选址在深汕特别合作区基于以下两方面现实基础：一是大高铁时代使人口跨城市规模化频繁迁移成为可能，随着重大交通利好的出现，如广深港高铁香港段通车、深圳-惠州-汕尾时速350公里铁路已在谋划建设等，从香港、深圳到达深汕特别合作区变得更为便捷高效；二是深汕特别合作区是开发不充分的地区，可塑性强，目前开发建设已由深圳主导[①]，大规模引入香港居民和产业，对带动当地经济社会发展、解决香港住房紧张和就业岗位不足、促进深港两地民心相通和港人身份认同是个重要契机，此外在GDP、财政收入上对深圳也将有增量贡献。而如果选址落在深圳以外的其他地区，那么深圳将成为一个“过境通道”，只

① 2017年9月21日，广东省委、省政府批复《深汕特别合作区体制机制调整方案》（粤委〔2017〕123号），对合作区体制机制进行调整，明确由深圳市全面主导合作区的经济社会事务，以深圳市一个经济功能区的标准和要求建设合作区，合作区党工委、管委会调整为深圳市委、市政府派出机构，至此，深汕特别合作区相当于深圳的第11个区，这给空间资源极为紧缺的深圳未来发展提供了巨大的“想象空间”。

会造成交通压力、多城市协调难度增大，别无益处，综合考虑，对深圳而言深汕特别合作区是个比较合适的选址。

具体在开发建设和运营上，可考虑初期划10-20平方公里的土地面积，深圳和汕尾协助拆迁、九通一平等工作，由香港规划署统一规划，面向社会招标开发建设，兴建具有香港特色的医院、学校、商业区，由香港专业运营商运营。同时深港联合招商，引进先进制造、金融、物流等产业，集聚一批科技创新型企业、大学和科研机构的分支机构等。建设内地最大的香港免税店，便于内地居民在“新香港”购物，减轻以往内地居民对“老香港”带来的压力，缓和两地居民由于过境购物可能产生的“水客”、物价上涨等矛盾。在法律法规方面，探索借鉴澳门在珠海横琴租用的“澳门大学新校区”模式，中央授权在“香港城”内实行香港法律和行政体系，由香港管辖，首期合作期限30年。“香港城”地区的生产总值、税收存量归当地所有，增量部分由深港两地政府在协商基础上按比例分成。总之，在“香港城”通过一系列的制度创新，促进深港两地全方位的深度合作，进一步深化“一国两制”的伟大实践。

第八节 以教育和医疗合作提升区域一体化水平

一、推动深港在基础教育领域的深度合作

教育是一项长期的、持续的投资事业，要将深港创新圈打造成为全球创新高地，需要引进和培育双管齐下。深港两地以“孔雀计划”“优才计划”为代表的人才引进政策取得了成功实践，但若仅靠引进全球高端人才这种“摘桃子”式的“拿来主义”难以实现人才代际传承和长久发展，不利于

培育创新人才密集产生和聚集的土壤和生态，从而使引进的创新人才如无源之水、无本之木，容易产生“水土不服”。因此，深港创新圈必须有具备培育本土优秀人才能力的高水准教育机构，要树立以幼童为起点的终身教育理念，尤其强化对学前教育和基础教育的优化提升，建立激发创新和独立思考的教育方式，为科技创新高地的建设建立丰富的人才储备。

从另一个角度来说，科技创新人才对子女教育的重视程度要高于其他社会群体，因此，良好的教育机会和条件是这类人群选择工作地点的重要考虑因素，也是吸引人才和留住人才的关键法宝。目前，深圳基础教育和学前教育资源还存在较大缺口，且分布极不均衡，可以借助香港私立学校办学优势加以弥补。因此，深港两地应高度重视教育的合作，一方面，深圳和香港应努力实现两地教育资源的无缝对接，实现跨区域的学位共享和部分学校课程衔接，使深圳与香港学生可更加灵活地自行选择教育体系和高考方式；另一方面，深圳应逐步取消香港私立学校在深圳设立分校的限制，鼓励香港民间资本在深圳开办学校，既能解决学位紧缺的紧迫问题，又能实现深港创新圈整体教育水平的长远提升。

近年来，随着两地人才交流、人口融合以及“双非①”儿童数量的急剧增长，深港两地在教育方面采取了一些积极的合作方式，如深圳设立了专门的港人子弟学校，同时也在其他的个别学校设置“港人子弟班”，招港籍学生，香港也在屯门、元朗、北区、大埔等八个地区提供相应的学额给跨境学童，但两地学位均较为紧张，尚不能满足现阶段需求，更无法满足随两地合作日渐紧密而大量增长的未来需求。

未来要实现两地人才的便捷流通，应加强深圳与香港教育体系、理念、学科以及师资力量的衔接，充分利用好双方优势。许多人提出一种方案，即在深圳的学校中进一步提高国际班、港籍子弟班比例，这是一种同时解决

① 指父母双方均非香港人。

两种需求的方案之一，但不是真正有效解决问题的方案，因为这种将香港教育模式镶嵌在内地教育模式之中的做法不太现实，深圳学位目前已经非常紧张，在不扩大学校规模的基础上，增加国际班比例，势必影响基础教育对内地学生的公平性和普惠性，同时，这种方案依然是采用两种相对独立的教育模式对分割的目标人群开展教学活动，并没有将两种教育模式的优势进行结合，真正实现创新人才培养能力的提升。

未来双方教育合作的方向更多的应该是做平台、做增量、做试验，双方联合在深圳设立几所STEAM教育机构，即以培养学生探索精神和创新兴趣为主的十二年制学校，以启发智力、引发思考、激发创新为目标，将科学、技术、工程、艺术、数学等跨学科的知识和思想融入教学课程和实践当中，香港和深圳的办学方按照平台的开放汇聚理念整合集聚各自优势资源，如香港的国际师资力量、与国际接轨的教学理念、灵活的运营模式，以及深圳的创新实践、企业参观、创业家和企业家客座老师的资源等，为学生提供课堂学习和课外实践相结合的体验式、运用式教学环境。

同时，加强两地师生的交流，促进文化认同。双方政府可分别资助两地学校优秀教师到对方学校支教，可共享优秀教案，开展教师切磋分享；双方可共同在大湾区建设香港知名高校的湾区分校，内地政府资助学校建设，香港政府资助香港学生在分校就读，安排本部和分部学生四年间有一年相互交换地点；推动两地学历互认，允许毕业生自由选择工作地点。

二、推动深港在优质医疗领域的深度合作

在香港回归祖国20周年之际，深圳新闻网曾策划过一个专题，总结深港两地在医疗卫生领域合作的显著成就，主要包括五个层面的合作，一是两地互设医疗机构，包括香港大学在深圳设立的公立医院，6家港资独资医疗机构的设立，深圳中医馆和顺堂在香港开设连锁机构等；二是两地合作设立医

疗研究机构和平台，包括深圳北京大学香港科技大学医学中心及其下属的市级重点实验室、公共服务平台和动物实验中心；三是两地医疗卫生人才的联合培养和引进，包括深圳通过“医疗卫生三名工程”引进的2个香港顶尖医学团队，广州中医药大学深圳医院接收香港高校学生实习进修；四是两地合作开展科研和培训沟通，包括深圳市疾控中心与香港科技大学合作开展公共卫生方向研究，两地联合开展公共卫生与医疗机构管理培训；五是两地建立了日益常态化的医疗卫生合作制度安排，包括医保体系衔接、跨境公共卫生事件处理、疾控与医疗救援协作等制度①。

除了上述试点性的合作，香港的医疗体制、盈利模式和服务水平在深圳并未得到广泛借鉴，深圳依然是“以药养医”作为主要医疗营利模式，分级诊疗制度尚未得到有效执行，私立医院水平普遍偏低，不能作为公立医院的有效补充，导致医疗服务的供给不足。总体来讲，深圳的医疗水平远不能匹配其经济地位、科技地位和人才需求，薪酬水平对于香港和国际人才更是毫无吸引力可言。未来，深圳在医疗体制、服务、诊疗技术等方面必须进一步向香港看齐，同时双方可探索利用高新技术改革医疗手段和模式，开创全新的医疗技术领域。

具体来讲，深圳市政府应当在土地资源、行政审批、医师执业资格、人才个税等方面给予香港医疗机构适度优惠的政策，从目前阶段来讲，首先至少应当给予其与深圳本地民办和公立医院同等条件的国民待遇，放开香港医院和私人诊所到内地开业的限制，让香港医生在深圳免试执业，并考虑给予个税补贴。下阶段应向国家积极争取政策，允许深港两地病例互认、允许采用香港卫生署批准的药单等。鼓励香港医院参与深圳本地服务质量欠佳的公立医院的改造共建，并承担实际管理运营职能，用香港医院的管理机制、方

① 香港回归祖国20周年，细数深港医疗卫生合作的10大成果，深圳新闻网，2017.06.30，http://finance.china.com.cn/roll/20170630/4270893.shtml.

法、标准提升深圳公立医院的运营水平。双方可共同携手打造公共卫生和医疗服务应急预警、协同处理与合作交流平台，实现两地医疗保险结算体系互通互认互用，医疗机构、电子病历、信息咨询等医疗资源统一接入共享，实现两城居民跨区域转诊和结算的便利化，为下一步粤港澳大湾区内的卫生医疗公共服务一体化进行前期试点探索，总结经验。此外，深圳应充分利用香港能快速获取国际最新药品的有利优势，探索开展紧急短缺药品小范围、小批量快速引进的机制，让香港的更高标准、更好疗效的药品能够惠及本地居民。

第九节　以高端链接和拼船出海打造联合创新体

一、高端链接，打造全球科技产业创新资源集聚地

深圳有科技创新和新兴产业优势，香港有高端服务业及高度自由开放并与国际接轨的制度环境优势，双方合作可以充分发挥深港创新的互补与“磁场”效应，汇聚国际创新资源。而要汇聚全球高端创新资源，必须有承载这些资源的载体，能让人才充分地施展才华。深港双方的高端创新载体加在一起，目前的数量也尚不足以发挥承载的能力和吸引力。

香港由于缺乏高科技产业，高端科技人才的载体主要在高校，而香港能列入全球前100名、具有较高国际声望的高校虽有5所，但对高端人才的承载力仍比较有限。深圳新兴产业比较发达，产业增速也较快，在新一代信息技术、生物医药、新材料、新能源、互联网等产业领域也形成了较高的集群效应，且深圳近年来在高校的建设上推进力度很大，高校数量快速增长，这些都为深圳引进全球高端创新资源提供了承载力增量，但总体来看，深圳与北

京、上海相比，外籍人才的数量仍较少，国际化程度较低，其中部分原因是深圳市场主体以民营企业为主，跨国企业、外资企业、合资企业数量较少，整体城市气质缺乏国际化的元素。还有一个很重要的原因是，深圳缺乏真正高端的、高质量的科技创新载体，深圳一直引以为傲的“四个90%”其实也恰恰反映了这个问题，90%的科研经费支出和研发活动都是在企业中进行，而真正在技术上能与硅谷、波士顿等先进地区较量的企业，真正舍得投入、能沉下心去研发的企业，以及有雄心壮志要改变世界、进行颠覆性创新的企业又有多少？屈指可数。这暴露出了深圳在科技创新方面的一个重大短板，就是基础研究、源头创新、颠覆引领的实力尚不具备，而这与创新中心这一向外溢出、向外辐射的源头定位是难相匹配的，也就是说，深圳如果不能实现部分技术领域的开创，是无法支撑起国际科技产业创新中心这个定位的。

因此，深圳与香港必须联手，香港发挥其法制、税制、自由开放市场、教育资源等优势，深圳发挥其高科技产业集群和产业链配套等优势，共同加强促进创新资源汇聚的承载体建设，尤其是从事基础研究、源头创新与高端应用研发类的创新载体，不能只强调把资源引进来，还要能留得住，能发挥出作用，能真正转化为深港创新动能。

除了前面讲过的高等教育资源合作外，深圳与香港各自发挥高科技企业和高校资源优势，积极联手建设一批顶级的实验室、创新中心、新型科研机构等从事基础性研究、颠覆性创新的科研单位，面向全球招募顶级实验科研人员，并通过成果转化中心、概念验证中心等附属单位的设立，实现源头创新成果在深港创新圈内无缝转化与应用，打造“科研+产业”的双源头基地。双方共同向国家申请重大科研基础设施的布局，以及前沿性科研所需的先行先试的政策支持。继续推进创新创业支撑载体的建设，鼓励全球优秀创业团队到深港创新圈内孵化成长。积极培育更多具有国际竞争力的科技企业，适度减少对已发展壮大的大型科技企业的“锦上添花”式的财政支持，而更多为其融入国际化发展提供咨询服务和政策绿灯，集中有限的财力用于营造公平竞争环境，使更多中小企业、初创企业能够享有平等的发展机会，培育更多的国际创新资源汇聚的企业载体。

二、拼船出海，融入国际科技创新与产业分工体系

创新型企业“走出去”与深港创新圈力求打造的科技产业中心的目标之间并不矛盾，一方面，全球科技产业中心需要具有溢出的能力和效应，走出去的这些企业正是“中心”效应的体现。另一方面，企业走出去，为深港创新圈链接海外创新资源拓宽了渠道，也是企业强化自身创新能力并带动区域发展的一种高效方式。

发挥香港作为商贸、物流、金融等国际枢纽优势，以香港自由贸易港和深圳前海蛇口自贸区为支撑，构建“港区联动”的综合性国际物流和服务贸易枢纽，建设成粤港澳大湾区通往“一带一路”相关国家和国际创新领先地区之间的互联互通窗口；融合香港国际金融中心和前海蛇口自贸区的现代金融服务，推动人民币国际化，探索深交所和港交所联合融资新模式，推动亚投行和金砖银行设立深港跨境业务总部，联手服务本土企业和国际企业参加“一带一路”建设，成为“一带一路”国际金融服务双引擎。

发挥香港在法律、会计、认证、咨询等专业服务领域的国际标准优势，推动深港创新圈乃至粤港澳大湾区内的企业与国际规则接轨，减少企业出海面临的规则与文化摩擦，降低企业风险。近期，美国相关部门根据《出口管理法案》《经济制裁条例》等规定，以涉嫌将美国生产的管制设备出口到美国禁运国家（如伊朗、朝鲜等）的名义，对中兴通讯发动制裁，令这家深圳信息通讯领域的巨头企业付出了沉重代价，而因不熟悉国际法规而折戟于国际市场的中小企业更是不胜枚举。这些案例给我们敲响警钟，中国企业想走进国际市场，应主动学习规则、适应规则。从这个意义上讲，香港这个邻居对深圳企业走向海外可贡献独一无二的支持。香港拥有与国际接轨的法律

体系和熟悉国际法律规则的专业律师，只要放开香港专业人士到内地执业的限制，捅破政策的障碍，便可为深圳的企业提供更好的咨询服务，降低出海风险。

发挥香港在知识创新体系、国际化专业服务、自由贸易市场、园区运营管理等优势，结合深圳在创新体系、高科技产业、工程建筑等优势，联手融入全球科技创新与产业分工体系。双方可探索共建境外研发中心、人才服务基地、离岸创业孵化基地、经贸合作区、产业园区等，更多地与发达国家及“一带一路”沿线国家之间开展科技交流、产业协作、投融资、经贸等合作，深度融入全球研发、设计、采购、生产、物流、消费等价值链和供应链高端环节。

更进一步，在科技和经济实力打底的基础上，法制制度和规则的输出能力是一国国际影响力和综合实力的重要反映，也是在当今国际竞争格局中掌握主动权的一项必备技能，哪怕深港创新圈只是提出打造国际科技产业创新中心这一局部目标，也必须建立在具备这种话语权的基础上。因此，在先期主动适应、顺从国际规则的基础上，深港应积极利用立法上的优势，积极参与国际规则的制定，推动中国的法律法规在“一带一路”国家之间实现互认，推动中国制造标准、技术标准、环保标准上升为“一带一路”等部分国际区域的通用标准，在科技、产业引领的同时，做到在规则和标准方面的同步引领。

同时，做好深港联合开展国际化合作的便利化环境建设。两地应共同研究合作推动粤港澳大湾区、“一带一路”及国际协同创新的体制机制和路径设计，尤其应理顺双方跨境共建科技产业园的投融资和税收扶持、知识产权保护政策，以及如何吸引全球顶尖科学家来深港创新圈工作，为外籍高层次人才提供更便利的落地、出入境、子女入学、医疗保健服务等政策法规。